精益战略部署

——构建精益管理的长效机制

牛占文 杨福东 刘 凯 张 强◎著

中国商业出版社

图书在版编目（CIP）数据

精益战略部署：构建精益管理的长效机制／牛占文等著. -- 北京：中国商业出版社，2024.9. -- ISBN 978-7-5208-3099-7

Ⅰ.F272

中国国家版本馆 CIP 数据核字第 2024JP4876 号

责任编辑：杨善红

中国商业出版社出版发行

（www.zgsycb.com　100053　北京广安门内报国寺 1 号）

总编室：010-63180647　编辑室：010-83125014

发行部：010-83120835/8286

新华书店经销

北京虎彩文化传播有限公司印刷

* * *

710 毫米×1000 毫米　16 开　16 印张　252 千字

2024 年 9 月第 1 版　2024 年 9 月第 1 次印刷

定价：68.00 元

* * * *

（如有印装质量问题可更换）

精益管理是现代企业发展的必由之路。为了解决精益的长效机制和精益与企业经营"两层皮"问题，牛占文团队专心研究精益战略部署，并在我们重钢机械的咨询中，在精益战略部署中融合了企业的战略管理和全员改善活动，在战略设计中将精益机制构建、精益能力塑造和精益人才培养作为重点任务。精益推动的全员改善要与战略形成支撑作用，即改善的目的是完成战略目标，而战略目标的导向是构建企业精益能力。

预未来、驭未来。未来精益战略部署必将引领新一轮的精益变革，坚信这一次，精益一定会在企业落地生根，蓬勃生长。

——天津市工商联副主席/天津重钢机械董事长　李　坤

《精益战略部署——构建精益管理的长效机制》一书不仅从战略的高度对精益管理思维进行了系统总结，而且提供了行之有效、切实可行的行动部署指南，从理论和实践两个层面很好地融合了企业的战略管理和精益管理，对我国企业精益战略思维转变与精益人才培养具有极强的操作价值。

——南开大学经济学教授　包群

二十多年前读研期间，齐二石教授给我们上"工业工程"课时就详细讲过精益管理、丰田生产模式 JIT，当时我感到大为震撼。毕业后加入华为一直从事研发管理工作，没来得及亲自实践精益管理，后来华为聘请了日本老师推行精益管理，我认为对华为的制造体系帮助巨大。

等自己经营公司之后，我发现管理问题层出不穷，各种跑冒滴漏现象触目惊心，这时我想到了找精益老师帮助公司建立持续改进的能力，于是聘请了牛占文教授、杨福东博士、刘凯博士的团队为公司进行精益管理咨询，效果非常明显，得到了公司高层团队的一致认可，员工参与持续改进的热情高涨。

最近拜读了牛占文教授、杨福东博士、刘凯博士、张强研究员创作的最新著作《精益战略部署——构建精益管理的长效机制》，收获很大，该书从大量的成功案例中总结精益管理需要从战略层面落实的重要思路，值得精读。

——华成研发咨询/华成创投/凌晟药业联合创始人　曾学明

《精益战略部署——构建精益管理的长效机制》一书论述了精益管理从上到下的新思考、新方法和新探索。作为研究和开展企业战略与组织管理工作长达十几年的管理者，我读来受益匪浅。这本书全面论述了精益与战略匹配的方法，首先用精益思想设计企业的战略规划，其次按照过程管理思维对企业战略进行分解，最后通过全员改善实现战略执行落地，具有很强的操作性和实践价值，给当下企业应对挑战与管理变革提供了非常有价值的路径。

——红日药业集团副总裁　陈瑞强

开卷有益，《精益战略部署——构建精益管理的长效机制》一书从战略思考和精益执行两个维度，为创业者深刻描述并回答了在创业过程中"想"和"做"两个极具挑战性的话题，帮助我们完成从思想到行动的蜕变。

——百葵瑞生物科技董事长　章大卫

序一

随着新经济形势的到来,我们欣喜地发现越来越多的企业家开始关注并学习科学管理。精益管理脱胎于日本的管理实践,它融合了中国传统文化的精髓,演化为帮助企业健康、可持续发展的管理方法。

那么精益管理的核心应该是什么呢?

在当下,我们认为精益管理不仅是5S、TPM、现场改善等方式方法的汇总,更是研究客户价值实现的系统,是在更高维度帮助企业减少浪费的学问。基于此,我很支持牛占文团队围绕精益战略部署进行的研究和实践。

精益战略部署是什么?其实就是对企业进行精益设计。我们围绕客户价值进行识别、分解、实现,从企业顶层上定义了何为价值,何为浪费,这样就杜绝了企业在战略设计阶段造成的大量浪费,因为方向错了,一切都是徒劳,一将无能,累死三军。

精益战略部署和其他战略理论有什么不同呢?我认为最大的不同就是"落地"两个字。很多企业花费大量精力形成了战略决策,往往缺少落地方法,而精益战略部署不仅要定义客户价值,更要关注价值的实现,关键在"部署"两字。本书详细介绍了完整的落地方法论,简单说,这是一套既仰望星空,又脚踏实地的管理系统。

本书结构简单、逻辑清晰、文笔精练,适合广大企业界朋友们闲时阅读,是一本"看得懂、好借鉴、有实效"的管理类图书。

精益战略部署
　　——构建精益管理的长效机制

　　最后，我想强调的是：《精益战略部署——构建精益管理的长效机制》不仅仅是一本书，它更是一种思维方式或一种行动指南。它为我们提供了一个新颖的视角，帮助我们理解企业战略背后的逻辑与科学，使我们在日益复杂的商业环境中精准决策、精准执行，确保企业基业长青。

天津大学管理创新研究院名誉院长

序二

精益管理知易行难，这也是其魅力所在！在数十年的应用实践中，无数精益人在苦苦寻觅更好的推动方法。比如，从试点做起，由点到面；从现场5S开始，推行改善周；从点线面体循序渐进；等等。但是，无论何种推动方式都是以一线制造流程作为起点来切入的，从基层逐步扩展到整个企业，业界通常称这种推动方法为"自下而上"。

自下而上的精益推进活动以现场认定的价值和浪费为导向，追求围绕这些浪费进行改进。这种方法直击精益本质，却有一个致命缺陷，即只见树木，不见森林，只能完成战术，不能紧扣战略。当企业战略的重心转移，精益无法随之有效匹配，不能随着企业的脉搏跳动，自然无法发挥精益的重要作用。

精益有没有能够匹配战略的方法呢？有没有自上而下的推动方法呢？其实是有的，就是精益战略部署！精益战略部署顾名思义，就是用精益思想设计企业的战略规划，再按照过程管理思维，对企业战略进行分解，最后通过全员改善，实现战略执行落地，这一系列方法的集成我们称为精益战略部署。精益战略部署是企业高层的专属精益工具，属于"体"工具的一种，因其有效性和复杂性，常被称为"屠龙术"。

在中国经济转换赛道的今天，企业面临着外部环境的剧烈变化。如何快速适应新环境？如何快速转换新体制？如何提升企业的

精益战略部署
——构建精益管理的长效机制

抗风险能力？如何快速打造企业核心竞争力？这些问题都需要使用精益战略部署来解答。从这个角度来说，我很愿意推荐由牛占文教授带领杨福东博士、刘凯博士和张强研究员花费三年时间创作的《精益战略部署——构建精益管理的长效机制》，这本书凝聚了作者十几年的管理实践心得，将战略部署这个管理理念精雕细刻成为一个可操作、可落地的方法论，意义非凡，值得赞许。

在新时代背景下，精益将会在企业发展中扮演更加重要的角色，科学管理将在中国土地上大放异彩。因此，我也由衷地希望企业管理者能认真学习本书的方法，让精益战略部署成为他们案边的工具箱，成为手中的方向盘，大家一起努力让"江山如画，一时多少豪杰"成为现实。

精益管理是一门应用科学，中国的精益管理实践还有很长的路要走，还需要更多的甘于奉献、甘于寂寞的"清教徒"，一边摸索实践，一边突破创新，像黄牛一样默默耕耘，这是历史赋予精益工作者们的重大使命！

何 桢

天津大学讲席教授、博士生导师

著名质量管理专家、教育部"长江学者"特聘教授

前　言

"十年磨一剑，霜刃未曾试"，这两句诗是此刻完成本书的心情写照。

本书来之不易。2011年，我们率先根据丰田的方针管理思想，提出精益与战略的结合，在当时，这种提法曲高和寡，于是我们开始埋头研究，借鉴前人成果，不断创新突破，直到今天，我们终于打磨出一套完整且有效的方法论，并且自信地拿出来跟朋友们进行分享。蓦然回首，已经走过了十三年。

为什么要研究精益战略部署？动机很简单，就是为了解决精益的长效机制和精益与企业经营"两层皮"问题！

在长期推行精益的过程中，我们发现，企业无论怎样推进精益活动和激励员工改善，精益始终与企业经营是两条线路，无法合二为一。首先，中国企业越来越重视战略管理，包括中长期战略和短期的年度战略管理，但是普遍存在的问题是重战略规划设计轻战略部署和落地，导致战略年年搞，但最终达成的效果不尽如人意。其次，近年来精益管理普遍得到企业的认可和接受，企业都非常积极导入精益管理，开展精益改善活动。然而，这些精益改善活动大多是以企业基层人员为主体开展的，通常是基层人员认为方便和容易推动的改善活动，虽然这类改善活动大多也能够取得一定的改善效果，但是往往和企业的年度战略目标达成没有紧密关联，其结果是难以得到企业高层领导的认可，认为精益改善对企业的经营没有多大帮助，导致企业的精益管理中途而废。

本书的主要目的就是要将企业的战略管理和精益管理有效结合，由企业的战略管理分解出实现企业战略经营目标的精益改善课题，通过精益改善课题的有效开展支撑企业经营目标的达成，最终形成精益战略部署，构建精益管理的长效机制。

精益战略部署
——构建精益管理的长效机制

精益战略部署融合了企业的战略管理和全员改善活动，战略设计中将精益机制构建、精益能力塑造和精益人才培养作为重点任务，精益推动的全员改善要与战略形成支撑作用，即改善的目的是完成战略目标，战略目标的导向是构建企业精益能力。可以预见，未来精益战略部署必将引领新一轮的精益变革，而这一次，精益将在企业落地生根、蓬勃生长。

与其将精益战略部署视为一种管理创新，不如说是对前人研究的继承和发扬。我们怀着崇敬的心情洄游于历史长河，捡拾一颗颗管理前辈们的智慧结晶，串联起来形成了精益战略部署。我们站在了美国哈佛大学教授安德鲁斯肩膀上窥探PEST分析，走进了海因茨·韦里克的内心聆听SWOT分析，徘徊于迈克尔·波特笔尖体会竞争模型，游走于罗伯特·卡普兰的课堂感受平衡记分卡的奥秘，沉浸于丰田员工在方针会议中的热烈讨论，流连于三星干部们对目标实绩看板的认真讲解。

本书总体上讲述了三个方面的内容，分别是战略规划、战略分解、战略落地。战略规划是指从企业的内外部环境分析开始，最终落脚到企业的长期战略设计。战略分解是指将企业战略规划转化为企业内各岗位的具体战术和行动。战略落地是指根据战略行动计划，企业要持续监控过程，跟进执行，做好激励，同时也要关注员工赋能。

"纸上得来终觉浅，绝知此事要躬行"。本书虽然详细地阐述了战略部署过程的方法和模板，但是企业所处的行业不同、发展阶段不同都会导致使用效果大相径庭，需要大家在实践中因地制宜，不断丰富和完善该理论，一起为精益管理的发展贡献力量。

作　者

目 录

第一章 精益战略部署是企业持续成功的关键 1

引言 1

导读 2

第一节 理解熵与耗散，走过百年变局的雪山草地 3

第二节 百年企业的共性特征带给我们的启示 7

第三节 精益管理与战略的结合：精益战略部署 13

第四节 精益战略部署的特征：自上而下 18

第五节 精益战略部署的本质：协同 22

第六节 精益战略部署实施过程的注意事项 26

第七节 "方向对"与"打胜仗"的辩证关系 28

第二章 使命、愿景、价值观：战略与文化的接壤 32

引言 32

导读 33

第一节 使命就是企业的主航道 34

第二节 企业愿景形成共同梦想 38

第三节 价值观就是企业的经营原则 42

第三章　企业上下同欲之源：战略规划 ······ 46

引言 ······ 46

导读 ······ 47

第一节　市场洞察是大势判断 ······ 48

第二节　外部环境 PEST 分析技巧 ······ 53

第三节　行业及竞争对手分析 ······ 57

第四节　认识自己是杜绝战略错误的开始 ······ 61

第五节　面向未来的 SWOT 分析与 TOWS 分析 ······ 67

第六节　战略地图：核心竞争力模型与持续经营模型 ······ 71

第七节　战略规划中的 B 计划 ······ 74

第四章　企业上下对齐的重要方法：战略分解 ······ 79

引言 ······ 79

导读 ······ 80

第一节　战略分解与重新认识组织 ······ 81

第二节　组织的本质是分工 ······ 87

第三节　通过明确的职责来承接公司战略 ······ 90

第四节　战略分解实现部署落地 ······ 94

第五节　战略分解先从目标开始 ······ 99

第六节　用经营计划策划工厂经营 ······ 105

第五章　实现企业力出一孔的手段：绩效激励 ······ 110

引言 ······ 110

导读 ······ 111

第一节　绩效合约：激励人性的指挥棒 ······ 113

第二节　指标词典：用相同的语言进行沟通 ······ 118

第三节　用绩效评价拉动持续改进 ······ 123

第四节　实施有效激励提高员工活力 ······ 128

第六章　目标实现的有效途径：持续改善 ·········· 133

引言 ·········· 133

导读 ·········· 135

第一节　课题：实现目标的重要手段 ·········· 136

第二节　课题改善的秘密：五阶八步法 ·········· 141

第三节　不传之秘：课题过程管理方法 ·········· 146

第四节　日常基础管理的重要工具：行事历 ·········· 155

第五节　网络计划和日程表 ·········· 159

第七章　战略执行控制手段：过程监控 ·········· 166

引言 ·········· 166

导读 ·········· 168

第一节　战略部署的目视化管理 ·········· 169

第二节　简洁有效的层级会议 ·········· 174

第三节　战略落地大招：方针点检会议 ·········· 180

第四节　指标异常的管理 ·········· 185

第五节　最佳实践的横向展开 ·········· 190

第八章　战略部署的关键要素：人才 ·········· 197

引言 ·········· 197

导读 ·········· 199

第一节　人员能力的教育与训练 ·········· 200

第二节　夯实基础管理必须推进基层管理 ·········· 205

第三节　精益人才培养简政精兵之一 ·········· 209

第四节　精益人才培养简政精兵之二 ·········· 215

第五节　全员改善平台的建设 ·········· 223

第六节　文化层面的战略领导力 ·········· 229

第七节　技能层面的战略领导力 ·········· 234

参考文献 ·········· 241

第一章　精益战略部署是企业持续成功的关键

引言

　　战略的定义不是一成不变的。战略的概念，源自军事理论，其中，中国如孙武的《孙子兵法》，西方如马基雅维利的《论战争艺术》，均充满了战略的思想。所谓战略，是与战术相对应的。战略讲求布局谋篇，是组织为了达成目标，站在全局的角度做的计划与部署工作，而战术是站在局部视角谋划的小范围工作，两者不可同日而语。

　　今天的战略已经广泛运用于商业领域，成了每一个企业家不得不思考的问题，也成了商业活动中最为人津津乐道的话题。商业领域的战略与战争领域的战略有着很多共同点，例如，如何赢得竞争，如何在有限资源的前提下实现目标，如何制订中长期的计划并确保落地，如何运用战略协同组织等。与此同时，商业领域的战略与军事领域的战略也有着本质的不同——即商业领域的战略是以客户价值实现为中心的计划过程，而军事领域的战略是为国家利益服务的。很多商业战略理论正是忽视了这一点，过分强调竞争理论，导致很多企业忘了初心，迷失了方向。本书一个重要的思想源头在于，从精益思想出发，任何一个商业组织，其战略一定要以客户为中心，只有客户满意才是组织长期健康发展的前提，也只有客户价值的实现才是检验战略有效性的唯一标准。

精益战略部署
——构建精益管理的长效机制

目前学术与实践领域关于战略的理论很多,有的以竞争为导向,有的以能力打造为导向,有的以过程实现为导向,种种理论让很多渴望系统学习战略的企业家和高管难以厘清其中的区别,也无法判断各种理论的优点与不足。本书从战略规划入手,与精益管理的方法相结合,对企业战略规划、部署、落地的全过程进行了论述,可以说符合企业"拿来主义"的心理预期。但千里之行,始于足下,战略的规划与落地都要从战略是什么这个最根本的问题出发。本章从百年企业的研究入手,多角度解读战略的内涵,为后续战略管理内容的展开打下坚实的基础。

导 读

本章聚焦于精益战略部署的说明,站在企业的立场上,回答了以下几个大家关心的问题,包括战略是什么?战略有什么用?精益战略部署是什么?精益战略部署对企业有什么帮助?尤其是对于有志于经营百年的企业而言,要以什么样的心态来认知精益战略部署。

在第一节"理解熵与耗散,走过百年变局的雪山草地"中,主要阐述了当前乃至未来的市场环境,提出制造企业转型升级的迫切性,同时针对当前普遍存在的企业内耗,也就是正熵的增加,提出改进的建议。

在第二节"百年企业的共性特征带给我们的启示"中,主要阐述了百年企业如何成为长跑健将的,它们身上的共性特点有哪些,对于共性特点该怎样进行理解,重点解读了战略规划执行的重要作用。

在第三节"精益管理与战略的结合:精益战略部署"中,主要梳理了科学管理发展的轨迹,阐述了从工业工程到精益管理再到精益经营的演化过程,引出精益战略部署的概念和方法论,解读了精益战略部署的总体思路和最优实践。

在第四节"精益战略部署的特征:自上而下"中,从整体角度解析了精益战略部署实施的路线图,阐述了"自上而下"的精益思想,对战略规划及战略落地进行了说明。

在第五节"精益战略部署的本质:协同"中,主要论述了一个观点,企业中最大的效率损失就是步调不一致，整体效率提升的关键是秩序，秩序来源于精益战略部署的实施过程，在统一方向中形成基本纪律，用纪律保证秩序。

在第六节"精益战略部署实施过程的注意事项"中，主要论述了精益战略部署实施过程中需要注意的事项，企业高层领导需要坚持"变与不变"的战略定力，需要尊重客观规律、尊重人性。

在第七节"'方向对'与'打胜仗'的辩证关系"中，主要论述了战略设计中信息的重要性、方向的重要性，同时指出了一些企业在战略执行中常出现的问题，强调了战略部署方法、工具的重要性。

第一节　理解熵与耗散，走过百年变局的雪山草地

百年未有之大变局是什么？直到今天，面对严峻的内外经济环境，我们才真切感受并豁然领悟。如今，许多传统制造企业陷入内忧外患的困境中，对未来迷茫，到底怎样才能度过低谷呢？党的二十届三中全会给我们指明了方向，《中共中央关于进一步全面深化改革、推进中国式现代化的决定》提出，要加快形成同新质生产力更相适应的生产关系，健全传统产业优化升级体制机制，完善战略性产业发展政策和治理体系，建立未来产业投入增长机制，完善促进数字产业化和产业数字化政策体系，促进各类先进生产要素向发展新质生产力集聚，大幅提升全要素生产率。可见，通过产业优化升级实现全要素生产率提升才是解决之道。产业优化升级是什么？其本质就是制造业通过耗散降低熵值的过程，通过战略变革，走过百年变局的雪山草地，从而实现企业的高质量发展。

其实，无论外部环境有多么复杂，企业都有生存的空间，市场会萎缩，但是仍然有足够的体量来满足企业的需求。一个千亿市场萎缩到了几百亿，对于一个十亿产值的企业来说，市场没有发生变化，无非是要从竞争对手那里抢走订单，所以真正的竞争和挑战来自同行之间。

企业竞争是不见血的沙场搏杀，只有胜利或失败两个选择，这是人类社

精益战略部署
——构建精益管理的长效机制

会优胜劣汰的一种表现形式。每一天，我们都能在市场上看到一片喷薄而出的企业新生命，令人欣喜地勃勃生长，也能听到凄厉滴血的破产哀乐，在为垂死挣扎的生命送别。这种令人心灵震颤的竞争形式让企业家们每天都在绞尽脑汁思考如何让企业蒸蒸日上，如何规避走向衰落。

当前，传统制造业的订单量和盈利能力普遍下降，一方面市场萎缩，让客户话语权加大，竞争对手要大打价格战；另一方面原材料价格大幅上涨，人员工资持续上涨，安全、环保等成本快速增加。这两种趋势的叠加导致传统制造业的利润水平不断降低，甚至不及银行存款的利率，因而制造业的融资越来越难。

产品市场的低迷和资本市场的颓势会造成一时的低谷，但是在未来制造业会不会日薄西山？我们知道，市场经济是遵循一定规律的，每隔40个月就会出现行业的高峰和低谷，即基钦周期；每隔8~10年就会经历一次整个国家经济的高峰和低谷周期，即朱格拉周期；每隔50年就会出现一次技术飞跃，技术革命推动了社会的进步，也造成大规模的市场洗牌，即康德拉季耶夫周期。从目前的发展趋势看，整个世界经济处于康德拉季耶夫周期的下行阶段，下行压力让许多国家采取逆全球化的经济发展策略，技术和贸易壁垒越来越多，也引发了更多的冲突。中国市场经济由于采取了有效的刺激政策，当前仍处于朱格拉周期的上行阶段；可惜的是，许多行业由于前期积累了较多的产能泡沫，当前处于基钦周期的下行阶段，短期内不会发生改变。如图1-1所示。

每次市场震荡都是一次优胜劣汰的自然选择，因而为数不少的企业倒在黎明之前！

党的二十届三中全会之后，国家将继续深化经济改革，建设更高水平开放型经济新体制，振兴实体经济，通过强有力的手段干预市场，让市场重新恢复信心。当前资源红利和人口红利已经消失，导致原材料价格和人工价格持续上涨，我们企业有切肤之痛；而有些制造型企业生产环境差，作业负荷强度高，没有年轻人愿意进入工厂，可见一线操作员工的平均年龄越来越大。这些粗放型企业的创新能力弱、市场竞争力不足，市场必然会逐步淘汰此类企业。因此，粗放型企业面临严峻抉择，要么转型升级，要么趁早离场。高质量发展就是刮骨疗毒，淘汰低质量企业。

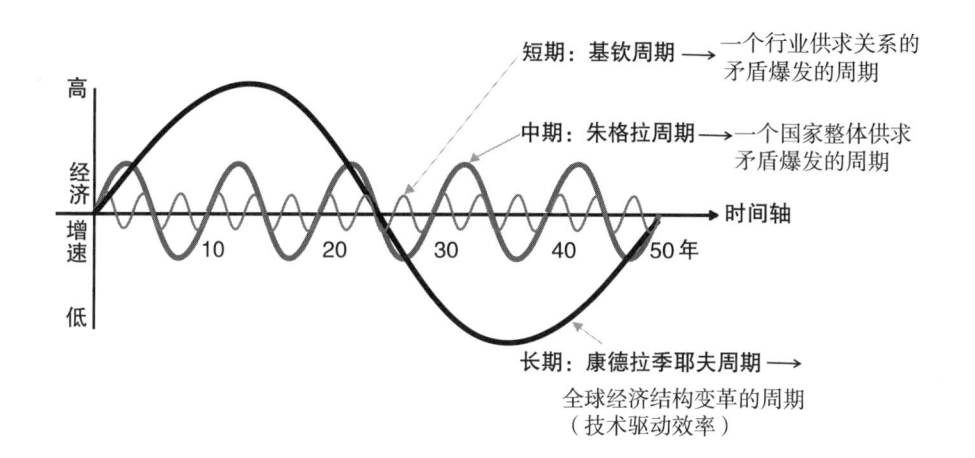

图 1-1　经济周期

从理论角度，企业生与死的选择并不在外部，而在于自己。纵观改革开放几十年的企业发展史，我们注意到，企业倒闭大都来自自身泡沫的破灭，都是自己"作大死"而死的。企业内出现泡沫，我们称之为"正熵"。熵是企业走向灭亡的能量，是管理科学中的一个重要命题。

正熵让某些企业疯狂至死，也让某些企业错失发展的机遇期，被时代抛弃。一些企业没有犯什么大错，就是不能大踏步发展，常常在原地踏步，坐失珍贵的窗口期。比如，当市场质量投诉愈演愈烈，企业却把管理重心放到机构改革上；企业明明知道国家的环保要求逐年提高，却把有限资金投入到扩建厂房和规模上；底层员工已经操碎了企业发展战略的心，而公司高管却忙于制定各种战术执行细节；等等。这种南辕北辙会衍生出各种问题，比如各级管理者降级使用，如董事长干总经理的活、总经理干部门负责人的活、车间主任干班组长的活等，结果谁也没干好，大家怨言满腹。

正熵让当前运营良好的企业不知不觉走向无序和衰落。企业在发展过程中会不断积累正熵，体现在上下级、前后端矛盾增加，管理人员开始讲政治，无用的岗位和无用的会议不断增多。在这种情况下，正确的方向和统一的指挥逐渐变少，战略共识开始缺失，大家对于轻重缓急的判定标准开始混淆，

精益战略部署
——构建精益管理的长效机制

分工、方向、任务、优先顺序开始混乱了，混乱与无序是正熵增加的"临床"表现。当对与错的界限模糊了，企业就会越来越依靠人治，我们依赖于一把手的高瞻远瞩，将战略等同于领导人的意志，企业的兴衰全部依赖于老板是否真正英明神武，这时企业开始不断犯错误。而正熵会让企业变得更加听不进不同意见，正确的意见受阻，在错误的路上就会越跑越远，不加干预就会慢慢不可避免地走向衰落。

怎样对待正熵呢？我们需要通过耗散活动，引入负熵。企业适时地进行体制修正、人才更替、流程重塑就是引入负熵，将正熵进行了耗散，随着耗散活动的进行，企业泡沫开始减少，整体效率增加，企业逐步恢复生机和活力。耗散就是变革，就是强化体制。某些企业家总说："我们的企业处在危险中，距离倒闭只有100天。"这是企业家洞悉企业发展本质，引入负熵的宣言，是一种经营智慧！

案例分析

通过改革引入负熵，最典型的案例非潍柴莫属。在潍柴厂第十八届职工代表大会上，经过深思熟虑的谭旭光提出了"三三制"的总体改制思路，他说道："加快体制改革步伐，按照建立现代企业制度的要求，……对第二发动机厂、配件厂、纺机厂等单位进行规范化公司制改造，组建成立有限责任公司，……逐步将物业公司、职工医院纳入三产系统管理，试行独立核算、自主经营。"即在实现社会职能剥离的前提下，高速发动机业务并入股份公司，原潍柴厂中速机业务继续留存，从事零部件生产的工厂以及企属社会职能单位实施整体分离改制。

改革的过程充满艰辛，辅业剥离意味着辅业的每一个人从捧着铁饭碗的国企职工，成为市场浮沉的民营企业职工。这种安全感上的巨大落差引起了很多职工的抗议，最终依靠谭旭光的坚持和潍柴人发自内心地对企业的热爱，确保了改革按部就班地推进。

不到两年时间，13个附属单位完成了分立改制，改制后的单位通过积极吸收社会多元增量资源，努力盘活存量资源，积极转换内部机制，拓展市场空间,实现了扭亏为盈,走上了良性循环的发展道路,成为潍坊新的税收增长点,并创造了大量的就业岗位。多年后的今天,它们都已成为潍坊的明星企业,每个名字潍坊人都耳熟能详。

第二节 百年企业的共性特征带给我们的启示

成功的企业是什么样子的?这是一个很难回答的问题。是惊人的销售额,还是令人惊叹的利润额?是打败了一个又一个对手走向巅峰,还是在不利局面下坚持求活创造神话?相信很多企业领导者都会摇头,营业额可以有更高的,利润也会有更高的,没准下一次被击败的就是自己。只要时间还在继续,就无法定义成功,有智慧的企业了解世界的不确定性,也知道自身的局限性,因此,总是怀有敬畏之心。

经历过底层挣扎求存,一路披荆斩棘,方才有所成就的人,绝少会高调衣锦还乡!越是经历了艰难,大家越会懂得低调和谦虚。"文无第一,武无第二"本质上说的是对世界有一定认知的我们心怀敬畏!

几年前,我们曾经帮助一个千亿级装备制造企业完成了一个项目,专门为它写作了一本记述其成功发展历程的传记,总结提炼它成功的经历和经验。为此,我们采访了经历过低谷期并直接参与改革的管理者将近200人,两年时间写了近百万字的访谈录,修改了很多次。成书之后本应出版,但是该企业领导人坚决反对,在他看来,企业还战战兢兢地走在发展的路上,也许明天就会遭遇困境,哪有什么成功经验可以介绍?得意扬扬地自我宣传和自我沉醉有害无益,只会培养骄傲情绪。即使是华为,在做手机这种面向终端消费者的业务之前,任正非也是从不接受媒体采访的,企业内部一直保持低调和神秘,在他看来,自己的企业还没有成功,现在谈经验为时尚早。

定义企业成功如此困难,我们只有通过与企业家交流来寻找答案。最近几年,众多的企业家们对成功的定义为,"眼前的营业额和利润都不重要,无

精益战略部署
——构建精益管理的长效机制

非是多挣一点，或者少挣一点，对于企业生存和发展影响不大，但是如果企业具备了日本百年企业的特点，能够一直持续经营下去，那才算是成功"。非常朴素的语言，却道出了真谛，简言之，当前仅仅算是临时成功，唯有打造出一个基业长青的企业才能算是真正成功。

百年企业，高山仰止！我们敬仰朝圣一般进行探寻，究竟百年企业需要具备哪些特征呢？

中国的百年企业很少，没有现成的经验可以借鉴，只能将视线投向国外百年企业，最典型的是日本，拥有两万多家寿命超过150年的企业。日本百年企业众多，固然离不开其特有的历史和社会环境，但其独到的经营理念也扮演着重要角色。目前有众多文章从不同角度论述日本百年企业的特征，都是一种积极的探索，同时也是一种管窥之见，结合大家的总结，经过筛选和提炼，我们总结出可供中国企业参考的百年企业经营策略，整理形成六点要素，如图1-2所示。

百年企业的特征
1. 洞察形势，捕捉市场机会
2. 战略先导，坚持执行落地
3. 开放创新，坚守主业领域
4. 专注技术，追求极致水平
5. 管理驱动，实现稳健财务
6. 关注传承，坚持人才培育

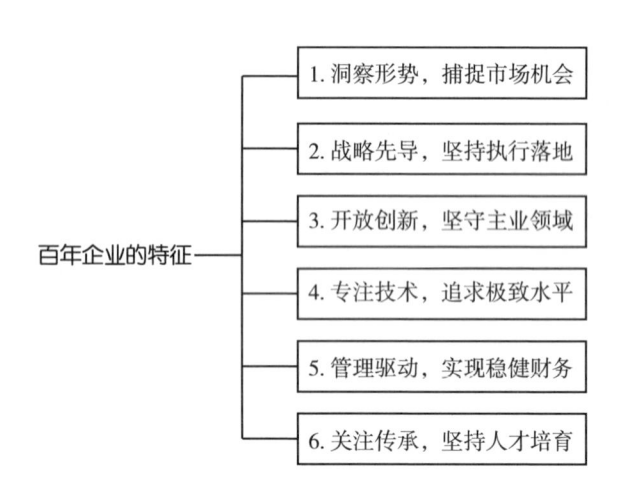

图1-2 百年企业的特征

1. 洞察形势，捕捉市场机会

百年企业擅长看大势，它不会沉浸在自己的产品或者服务的现状中，两耳不闻窗外事，而是对外部环境进行敏锐的观察，随时掌握本行业的前沿及发展方向，这与国内某些企业挖空心思地满世界找机会，想办法跨行进入赚钱的行业是有本质区别的。优秀企业总是围绕着自己擅长的领域寻找机会[①]，比如君乐宝乳业从酸奶行业进入奶粉行业，潍柴从生产发动机到生产动力总成等。优秀的企业家对于外部环境非常敏感，所做决策非常具有前瞻性，这一点是区分优秀企业家和普通企业家的最显著特征。应该说，对于企业领导者而言，预见性是其最大价值！百年企业在主业范围内，准确把握变化趋势，对于已经显现的市场机会或者威胁，及时进行自我调整，主动适应，绝不被动挨打，或者利用机会实现转型与成长，或者面对威胁能够快速规避，从而实现灵活地适应外部环境变化的自我演化。

2. 战略先导，坚持执行落地

百年企业面对变化会形成自己的应对战略，这是"变"，但是，它也能坚守自己的战略方向，不会轻易调整，这是"守"，实现坚守和变化的辩证统一是百年企业的重要特征。面对变化要调整，但一定服从战略规划的既定航向，这种二元论思维往往是中国企业最难接受的，所以往往忽左忽右、非黑即白，总是找不到合适的度。没有战略的行动都是盲目的，东一榔头西一棒槌常常回到原点，甚至出现南辕北辙的现象，因此必须战略先行。百年企业特别注重战略的设计和执行，一旦制定了战略，就要自上而下统一思想，并发动全员分解落地，确保战略准确到位并转化为行动，即只有将战略彻底贯彻才能体现战略的意义。

3. 开放创新，坚守主业领域

企业历经百年不倒，最难得的是要紧跟时代的步伐，根据市场或者行业的变化，持续进行产品创新，满足客户需求。创新过程中，要采取开放的态度，兼容并蓄，不断吸收时代的元素，借助外部资源，实现自我突破。同时，我们需要警醒的是，就像在第一点中我们提到的那样，在不断创新中，要做到不被外界诱惑干扰、不偏离主业、不偏离自己的优势能力，保持对本行的热爱。创新与固守看似矛盾，却是企业长寿的重要基因，也是一种二元论，唯有如此才能实现自身优势的不断放大，从而构成企业经营的战略纵深。例如，有一家房地产企业看到新能源汽车是未来风口，心血来潮，大举进军该

[①] 罗伯特·卡普兰，大卫·诺顿. 战略中心型组织：平衡记分卡的制胜方略［M］. 上海博意门咨询有限公司，译. 北京：北京联合出版公司，2017.

精益战略部署
——构建精益管理的长效机制

领域，投入了大量资金，广告做了一大堆，结果四年多了，迄今没有交付一辆汽车，这种多元化导致自己的主业也出现了资金周转困难，爆出了大雷，闹出了国际笑话。对于转型到陌生领域的风险估计不足是大多数企业转型失败的最主要原因。

4. 专注技术，追求极致水平

百年企业对技术的痴迷几乎是天然的，换句话说，这是自然选择的结果。企业唯有长于产品技术和制造技术，才能实现长期生存。企业唯有专注于技术，持续对技术研究进行投资，才能形成真正的核心竞争力，形成牢固的生存基础。许多日本或者德国的百年企业在很多细分领域中牢固地占据顶端地位，究其原因，它们的技术全球领先，是企业几代人持续对技术开发投入的结果。中国制造企业目前比较关注产品工艺技术，因而在工艺技术研发上愿意投入资金，毕竟依靠产品吃饭。但是常常忽视制造技术的进步，基层员工不受重视，流动性大，许多制造技术变成了个人经验，人走经验走。没有了制造技术的积累，企业哪怕工艺先进也制造不出来好产品，制造能力在低水平徘徊。在航天系统中，有一种制造技术的研究方式，内部称"大师工作室"，即通过评选企业内部技能水平最高的技师，授予大师称号，并组建一个小组，由大师带领进行自身技能的传授以及制造技术的攻关，通过这种方式带动企业对制造技术的钻研，以实现技术进步。

5. 管理驱动，实现稳健财务

管理活动是企业文化的衍生品，百年企业的管理文化是积极且充满活力的。文化造就优秀的管理机制。[①] 好的机制既精细又简单，秩序井然，该管的点滴不漏，不该管的绝不染指，更不会在简单的管理常识上面犯低级错误，这一点看似容易，却绝非朝夕之功。百年企业对于风险非常敏感，宁愿牺牲市场机会，也不会冒险投资，谨小慎微且遵纪守法地进行经营，为了防止意外事故，常常储备大量现金，防止危机到来时现金流中断，导致企业陷入破产危机。我们的企业常常稳健度不够，要么负债过高，要么现金流较差。根源在于，企业对于投资比较热衷，为了迎合资本市场或者上级要求，常常购

---

① 哈罗德·孔茨，海因茨·韦里克. 管理学：国际化与领导力的视角 [M]. 马春光，译. 北京：中国人民大学出版社，2014.

买高端设备生产低端产品，对于固定资产的双刃性理解不深；另外，很多企业库存控制较差，常常是在企业规模较小时还赚钱，规模越大库存越多，投入的流动资金越多，虽然企业负责人感觉规模上去了，但是利润却在变低，而且需求的资金量越来越大，除了上市融资，让资本买单，基本没有出路。制造型企业一定要向三星电子和丰田汽车学习，向中国互联网企业学习，丰田汽车当前的现金储备为639亿美元，三星电子的现金储备为965亿美元，而中国互联网企业也不差，阿里巴巴储备了6812亿元，腾讯储备了6107亿元，京东储备了2569亿元。在刘峰的《现金储备2万亿，阿里、腾讯、京东开始谨慎变化，扩张放缓》一文中说道，"在2022财年第四季度及全年财报后的电话会议上，阿里巴巴表示未来将主要关注两个方面，一是对很多长期价值不明显的业务，进行关停并转；二是根据业务的不同性质，所有业务端都会有一定的降本增效目标和要求。腾讯2022年第二季度财报中更是直接表示，将主动退出非核心业务，收紧营销开支，削减运营费用，未来将聚焦于提高业务效率并增加新的收入来源。京东在多次对外发言中，降本增效也是核心词汇……"互联网企业有非常强的忧患意识，这一点值得企业家们学习。

6. 关注传承，坚持人才培育

企业传承是个重要命题，百年企业常常花费几十年对接班人进行筛选和培养，通过言传身教，让下一代具备领导者的能力。同时，百年企业坚信人是企业的最大资产，这点深深植根于企业经营思想中，而非像很多国内企业那样挂在口头上。以人为本的企业对员工充满尊重，尊重员工的劳动价值，尊重员工的体力和智力付出，由于有了尊重，企业内非常和谐，大家将全部精力用在了工作上，用在了对客户的服务上，坚持干正事儿，不瞎折腾，人才自然会不断培养和涌现，因而企业在传承过程中可以优中选优。世界级优秀企业对于人才的培养非常重视，对于选人、用人非常严谨，除非迫不得已，很少出现人员的大规模进出、升降，既杜绝了由于人员变动造成的管理烦恼，也让每一名员工充满安全感。目前，国内某些企业视员工为工具，需要就拿来用，不需要就解除合同，导致员工们都没有归属感，大家就重视既得利益，哪里工资高就去哪里工作，完全被金钱导向，因此这样的企业都无法成为百年企业！有些国有企业由于缺少日常管理的规章制度和奖惩机制，干好干坏

精益战略部署
——构建精益管理的长效机制

一个样,不能体现公平、公正的原则,更是缺少对于真正创造价值者的尊重,因此难以涌现人才,也难以永续经营。

可见,百年企业作为长跑健将,是以市场为导向的,不吃市场这口饭的企业不在讨论之列。百年企业的经营均衡而稳健,既注重灵活性也注重战略性,既追求管理的精益求精也追求技术的精雕细刻。它们眼光长远,为了能够代代持续,把人当作长期竞争要素来培养,难能可贵的是,这些管理常识都能真真正正地落实到日常管理的每一个细节中,值得我们好好学习!

案例分析

有统计显示,截至2012年,日本存续超过100年的"长寿企业"已突破2.1万家,历史超过200年的企业有3146家,为全球最多,更有7家企业的历史超过了1000年,并且排在世界最古老企业前三位的都是日本企业。超过200年历史的"长寿企业"在欧洲也不少,德国有837家,荷兰有222家,法国有196家。就连仅有200多年历史的美国,百年企业也有1100家。

而在中国,截至2022年,历史超过150年的百年企业仅有5家,历史超过100年的企业有1281家。中国最古老的企业是成立于1538年的六必居,之后是1663年的剪刀老字号张小泉,再加上陈李济、同仁堂、王老吉,中国现存超过150年历史的企业仅此5家。而历史超过100年的企业有青岛啤酒、泸州老窖等。

日本历史最悠久的企业叫"金刚组公司",是世界上历史最悠久的公司。其创立于公元578年,相当于中国的南北朝时期,已有1446年的历史,专门从事寺院建筑业。金刚组曾经历多次危机,多次差点倒掉,勉强熬了下来。在20世纪90年代日本泡沫经济破灭之后,金刚组由于过度扩张带来庞大负债,负债累累,在2006年宣布清盘,但新公司仍然保留"金刚组"的名称,这家千年企业最终得以被传承下来。

第三节　精益管理与战略的结合：精益战略部署

当前我们能够识别的百年企业的特征，看起来并不复杂，都是我们熟知的科学管理常识，但模仿学习绝非易事。

企业发展进化是从感性管理到理性管理的过程，要打破经验主义的藩篱，运用科学管理思想推进企业管理现代化。记得十几年前，笔者在合肥帮助格力推动精益生产，当时格力的现场管理和班组管理已经很规范了，但是企业的管理者认为，管理规范都是来自经验主义，是主观认知的照章办事，如果标准和规范不够精益，大家越是认真执行，浪费越大。在格力实施精益生产后，企业持续地提升了制造管理水平，确立了更加合理的制造管理规范，现场再次发生蜕变，生产流程实现了准时化，建立了多频少量的混流配送方式，最重要的是企业形成了一套持续改进质量和降低成本的模式，不断增强了格力的市场竞争力。

也有为数不少的企业，由于各种原因，故步自封，坐井观天，还在遵循着以往的管理经验，导致企业发展停滞不前。试想一个企业内部矛盾重重、机制落后、流程冗长、运营低效，它怎么可能渡过百年时间里的狂风巨浪？

全球经济增速放缓的背景下，许多企业都暴露了深层次的问题，体现在有些企业的组织形式不能适应市场的变化，有些企业缺少有效的管理手段和工具导致问题重生，有些企业在盲目模仿、削足适履地运用国外企业的管理经验，全然不顾中国企业的客观实际。中国企业的问题怎么解决呢？其实从中国近代史中，我们基本能够找到这个问题的答案，那就是要借鉴国外的先进经验，结合中国企业的实际进行融合，创造出适于自己的管理机制，并通过不断改进，使之趋于完美。当前我们定义这个模式为精益管理。

日本企业在美国工业工程思想的基础上融入日本企业文化，形成了精益生产模式，这一模式在中国的应用过程中，融入了其他科学管理的思想，形成了精益管理的概念。可以说，精益管理是科学管理不断进化的产物。在19

精益战略部署
——构建精益管理的长效机制

世纪末20世纪初，美国泰勒、吉尔布雷斯夫妇等人开创了科学管理学科，也称为工业工程（Industrial Engineering，IE）。工业工程由各种工具和方法构成，通过应用这些工具和方法实现生产系统投入要素的有效利用，降低成本，保证质量和安全，提高生产率，获得最佳效益。因此，工业工程是一门对人员、物料、设备、能源和信息所组成的集成系统进行设计、改善的学科。

20世纪初，丰田家族从生产织布机开始创业，之后拓展到汽车产业。在资金短缺、资源匮乏的困境下，探索出了"自动化""准时化"的思想，并深入学习和灵活应用工业工程的工具和方法，总结提炼出一套具有日本特色的管理思想和模式，即丰田生产方式（Toyota Production System，TPS）。丰田生产方式强调物料的快速流动，进而拉动信息流、资金流，从而降低整个供应链成本，确保了丰田和它的供应商们几十年保持高额盈利。在20世纪70年代的石油危机中，丰田汽车因其节能等特点在市场上大获成功，市场份额超越了美国人引以为傲的通用、福特汽车，让美国社会深感以丰田汽车为代表的日本制造的竞争压力。丰田生产方式也因其独特、高效的理念而受到了整个世界的关注，开启了对丰田管理模式研究的热潮。

1985年，在美国政府的支持下，麻省理工学院筹资成立了"国际汽车计划（IMVP）"研究项目，这个花费了500万美元的项目历时5年调研了丰田汽车的各个工厂，走访了大量的供应商和经销商，访谈了众多丰田高管，最终得出的结论是，丰田如此优秀是因为它采用了一种独到的管理模式，而为了直观表达出其含义，将其命名为Lean Production，即精益生产。该项目的研究内容最终形成了一部著作，叫作《改变世界的机器》。该书的出版在全球范围内引起了极大反响，各国争相引入精益生产的理念，纷纷在本国的机械制造行业进行应用尝试，并取得了丰硕的成果。此后，精益生产的应用领域不断拓展，从制造业拓展到工程建设业、医疗服务业、公共事业等领域，并在制造业内部从制造过程延伸到产品开发设计、销售服务等环节，精益生产的工具和方法不断被总结和创新，在实践中演变出各种新的应用方法，从寥寥十几种演变到现在的近百种。

在精益生产提出后，在企业界和学术界的努力下，精益理论以丰田生产方式为内核，整合了信息技术、流程管理和企业文化，精益系统变得更加庞大和完善，精益思想上升为企业经营的哲学理念，精益原则上升为企业发展的战略指导原则。精益管理通过帮助企业识别顾客价值和价值流，消除浪费和非增值环节，以赢得竞争优势。这种发展已经突破了传统精益生产的范畴，因此，越来越多的学者提出精益是一个管理哲学范畴，精益管理概念用来泛指应用精益思想在各个不同领域应用的管控模式。至此，精益管理变成了一种帮助企业获取核心竞争力的较为成熟的系统方法。

近几年，精益管理在中国的应用过程中，强调了对企业文化、机制设计、供应链管理、战略设计、组织系统、人才管理等进行协同改进。当前，运用精益管理手段推进企业进步已经成为制造业的共识。精益实践过程常常包括自上而下和自下而上的两种途径，自下而上是指通过现场员工发现问题推动上级改进问题，常常称为提案改善，是由员工发起的改进活动；自上而下是指从战略和目标的角度找到问题并持续推动解决，是由企业顶层发起的改进活动，常常称为精益战略部署或者精益顶层设计。

精益战略部署是通过集体智慧帮助企业洞察未来环境，并制定合适的年度策略，以战略分解和目标拉动，形成精益改善方案，让全员参与战略目标达成的活动中，配合强激励手段让战略落地的一套方法论。在中国，自上而下更具有生命力，因此我们常说精益战略部署是精益管理的灵魂，在整个精益系统中占据着重要位置。

精益战略部署是一套逻辑紧密的方法论，实施过程包括如下几个重要的工具。一是确定企业的使命、愿景和价值观，这三个词条代表了企业发展的灵魂，解答了为何而战的命题，是企业经营的指导方针。二是确定好组织分工与流程，也就是确定好核心团队，摆好战斗阵形。三是构建企业的战略规划和下一阶段的战略地图，形成关键目标。四是实施组织内的战略分解，让每个关键岗位都有自己的目标绩效，让所有人员目标一致。五是所有岗位找到达成目标需要的改进项，明确重点改善课题和日常改善方向。六是根据改进成果建立财务效果的评估，并实施激励。整个实施过程中，要将目标实现和改进活动与人才评价相结合，同时也要注重日常运营过程中对改善活动的推动、对偏差的纠正。如图1-3所示。

精益战略部署
——构建精益管理的长效机制

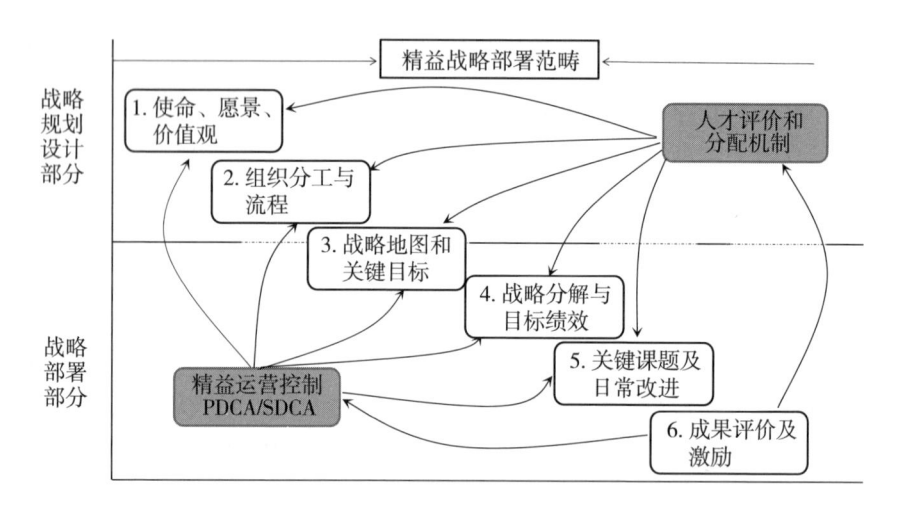

图 1-3 精益战略部署

需要强调的是，不围绕战略的精益活动是没有价值的，因为无法识别企业的行进方向，也就无法正确发力。改善活动不能聚焦于战略落地常会出现南辕北辙，导致轰轰烈烈的精益活动仅仅是调动员工做一些规定动作，典型的自娱自乐，缺少令人信服的实践成果！

精益战略部署对于企业如此重要，但令人惋惜的是，许多企业对此知之甚少，甚至有些企业从未认真地进行过战略规划和战略分解。由于缺少长期规划和方向引导，企业内无法建立有效的业绩评价，也无法进行整体协同，这就造成了工作上常常是唯老板论和唯上级论，企业陷入人治的怪圈之中，这是一个企业中最大的浪费。一些企业虽然有了精益战略部署的雏形，但是在执行过程中，由于系统性不强、上下关联度差、没有形成闭环，造成动作走样、缺乏严肃性、无法产生效果，丧失了战略部署的本来意义。

精益战略部署是企业整体的变革，是企业的顶层设计，需要企业整体认知一致、动作一致，要在组织和人事上认真匹配，任何职能的不配合都会导致整个战略工作落空。同时，我们必须了解它复杂的一面，这是一种典型的一把手工程，需要总经理和董事长身体力行全程参与，亲身参与设计，参与实施落地，做好资源保障和各系统的协同调度。企业最高管理者如果想当甩手掌柜，寄希望于自己的下属能够主动参与，这种想法必将落空，变革效果也将大打折扣。尊重战略的企业不会犯大错误，潍柴就是一个正面的案例，当然也有反面案例。例如，曾经有家河北民营企业，在行业中排名前三，产品和利润都不错，企业年度销售额一直徘徊在几个亿，为此专门聘请天津大学的专家帮助企业编制未来五年的战略规划并协助进行每年的战略落地，老师们千辛万苦地收集行业信息、调查竞争对手、了解产业背景，最终形成了企业的战略规划：聚焦主业，跟进大客户，产品线升级，进入高端市场。公司董事长对战略规划非常满意，但是对于战略落地的复杂性认识不够，在战略分解过程中参与度不高，经常出差，对于顾问专家的支持也仅限于口头上。笔者认为，在内心深处他仅将战略规划当作企业品牌建设中的一部分，是企业对外宣传的一个形象工程。仅仅过了三个月，董事长罔顾战略规划的路线，大举投资尚不成熟的高科技产品，由于企业对该产品不熟悉，对技术路线判断失误，导致巨额亏损，差点一蹶不振。

企业最高管理者的主要责任是高瞻远瞩、洞察未来，严肃认真地研究企业未来战略，对于认定的战略路线要坚定不移地推动执行，不被其他机会所诱惑，有所为有所不为。优秀企业家的选择是慎重的，一旦做出选择就坚定不移，所谓大巧若拙、大智若愚，方向正确的意义远大于行进的速度。

案例分析

1978年，一汽派出以厂长为首的专家小组去日本考察汽车工业的管理经验；1981年，丰田生产方式创始人大野耐一先生应邀到一汽传授经验，这也是他唯一一次来中国指导企业精益实践。20世纪80年代初期，一汽率先以变速箱厂为试点，在集团内开始尝试应用看板管理、混流生产、QC活动、设备点检、目标成本等精益工具，这些先进的管理技术为一汽的发展拓宽了思路，指明了道路。20世纪90年代，一汽连续举办了十三期厂处级领导干部精益生产方式学习研讨班，通过培训研讨统一思想，把精益生产上升为关系到今后公司发展、前途和命运的战略高度，开始全面推行精益。2002年，一汽加深了与丰田的合作，通过聘请丰田专家来现场指导，加深对精益的理解，同时精益管理开始在产业链和产品生命链上不断延展，在产品开发和供应商管理上取得了较好的成果。经过多年的精益管理实践和探索，一汽形成了自己的精益管理模式：一汽大众生产方式 HPS，通过推进精益管理，一汽每年节省成本约十亿元，为一汽的腾飞奠定了坚实的基础。

潍柴动力是目前中国综合实力最强的汽车及装备制造集团之一，从2000年开始，不断引入5S、提案改善、TQC等精益管理工具，将精益管理思想与企业文化不断融合。2009年，潍柴动力开始与天津大学和日本丰田专家合作导入精益管理，确定了未来5~10年消化精益管理的精髓，建立潍柴运营体系（WOS）的目标，如今精益管理硕果累累，企业发展突飞猛进。精益管理在企业内的落地生根为潍柴动力进入世界500强、成为行业第一，提供了澎湃的动力。

第四节　精益战略部署的特征：自上而下

精益战略部署是一个大的概念，包括战略规划设计、组织再造、战略分解、人才管理、战略落地等几个方面的内容，每个方面中又有若干执行逻辑和细节。通常企业对于战略规划设计较为重视，对于后者常常会轻视。比如，规划就是为了完成上级交代的任务，规划时没有考虑如何落地，完全地空对空；上级规定的目标远远超出了自身能力，所以干脆推着干；企业领导者头脑一热进行了战略规划，然后将执行推给了下级完成，而下级又不知道如何完成，所以最终陷入了"等、靠、要"的怪圈，不但不能创造价值，反而造成了更多的浪费。所以，精益战略部署必须遵循自上而下的原则。

在当前企业管理中，战略落地是一个重要命题，也是一个难题。影响战略落地的因素很多，从外部环境上看，当今世界"黑天鹅"和"灰犀牛"事件较多，一只还没有降落，另一只已经冲起来了。由于外部环境变动太快，为了适应市场，企业需要不停地对战略进行调整，这种过于灵活地应对市场的方法，导致企业对战略的关注度不断下降，更遑论去分解落地了。当企业

第一章　精益战略部署是企业持续成功的关键

的一切经营活动全靠管理者的判断和指令时，企业就正式进入了人治的怪圈，不能自拔。从企业内部实际来看，我们缺少围绕战略落地的必要的实施手段。由于缺少战略落地的具体方法，就谈不上对管理者的战略实施进行训练和培养，全凭管理者的悟性和自觉，只有少数管理者能够略知一二，而大多数的各级管理者对战略如何落地知之甚少，但是战略落地却恰恰需要全体干部齐步走，当两个悖论同时存在，战略实施就变成了水中月镜中花。这一点在管理者能力和素质良莠不齐的企业中最为明显，种种原因导致中国企业战略落地困难重重，而不能落地的规划，无论多么美好，都沦为一纸空谈。

战略规划的是什么呢？是航道和经营原则。企业经营的艺术在于平衡变与不变，企业战略航道不能轻易变，经营原则更是不能变，这些都是企业的根本。如果基本方向总是变化，企业必将迷失方向。有些制造型企业在经营上非常灵活，采取了精致利己主义，运用了商业上的思维，这种思维对制造业是有害的，无法做大做强，最终会变成一个彻头彻尾的投机者，一个贪婪的短视商人。因此，企业在经历了创业阶段、跑通了商业模式后，一定要抛弃"流民"的做法，定期进行战略研讨，确定战略地图，选定航道，确立明确的战略落地方法，感召各级员工共同奋斗，推动企业持续向前！

战略落地是一个执行过程，首要任务是落地实施方法。战略落地的起点是战略规划，终点是实现战略目标，其他皆为过程。需要强调的一点是，起点和终点是非常简单的，而落地过程是复杂的，希望大家重视过程，这也是本书的重点。

企业应从战略分解开始，形成具体的可执行计划，并通过全体人员持续改进来达成目标，这个过程说来寥寥几句，真正实施起来步骤和要领较多，实施的时机、具体做法、协同与互动都要恰到好处，如果没有具体的操作步骤和操作指引是很难实现的。从以往的实践经验来看，有了实施方法不见得能在企业中落地实施，但是没有实施方法绝对会让企业战略无疾而终。绝大多数企业中，由于企业负责人关注不够，对实施方法和模板的研究不足，导致该项工作的实施较为随意，参差不齐。同时，由于内部管理者的认知不同，导致实施手法也不同，原本一盘棋的工作往往干着干着就变得面目全非。其实经过三十多年的企业战略部署实践，这一套方法早已打磨成熟，并成了企

精益战略部署
——构建精益管理的长效机制

业、咨询公司的不传之秘，在本书中，我们将围绕每个执行细节进行详细阐述。

除了方法论，战略落地的另外一个难点在于组织能力。战略规划下需要怎样的组织和分工？各部门间如何相互配合实现目标？如何识别达成目标所需完成的任务？重点任务应该由谁来承担？目标要何时实现？实现了会有哪些激励？诸如此类的问题决定了企业员工参与战略落地的积极性，这就需要企业有良好的组织机制。怎么实现呢？企业需要重新进行组织设计、内部分工、权责分配、干部管理等，通过组织再造，将各级思想和认知统一起来，围绕战略形成合力。在本书中，我们也会解答关于企业内部组织建设的问题。

对于大企业而言，战略落地的方法应具备系统性。方法的系统性是企业大规模复制方法的根本，围绕战略部署过程，企业应建立路线图，通过路线图将各种工具模板串联起来，形成具体的工作内容和执行步骤。比如，我们何时制定下一年度的战略，何时完成年度战略的分解，何时召开经营计划会议，何时启动月度点检等；在每个执行步骤中，该怎样运用战略策划表、战略地图、绩效合约、年度工作日历、会议地图等。接下来，我们将逐步为大家分享精益战略部署路线图，如图1-4所示。

综上，精益战略部署是企业"体"改善的工具，它推动企业整体的精益化，带动企业各个层级的员工从观念到行为进行变革。战略落地是"一把手工程"，不仅需要企业负责人关注，更需要一把手亲身学习、亲自培训、亲自检查和推动，这将极大地提高成功的概率。反之，如果一把手都不关心战略，就不要指望他人为你考虑了！在动辄"商业模式创新""产业升级"的今天，企业应回归自我、回归初心、练好内功，企业一把手应带头推动精益战略部署，亲身参与精益实践。本书从实战出发，所有表格均来自企业实践过程，大多数方法可以即学即用，是专门给那些有兴趣、愿学习的企业一把手准备的教科书。

第一章 精益战略部署是企业持续成功的关键

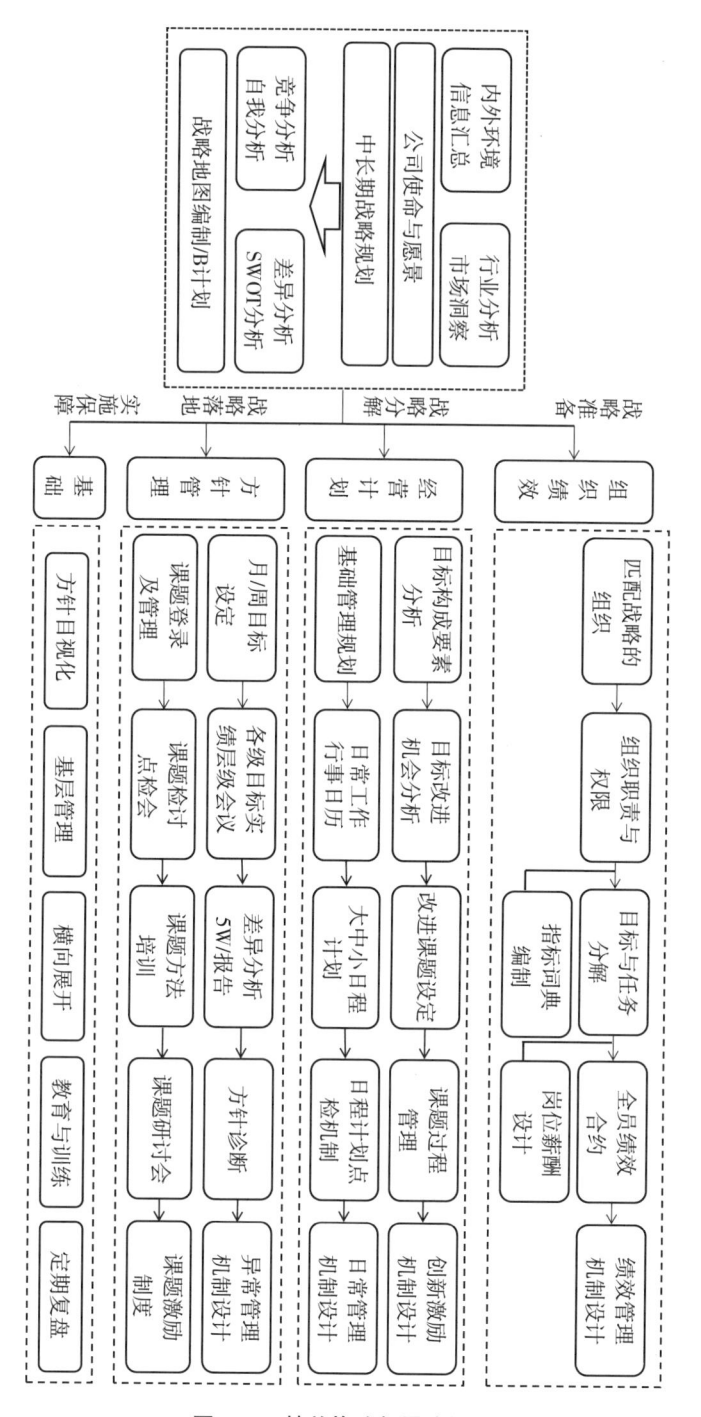

图 1-4 精益战略部署路线图

21

精益战略部署
——构建精益管理的长效机制

案例分析

经历了2005年吸收合并湘火炬，为了提高自身的融资能力，潍柴动力在2006年的战略规划中，明确且大胆地提出了一项极具创新的股改方案，即"H股公司潍柴动力回归内地定向增发A股，与湘火炬A股换股，用吸收合并的方式解决湘火炬股权分置改革问题，湘火炬退市并注销，其原主营业务并入潍柴动力"。战略制定好了，如何实施呢？这就需要企业进行战略的分解，并落实到证券部门。这是个天大的难题，在当时，对于H股与A股互换从无先例，怎么干呢？证券部的员工想尽了各种办法，最后部门负责人在机场候机时突然想到香港法律参考自英国，属于大陆法系和判例法系，在新问题出现时，虽无参考先例，却可以通过法院进行裁定。于是，在2007年4月30日，潍柴动力提出的"潍柴动力换股吸收合并湘火炬 H to A"股改方案经过香港相关法院裁定，以及五个分类股东会投票，潍柴动力A股正式在深圳证券交易所挂牌上市，成为中国证券市场上最具创新的首个"H to A"案例，交易完成后，潍柴动力成为同时在境内外两个资本市场拥有两只股票的"A+H"型上市公司。

"H to A"是令人惊叹的创新案例，潍柴动力运用精益战略部署激发了各个部门的创新能力，敢于设想、敢于挑战、敢为天下先，这是一个优秀企业应该具备的精益精神。

第五节 精益战略部署的本质：协同

企业效率提升是一个长期话题，有人认为效率是企业在生产过程中单位时间内能够实现的有效产出，这是一个生产管理的概念；有人认为效率是对一个基层班组的评价指标，主要考察员工和设备的利用情况。以上各种说法都有道理，但从本文视角来看，企业效率不在基层，而在高层！企业效率的来源正是精益战略部署的本质——协同。

一个人的效率，取决于在出勤时间内完成的工作量，效率损失主要来自作业方法设计得不合理；一个车间的效率，取决于单位时间内产出了多少产品，效率损失主要来自车间职能组织的混乱和机制设计的不合理；一个企业的效率，取决于在一定的时间内创造了多少利润，其主要效率损失来自企业发展方向是否正确，是否建立了良好的跨职能协作机制。单个工人效率的提升，依靠合适的工具、良好的作业方法以及优秀的个人技能。车间效率的提升较为复杂，我们需要按照生产程序安排人员，确保每个员工各司其职，同时，为了能让员工工作有序，我们甚至需要使用一条流水线把员工的动作节奏固定下来，让所有员工按照流水线的节奏进行工作，不许快也不许慢。公司整体效率的提升更加复杂，由于公司是由多个职能、多种岗位构成，接收多种来源的外部信号，非常容易出现混乱的现象，很难协同和统筹，因而我们无法建立一个车间流水线那样的机制来拉动全体员工工作。同时，由于企业内员工的工作方向和节奏各异，往往容易造成企业内部各项工作的冲突，造成效率降低，为此耗费了过多的人力成本。

当前，中国企业的人均产值通常只有日本或美国同类企业的1/3到1/2，同时中国企业的一、二线人员比例为5∶1甚至4∶1，而同类型日本企业能控制到40∶1甚至50∶1，差距较大。

是不是企业中根本无法建立一条让所有员工（特别是职能部门的员工）步调一致的流水线呢？或者根本无法构建一个能够齐步走的企业秩序呢？我们的确无法构建一个有形的流水线，但是我们能够在企业内构建一个类似流水线功能的经营秩序，我们称之为"协同"。

企业内或者企业间的协同非常重要，它既包括所有人的工作方向，也包括相互之间建立工作关系、工作顺序，以及业务匹配、问题反馈等内容。任何一个优秀的企业，都需要建立规则、形成秩序、实现协同。在冷兵器时代的战争中，优秀的军队总是通过整齐的队列和金鼓信号，实现全体士卒的共同进退聚散，实现各种兵种的互相配合，在对战中形成整体的战斗优势，进而获得胜利。军队的协同依靠军法和信号，军法确保了士兵在战斗时做到令

精益战略部署
——构建精益管理的长效机制

行禁止，协调一致发挥整体合力；信号使士兵能够整齐划一，方向明确。企业要向军队学习，要建立企业的军法，即最基本的纪律，如运营规则、基本法、红线制度等，这些来源于价值观，固化于企业文化！基本纪律需要建立严格的时间节点和工作标准，通过检查、考评来严格执行，通过员工集体遵守形成良好的执行习惯。有了基本的执行能力，我们还要有统一的信号，这里面包含两个内容，既要有统一的工作方向，又要有协作的工作计划，这些内容就有赖于企业战略的制定和实施。

战略制定是一个信息充分共享后，理性寻求共识的过程，如同长征一样，在研究、论证、沟通、思辨、决议的过程中，明确未来目标和行动策略，建立部门间相互配合的原则和方法。战略实施是一个分工过程，根据目标进行分工，确定执行步骤，制订相互配合的计划。由于目标是一致的，因此整个企业的前进方向相同，各个岗位按照计划和步骤实施，就能够实现步调一致。战略的制定和实施就是企业中形成的一条虚拟流水线，它让每一个人都站在战略实施计划的流水线边，按照战略实施进度的节拍要求开展工作，消除内部方向冲突，降低企业内耗，实现方向和动作间无缝衔接，避免出现局部良好而整体糟糕的局面。

企业管理是大兵团作战，指挥官最重要的职责不是具体战术指挥，而是根据战争目标统一方向和步调，企业内部组织协同得好，自然实现高于对手的效率，实现长期超越对手的竞争力，这个使命的重要性甚至超过短期目标的实现。一些企业一把手不注重战略规划，不注重战略协同，却注重战术执行细节，结果总是发现在微观上效果明显、立竿见影，但是宏观上总是顾此失彼、处处失火，总体效率反而变低了。可见，局部不能代表整体，协同影响着整体效率。

如何实现企业效率的最大化，很简单，企业注重战略规划和执行落地，用战略来引导企业，不被短期利益驱动，这是企业最大的效率管理课题[①]。从当前企业的成功经验来看，优秀的企业都是用战略来凝聚共识，用计划来连接工作，通过排序、锁定和准时将工作计划精准落地，在不断磨合中构建高

---

① 陈春花. 管理的常识：让管理发挥绩效的 8 个基本概念 [M]. 北京：机械工业出版社，2016.

效的企业文化。

案例分析

　　君乐宝乳业集团股份有限公司（以下简称"君乐宝乳业"）是乳制品行业的新贵，成立于2000年，集团现有21个生产工厂、14000余名员工。自2015年开始，企业投巨资建设世界顶级的婴儿奶粉生产线，在短短几年时间里，成功在婴儿奶粉市场上位列国内品牌榜前列。

　　君乐宝乳业各级干部统筹合作的能力很强。每年年末董事长都会牵头组织大规模的战略研讨，从市场和外部变化中识别机会和危机，并进行战略设计，形成战略地图。战略一经确定就成为各个工厂和相关单位的目标输入，层层分解为全体员工的工作计划，这是一个烦琐的过程。各级干部日常跟进目标结果，也跟进工作计划的执行，每个岗位都有自己的工作计划台账，每个月都要进行复盘，基层要求日清日结。记得当时有一个偏远的工厂由于设备老化、人员素质低，所以经营目标完成情况不好，于是董事长换了新的厂长，并特别叮嘱我们的老师们给予关照。新厂长上任后，严格按照战略落地的方针推进工作，跟辅导老师紧密配合，通过对各个职能部门的工作进行点检、辅导、评价，带动干部们研究如何在当前条件下改进绩效。一年的时间里，从管理活动标准化到人员技能提升，再到设备自主改造，在不同层面的细节上做了大量的工作，量变最终带来质变，一年后这个工厂竟神奇地开始盈利了！

　　君乐宝乳业长期关注战略、计划、执行，企业内部形成了自主、高效的工作作风和协同习惯，企业应对市场变化快速而灵活。自2012年开始，企业每年复合增长率在30%以上，产品持续更新迭代，在市场上已经构成了对蒙牛和伊利的强大挑战。

第六节　精益战略部署实施过程的注意事项

战略管理是企业领导者最核心的工作，用战略指导方向，用组织明确分工，用干部管理选拔人才。定战略、搭班子、选人才，企业老板抓住了精益战略部署实施过程中的要点，就牵住了企业的牛鼻子，思想就会统一，行动就会一致，企业就具备了持续经营的能力。

战略管理最重要一点就是凝聚共识[1]。共识如此重要，以至于优秀企业常常会通过各种仪式性的活动，如表彰会、学习领导讲话、战略研讨、座谈会等，来统一方向和贯彻价值观。有些企业认为这些形式性的活动是一种务虚，但是通过对比不同类型的企业发展规律，我们发现，凡是思想统一的企业都能够发展迅速，如潍柴、君乐宝等；反之，内部意见和声音不统一，往往内耗较多，发展较慢。西南某新型建材制造企业在高速发展过程中，高层管理者没有将战略共识当作重点工作，每日忙于驱动员工完成工作任务，逼迫各级骨干快速改善，结果事与愿违，内部矛盾越来越大，员工的热情越来越低，工作进度越来越慢，最后很多优秀员工离职，产品在市场上不断溃败，高层管理者们焦头烂额。为什么会这样？共识是行动的基础，没有统一的思想就无法统一行动！

通过战略管理，企业形成了准确的战略方向和更加具体的行动计划。战略形成的过程，往往经过大量信息的汇总和分析，以此确定企业未来的发展方向，同时确定需要达到的终点，即具体目标。上述内容都是企业高层管理者作出的决策，需要全体管理人员共同参与，形成对决议的统一认知。

战略制定是一个整体行为，一旦完成，就要进行战略分解。这是一项复杂的工作，需要企业全员参与接受战略、共识战略、分解目标、审定计划等过程。企业规模越大、人员越多，达成共识的成本越高、周期越长。

---

[1] 包政. 管理的本质 [M]. 北京：机械工业出版社，2018.

战略分解后形成经营计划，它将在中长期指导各级员工的工作，不宜频繁变化，每一次变化通常会造成企业短期内的震荡和混乱，因此一定要慎重，而坚持战略也是对企业高层的考验，要保持战略定力！一般来说，战略顶层设计中的使命、愿景、价值观、战略路线至少在五年内是不能发生变化的，而年度战略目标和年度任务需要匹配当前的实际情况，如果外部环境发生变化，可以按照季度或者半年调整一次，这是可以调整的最大限度了。

战略中，使命是企业对自我价值的认知，愿景是企业员工的梦想和憧憬，价值观是企业内工作的最高准则，战略路线是企业长期坚持的活动，这些都是企业长期坚持才能实现的，也是企业经营的基础，一旦变化就会造成内部的困惑和迷茫，进而影响企业运行！通俗点说，不会干活了！

企业设计年度战略也要慎重，要尊重客观规律，要珍惜时间，防止错过战略机遇期。比如，一家新能源企业，本来企业已经在年初制定了年度战略，目标也很远大，各级干部基本达成了共识，马上就要发起冲锋了，上级单位突然对企业总经理进行了调整。新领导否定了原来的战略执行方案，于是原有年度战略被搁置，所有改进计划都进入停滞期。新领导用了一年时间了解企业实际情况，到了年终才重新分析形势，制定下一年度战略，但是已经错过了一年的高速发展窗口期，非常可惜。

战略需要坚守，需要企业领导者专注，坚定不移地按照设计的内容执行，最大限度地调动企业资源投入战略要地中，最终形成持续发展的良性循环。领导者的最大价值就是把握战略的设计正确性和执行严肃性，要摒弃掉重视战术细节、忽视战略设计的行为，摒弃不看长远态势、用短期视角指导企业的行为。

企业中，最大的浪费就是战略顶层设计不足的浪费。由于缺少战略指导，内部往往会一盘散沙，外战外行，内战内行，这些内部矛盾、冲突阻碍了企业的发展，让企业错失发展良机，不可不防！

案例分析

2003年的非典疫情影响深远，尤其是对于中国互联网企业的发展，除了

精益战略部署
——构建精益管理的长效机制

考验了阿里巴巴的凝聚力，还逼迫一家叫作京东的小公司（当时叫作京东多媒体）被迫开展网上业务，但出乎意料的是，网上销售业务出乎意料地好，这给当时的企业负责人刘强东很大的启发，让他意识到网络经济开始蓬勃兴起了！2004年，京东的线上业务每月增长近30%。2005年年初，刘强东提出，"关停所有线下门店，全力发展线上业务"。当时公司内的高管一致反对，认为可以线上线下同时发展互不影响，但在刘强东的极力劝说下，决策最终通过，局外人无限惋惜！事后证明，这个战略决策英明无比，此后的几年，京东商城在网络销售上发力，一骑绝尘。同样在2005年，发现互联网经济机遇的苏宁准备进军线上业务，当时的它有近500亿元的销售额，看似举手之间就会将京东打倒在地，但是，由于苏宁要兼顾线上、线下销售业务的平衡，所以对网上商城的开拓和推广非常谨慎，这种拖泥带水的打法注定业务拓展缓慢而低效，直到2010年苏宁易购才将销售区域覆盖全国，相比京东整整晚了3年，不但错过最佳的战略机遇期，还培养出了一个强大的对手。2014年京东上市后，市值近400亿美元，约等于4个苏宁。

如果当时苏宁下定决心全力开拓互联网业务，利用自己的渠道、资金、人才、资源等优势全力阻击京东，或许当下的线上战场中早已没有京东这个名字了；如果京东当时坚持选择线上线下同时发展的策略，或许业务也会稳步发展，但是很难说是否能有今天这样的发展势头。可惜没有如果，有鞋的往往患得患失，没有穿鞋的往往放手一搏，对战术的关注超过了战略的抉择，必然会道路错误，战术上的胜利无法掩盖战略失误挖下的大坑。

第七节 "方向对"与"打胜仗"的辩证关系

"方向"就是企业的战略设计，是对企业未来的方向和重点的规划。"胜仗"是企业在前进过程中取得的一系列成功。我们认为，企业想要"打胜仗"，"方向"一定要准确，一旦"方向"出错，大家都会跟着错。因此，战略设计是企业持续取得成功的前提。

第一章　精益战略部署是企业持续成功的关键

楚汉争霸中，项羽的战略是占据彭城这个交通要道，自持武力值较高，四面出击打击各路诸侯，谁不服就打谁。刘邦的战略是建立革命根据地，"通过与关中父老约法三章，形成关中根据地，进而争雄天下"，该战略非常适配当时刘邦的弱势地位，是刘邦最终取得成功的关键。该战略是由萧何制定的，可见萧何才是真正的智囊，厥功至伟。后面的故事大家都知道，楚汉两国的战略决定了最终的胜利归属，尽管刘邦对上项羽是每战必败，但是刘邦有大后方能够源源不断地提供兵力和后勤补给，总是能够东山再起，有了这样的战略纵深，胜利的天平开始倾斜了。尽管项羽勇猛无敌，带领队伍取得了很多的局部胜仗，将刘邦打得节节败退，但是越打自身力量越弱，越打刘邦的力量越强。在最后的决战中，刘邦带领其他诸侯队伍打败了项羽，也就是垓下之战，此战打光了项羽的老本，逼迫项羽乌江自刎！

从科学管理的角度看，项羽失败并不冤。战略方向错了是无法用战术成功替代的，即使获得了 100 次战术胜利，也仍然走在战略溃败的道路上，这是战略和战术的最大区别。

一些中国企业在成长过程中，一直摸着石头过河，随行而变，有机会红利就捕捉机会，有政策红利就研究政策，有人口红利就搞劳动密集加工，这是企业发展的必然经历。随着中国经济进入低速增长阶段，机会红利消失了，政策红利消失了，甚至人口红利也消失了，在内卷严重的发展环境中，如果企业仍然采用这样的经营方式，往往体质会越来越弱，经不起风吹草动，因为以战术为导向的经营手段当前已经开始失效了！没有战略就看不到远方，就不会重视长期能力建设，当未来真的来了，因为没有准备就会陷入低谷，落后于时代。

当前，企业发展已经进入了管理红利时代，管理红利是内生驱动，从战略开始。好的企业永远在战略上投入大量资源，通过完整的外部信息推导出清晰的战略，并分解成全体的行动，还通过监控予以实现。在潍柴等优秀企业中，企业愿意花费巨资聘请咨询公司帮助企业梳理战略或者委托进行战略规划，通过科学的方法确保战略的正确性，防止自己的战略出现失误，这种做法在业界内屡见不鲜。

谭旭光曾经在一次讲话中讲道，"潍柴每一个发展阶段都会聘请专业咨询

精益战略部署
——构建精益管理的长效机制

机构进行战略咨询，我们不能把咨询公司看得太神圣，但是咨询公司能通过它的调查研究，告诉你方法论和逻辑关系。潍柴从单一发动机厂发展成为全系列发动机集团，就是源于2005年的首次战略咨询。在潍柴斯太尔发动机卖得最好的时候，咨询公司提出潍柴5年后就会出问题，因为我们只卖一款排气量为10L的发动机。这句话我记住了，一句话就值一千万。从那时候开始，我们投入全系列发动机研发，每年20亿元研发费，形成了道路和非道路全系列发动机的布局。"这是成功企业家很真诚的分享！

不是每次战略制定都如此激动人心，我们今天津津乐道于成功企业的战略选择如何准确，往往忽视了企业对于战略不折不扣的执行过程。有了好的战略，还需要企业有强大的战略分解能力和战术任务执行能力，两者缺一不可。有些企业战略制定得非常好，但是没有分解成任务，导致战略始终高高在上，束之高阁，像庙宇中供奉的佛像一样，仅仅起到了心灵慰藉的作用；有些企业进行了战略分解，但是没有进行彻底的贯彻，执行不到位，最终结果也达不到战略预先设计的要求。战略落地既复杂又触碰利益，所以是个业界难题。研究发现，一半企业的战略落地是失败的。若是没有企业领导者采取强力手段进行坚决推进，必将导致战略难以落地，甚至流产。

战略落地过程中，方法和套路也扮演着重要的角色。战略分解是一个专业的业务过程，要通过有效的方法实现企业与部门以及部门与岗位之间环环相扣，防止分解信息不完整。同时，对于战略实施要进行系统培训，防止员工不了解如何实施，最后职能走到哪里算到哪里，效果必然大打折扣。有的企业在战略实施过程中，组织建设没有配套，决策或行动的职权不清，怎么监控，谁来实施，管控过程分工不够明确，下级有劲儿使不上，似乎大家都在负责，其实谁都不负责。有的企业战略落地缺少指导，既没有落地指南，也没有执行模板，更缺乏激励措施。没有这些资源支持，必然导致执行和不执行一个样，想执行也要面对重重困难，自然无法落地。

针对中国企业的实际情况，我们梳理了精益战略部署的具体方法，形成了一套简单且容易理解的系统，供企业学习和使用。企业掌握了这套方法论就意味着，只要按照这个套路推动执行，就能较好地实现战略目标。还是那句话，企业靠知识进行管理，就从人治走向了法治，就从粗放走向了规范。

本书后续将围绕精益战略部署的外部分析、内部分析、战略地图、组织设计、干部管理、战略分解、绩效合约、经营计划、课题管理、行事历、层级经营会议，以及一级日常的执行、监督、评审、考核等内容，一一展开。

案例分析

2012年的早春时节，具有131年历史的老牌摄影、摄像器材制造商美国伊士曼柯达公司（以下简称"柯达"）宣布申请破产保护，在几经挣扎之后，这个昔日摄影胶片的王者最终倒在了数字化世界的脚下。

早在2000年前后，柯达全球销售额达到创历史的最高峰时，似乎就已经注定了12年后的破产命运。当时，柯达的传统胶片业务已经成为全球市场上的绝对霸主，但同时"影像数码化"的市场趋势也越来越明显。柯达内部对于市场变化的认知及业务转型的必要性非常清楚，从2003年到2011年几年间，柯达内部曾经做过多次战略转型的尝试，每次的战略都是放弃传统的胶卷业务，将重心转向新兴的数字产品。但每次都由于对传统胶片业务的不舍、对分布全球各地数以万计的柯达冲印店资产的留恋以及对于现有商业模式的盲目自信，造成对战略执行的迟缓与犹豫，表现在战术难以执行落地、权力和利益分配的激烈冲突、公司内部消极对抗等。此后几年，柯达数字化转型战略仍停留于"纸上谈兵"阶段，直到2007年年底，柯达经过激烈的资本运作和人事改革，终于实现了产品数字化战略，但是太晚了。自2001年起，全球胶片业务便步入毁灭性下跌通道，市场份额每年都以25%左右的速度减少，直到最后基本消失。有些企业在艰难转型透支资金的时刻，2008年金融风暴悄然来袭，成为压倒骆驼的最后一根稻草。

柯达破产为管理界提供了一个典型案例，让我们反思战略与执行的关系，吸取教训避免重蹈覆辙。[①]

---

① 和金生. 企业战略管理 [M]. 天津：天津大学出版社，1994.

第二章 使命、愿景、价值观：战略与文化的接壤

引 言

　　企业定位是企业顶层设计中的基础，其中尤其是以使命、愿景、价值观最为重要，这三个内容我们称为"上三板斧"。使命明确了企业的竞争领域，固化了企业的发展赛道，也框定了企业战略选择的范围；愿景明确了未来十年甚至更长远的发展目标，代表了全体员工的期盼，是大家的共同理想；价值观代表了企业发展的基本方向、路线和原则，为战略规划中的取舍构建了判断准则。可见，上述内容不仅关乎企业文化，还关乎战略方向的选择，更是我们进行战略设计的前提。

　　当前中国不缺商业机会，只要有风口和机会，就会催动无数聪明人奋不顾身，吸引无数资本蜂拥而至，因为逐利和快速变现是商业的本质。在商业环境中，企业定位大多都是短期行为，因此企业寿命普遍很短。从这个现象中，我们可以得出一个不成熟的结论，如果企业定位出了错，战略绝不会正确，战略犯了错，企业一定不会长久。

　　我们呼唤和赞美企业家和企业家精神。企业家的特性是在商业成功的基础上，能够持续地将资源和知识通过管理转化为客户价值，这是企业长期成功的基础。而企业家精神则是通过高尚情怀和高远的目标凝聚人才，推动社会的进步，企业家精神正是通过使命、愿景、价值观来体现。我们观察到一

第二章 使命、愿景、价值观——战略与文化的接壤

个现象,那些重视定位的企业不仅具备奋斗气质、不屈品质和挑战风骨,而且都具备长期主义的生命力。

企业定位看似务虚,实则是企业管理的基本前提,是企业团队奋斗精神的根本来源,更是战略设计需要瞄准的远景目标。正是由于它的存在,才能鼓舞企业经营低潮期的士气,才能凝聚打败仗后的疲惫队伍,让我们忽略眼前的诱惑,不走弯路,始终沿着正确的路线前进。

企业定位是由企业家带领核心团队来完成的,要站在不同的角度反复推敲,要为事业的长久发展进行谋划。本章解答了使命是什么?如何设计使命?愿景是什么?如何设计愿景?价值观是什么?如何设计价值观等问题,也列举了一些优秀企业的案例作为启发。使命、愿景、价值观帮助企业避免陷入短期主义陷阱,也防止企业内部绝对利益导向,通过高远的精神内核,引导企业持续进步。

导读

从本章开始,将围绕精益战略部署的实操进行论述。本章主要讲解了企业战略规划的方法,通过全体管理者共同讨论,采用最简捷的信息收集、分析方式,形成企业最合理的战略规划。为了便于操作,本章将逐章阐述操作步骤,以结构化的方式进行说明,回答了以下几个大家关心的问题,包括如何收集信息,如何规划战略,如何形成战略地图等。

在第一节"使命就是企业的主航道"中,主要阐述了企业使命中包含的三大要素,介绍了通过对底层逻辑问题的回答找到企业使命的方法,同时对使命的功能进行了说明,也分析了使命对企业生命力的潜在影响。

在第二节"企业愿景形成共同梦想"中,主要论述了企业愿景跟员工凝聚力的关系,提出企业造梦也是一种管理智慧的观点,最后讲述了设计企业愿景的几种方式。

在第三节"价值观就是企业的经营原则"中,首先说明了企业价值观的含义,然后分析了价值观对于企业管理的重要性,尤其是对于减少内耗的重要意义,最后对于如何构建企业价值观进行了案例说明。

精益战略部署
——构建精益管理的长效机制

第一节　使命就是企业的主航道

精益战略规划从企业的使命开始。使命就是初心，就是企业希望对世界作出的贡献，明确了使命就明确了主航道。如果我们想要理解使命的意义，我们必须回归到原点问题上来，即企业为什么会存在？通常的回答是，企业通过汇聚资源来解决客户的问题，那么客户问题就是使命的出发点。

真正有效的公司使命必须包含三个要素：客户问题、企业自身能力和秉承的信念。使命是企业的灵魂，它不是公司在对外沟通、市场营销和广告宣传中的噱头，真正的企业使命来自三个灵魂拷问：第一个，我们正在满足的客户需求到底是什么？第二个，我们与同行相比有哪些优势？内在竞争力有哪些？第三个，我们坚信什么，让我们始终保持动力和激情，或者说我们秉承何种信念？这三个问题是使命需要解答的。

满足客户需求，无论是原始需求还是衍生需求，都是企业存在的基础，了解了客户需求和欲望，就能知道企业为何而存在，应该在哪里努力。

为了能够让使命更清晰，我们还需要进行下一个深度思考，即客户可支配的资金都花在哪里了？如此广袤的行业市场，为什么我们仅仅占据微不足道的份额？因此，我们要关心以下三个问题：

① 客户为什么付钱给我们？
② 客户购买了什么？
③ 客户为什么会购买竞争对手的产品？

这些问题直接命中业务的核心。它们可能看起来很简单，但是要想找出实质性、指导行动的答案，还是颇为艰巨的。很多企业回答了前两个问题，但是对第三个问题知之甚少，因为大家关注了自己的客户，但是对潜在客户的偏好和选择了解不多。一般来说，如果企业已经占领了 10% 的市场份额，常常就已经很满足了，不太关注其余 90% 的潜在客户到底把钱花到了哪里，当我们关注了另外 90%，我们就掌握了未来发展的密码。

第二章 使命、愿景、价值观——战略与文化的接壤

满足客户多元化的需求常常难以实现,但我们可以在核心客户价值的满足上强于他人,进而吸引更多的客户,即长板更长的能力。首先我们要了解自身的能力,但观察和评价自己是一项艰巨的工作,需要我们回答以下问题:

① 我们有哪些优势?这些优势对于客户来说重要吗?
② 相比对手,我们哪些地方做得更好?
③ 我们之所以有优势,这一切来源于哪里?

以上这几个问题带领我们将视线转移到公司内部,寻找有客户价值的长板与竞争对手做对标,思考如何让长板更长。确定组织的优势通常并不是非常困难,但是要找出企业哪些地方做得比别人更好,好到能够促使客户选择你而不是你的竞争对手,这就是一门高超的艺术了,我们通常称之为"提炼核心竞争力"。提炼核心竞争力,需要我们站在客户的视角客观地进行审视,通过团队碰撞和讨论取得,或者尝试与客户、客户代表(如渠道商)直接沟通,通过客户对比评价取得。

我们之所以具备能力优势并利用它满足客户需求,来自我们内心深处的动力,即信念。没有信念,我们只会庸庸碌碌,在竞争中毫无活力。信念是企业员工内心深处不断追求的力量,是企业取得商业成功的力量源泉。我们需要回答以下问题:

① 我们真正信仰或坚信什么?
② 什么驱动着我们的投入?
③ 什么让我们斗志昂扬、激情永在?

信念是组织更加深远的东西,让我们能够驾驭复杂局势,渡过艰难险阻,调动员工热情和忠诚,并让他们积极热情地投入工作,这些都是信念的强大精神力量。

客户真正需要什么?公司真正擅长什么?我们信仰什么?这三个问题是公司存在的前提,它们的互动共同孕育了组织的使命。使命是什么?使命就是组织存在的意义和价值。

价值源于客户需要与能力优势的互动。如果客户有需要,但企业却没有相应的能力优势,价值就不可能产生。反之,如果公司有能力优势,但市场没有需求,价值同样不可能产生。在需求和供给的匹配中产生价值,因此,

精益战略部署
——构建精益管理的长效机制

对价值的说明既包括对客户需求的深层认知，也包括对自身优势能力的深刻理解。通过组织使命阐述价值也就锁定了企业发展的主航道。

意义源自需要与信念的互动。想要调动一个人深层次的能力或者潜力，仅靠物质激励难以实现，必须要让他知道自己为组织的事业工作或服务的意义，中国自古不乏舍生取义的故事，无一例外都是在当时的环境下需要有人牺牲，而有些人的信念就是愿意通过个人牺牲实现为国为民的理想，本质是需要与信念的互动。意义是激励的基础，德国哲学家尼采曾说："人唯有找到生存的理由，才能承受任何境遇。"因此，企业组织应该通过组织使命的阐述来让大家找到奋斗的价值[1]。企业的存在来自客户需求的满足，企业的优势来自核心竞争能力，核心竞争力是企业信念的延伸，信念催生了企业文化中的集体价值观。通过对客户需求、核心能力、企业信念的梳理，我们就找到了组织使命。

使命是企业的内在自我驱动力，是企业奋斗的终极目标，它激发了企业全体员工共同的深层动机，也是共同持有的根本性的价值认知。

使命的表达常常是经过提炼的言简意赅的一句话，如沃尔玛的企业使命是"天天低价，给普通百姓提供机会，使他们能与富人一样买到同样的东西"；思科公司的企业使命是"成为世界一流的软件集团"；奔驰公司的企业使命是"努力使自己成为世界汽车工业的领头羊"。有些公司的使命顺应时代的需求，不断修正，最终形成，如阿里巴巴的企业使命是"让天下没有难做的生意"。

使命明确了企业坚持的航道，即企业要从事哪个行业，要为客户和社会创造哪些价值，明确能做什么，不能做什么，哪些是自己的核心业务等。使命是对聚焦领域的声明。

百年企业代代相传，它们大多数具备一个共同的特征，那就是使命清晰，聚焦主业，持续建设核心竞争优势的同时，花费大量时间让全体员工认同使命并为之奋斗。百年企业正是依靠使命来凝聚员工，从而渡过重重危机，可以说它是企业安身立命的根本。

---

[1] 弗雷德蒙德·马利克. 战略：应对复杂新世界的导航仪[M]. 周欣, 刘欢, 等译. 北京：机械工业出版社, 2013.

第二章 使命、愿景、价值观——战略与文化的接壤

企业长期发展中，总会遇到各种诱惑和机会，如果企业缺乏定力，就会分散资源，偏离主航道，错失发展机遇期，陷入处处被动的境地。例如，我们曾经跟一家电动工具制造企业的董事长交流，作为第二代接班人，董事长谈到了自己企业走过的弯路。在开发房地产的热潮中，第一代创业者没有坚持制造电动工具，而是用大量企业资金创办了房地产公司，结果随着房地产市场的监管趋严，企业在房地产上被深度套牢，资金回笼遥遥无期，最后不得不忍痛断腕求生，重新回归到电动工具制造上来。但很遗憾的是，企业错过了该行业发展的黄金期，一步落后步步落后，最终付出了加倍的努力才重新回到第一梯队。回首当初，如果企业能够围绕使命进行讨论，就能明确未来的投资方向，实现对主业的坚守，持续加强自己的优势，避免在诱惑面前陷入投机陷阱！

使命是对企业价值的定义，也是面向世界的企业宣言，是激发员工内心力量的口号，因为目标高远，所以容易唤起共鸣并激发利益相关者们共同奋斗。

使命像一个分水岭，区分了企业和商业组织。如果企业没有明确的使命，它就是一个商业组织，哪里有利益就一头扎向哪里，如同草原上的秃鹫，依靠追逐机会取胜。因此，商业组织是短暂而临时的，一旦动物腐尸消失了，就会立即从市场上消失。而企业正是因为有使命，才会不惜牺牲一切去坚持，才会有更多优秀的人才愿意追随，面对危机总是能够渡过，形成所谓百年企业。一切的区别皆来自使命！

案例分析

2000年年末，阿里巴巴的账面上只剩能够维持半年多的700万美元，更可怕的是，当时的阿里巴巴并没有找到赚钱的办法。在阿里巴巴的资金链即将断裂时，正是中国互联网泡沫破灭之际，市场上哀鸿遍野，无数知名的互联网公司弹尽粮绝悲壮倒下，所有的风险投资公司都不愿再掏一分钱了，与三年前互联网企业如雨后春笋般生长的盛况相比，此刻就是凋敝一切的寒冬。

在最危难的时刻，阿里巴巴召开了董事会，决策层确定阿里巴巴的使命

为"天下没有难做的生意",以此明确以下战略方针:专注于互联网行业,绝不改变方向!选择面向中小企业的 B2B 业务模式,放弃门户网站、游戏网站、C2C 网站,执行三个"BTC"的战略决定,即 Back TO China(回到中国)、Back TO Coast(回到沿海)、Back TO Center(回到中心)。回到中国是指放弃海外机构和海外业务,回到沿海是指将业务重心放在沿海六省,回到中心是指回到杭州。为此,阿里巴巴进行了惨烈的收缩战,2001 年刚刚上任的阿里巴巴 COO 关明生挺身而出,进行了大规模的裁员,关闭了美国公司、韩国公司和英国公司,大量压缩各种高工资的员工,节约一切可能的花费,酷烈的手段产生了很好的效果,每月开支从 100 万美元降到了 50 万美元,使得阿里巴巴赢得了宝贵的一年喘息时间!

面对困难,是使命感帮助阿里巴巴人支撑下去。只有具备使命感的阿里巴巴人,才会对互联网坚信不疑,对阿里巴巴的事业坚信不疑。阿里巴巴内部会议强调,"不管多苦多累,哪怕是半跪在地,也得跪在那儿,不要躺下,更不要倒下;坚持到底就是胜利,今天很残酷,明天更残酷,后天很美好。只有真正的英雄才能见到后天的太阳。"最后他们做到了!

第二节　企业愿景形成共同梦想

企业员工如果没有共同的梦想,何来共同奋斗?即便是有,大多数也是低效而盲目的。

员工长期在相同的环境中做重复性的工作,周而复始地按照指令疲劳作业,容易陷入麻木,出现"疲劳症",这是对人心灵和肉体最大的摧残,当忍耐超过一定限度时,员工的情绪就会崩溃,所以不难理解为何有些企业的员工流动率较高。部分企业常常用一份用工合同来驱动员工付出劳力,用契约捆绑了员工的出勤时间,用绩效手段驱动员工完成任务,把员工当作一个工具,真是不要太粗暴!棍棒不能出孝子,绑架不能成夫妻,不能让员工由心而发地热爱,所有驱动手段都将落入下乘!

第二章　使命、愿景、价值观——战略与文化的接壤

如何让员工在工作中保持旺盛的精力和注意力呢？

员工热爱自己的企业，对企业充满信心，始终保持奋斗激情，这才是价值创造的关键。好的企业总是用尽手段唤起员工对奋斗的共鸣，比如美国采用非常规手段打压、制裁华为，甚至不惜扣押孟晚舟，我们戏称"美国同深圳福田区街道的一次贸易战争！"华为在这个时候，发布了一张第二次世界大战时千疮百孔返航的伊尔2飞机，配图的文字为"没有伤痕累累，哪来皮糙肉厚，英雄自古多磨难"。渲染了一种面对强大敌人不屈不挠、敢于牺牲的英雄主义，激发了员工为国家强大、为民族崛起的奋斗动机。这是非常优秀和聪明的做法，用共同梦想感召大家，在更高维度解决了员工拼命工作的动机问题。

工作过程中的兴奋点会帮助员工满血复活。短期的兴奋点包括涨工资、发福利、职务晋升等，而长期的兴奋点需要用精神力量来拉动。从诸多企业的实践来看，真正激发员工努力工作的是梦想和蓝图，梦想会长期使人激动，刺激大脑分泌内啡肽，从而保持士气高昂。

当企业描绘出一个激动人心的壮丽前景的时候，要隐含着员工个人价值的实现，水涨必然船高。如果企业的梦想不能让员工产生成就感，不能激发员工的工作热情，那么这个愿景是失败的。优秀的企业愿景必然带来员工的共鸣，进而顺理成章地自我驱动，如同实现社会主义就意味着"楼上楼下电灯电话"一般，让人民发自内心地拥护！

善于造梦，或者说善于提出愿景是企业的管理智慧。愿景是基于使命的思考，是全体员工和股东的共同追求，它不是天马行空、虚无缥缈的口号，而是明确了股东将会得到预期的利益，员工将会得到满意的成就。为了具体化，企业愿景通常以5~10年为着眼点，是正常情况下企业能实现、可触摸、令人相信的目标。总而言之，愿景是可实现的企业目标与个人目标的集合体。

如何设计愿景？我们认为要从了解员工、股东的梦想和期待开始，企业人多口杂，必然意见不一致，因此需要大家内部谈论和思维碰撞，对想法进行提炼，形成能够包含大多数员工的梦想的阐述。有些企业在处理企业方向、愿景等影响面较大的议题时，通常在企业领导人的组织下，在内部开展讨论，通过反复研讨形成一致意见，或者通过各级代表在各自领域进行调研，形成

精益战略部署
——构建精益管理的长效机制

成熟的思考，再进行共同磋商，最终达成一致，跟我国的人民代表大会制度一样！把这些共同梦想概括成一句话，就成为愿景，是大家为之奋斗的目标。

企业愿景有两种类型，一种是面向员工关心的公司环境和成长平台做出承诺，提供给员工长期的安全感，明确企业和员工的关系和两者未来的成长；另一种是针对所在行业或所从事的产品服务的定位进行说明，包括企业在市场上将是何种品牌形象、在整个产品市场上具备怎样的影响、能够占领多大的市场份额、整体销售额会达到怎样的水平、盈利水平如何等。一般来说，企业愿景的形成方法有固定的模式，首先选定企业覆盖的市场范围，包括特定领域、特定客户、特定区域等，如甲企业选择"在国内建筑领域"。其次选择竞争中运用的手段和途径等，竞争手段包括技术创新、产品创新、管理创新等，竞争途径包括资本领先、成本领先、人才领先、服务领先等，如甲企业选择"运用技术和管理创新"。最后是行业定位及实现目标，包括行业领导者、产品服务提供者、创新者等，如甲企业选择"领跑者"。最终形成的企业愿景是"在国内建筑领域通过技术和管理创新成为领跑者"。许多优秀的企业都按照上述逻辑构建了愿景，如厦门金龙的"成为具备全球竞争力的客车产业集团"，丰田汽车的"有路就有丰田车"，高盛投资银行的"在每一方面都成为世界上最优秀的投资银行"，迪士尼的"成为全球的超级娱乐公司"，万科的"成为中国房地产行业领跑者"，华为的"丰富人们的沟通和生活"，等等。

企业愿景是共同梦想，是企业长期持续发展的精神基础，当企业开始重视构思梦想，就意味着企业开始脱离"商贩思维"，成为一个顽强的生命体，拥有了令人羡慕的企业凝聚力。有梦想才能真正地从情感上激发员工的热情！企业愿景承载着员工的斗志和兴奋点，是员工努力奋斗的动力，是个人利益和集体利益的融合。

案例分析

华为公司是中国企业的榜样，它的很多故事都是大家耳熟能详的。华为的企业愿景是"丰富人们的沟通和生活"。多年来，始终坚持聚焦于通信领

第二章 使命、愿景、价值观——战略与文化的接壤

域,从数字程控交换机到手机终端,再到当前全球5G网络建设,华为在全球通信技术领域取得了显著的领先地位。

而在1997年,刚刚走过生存期的华为,正要大举进军无线网络市场。由于是新兴行业,无线网络业务对于华为来说完全是陌生的。不过没关系,华为有大量的市场销售人员,大家迅速动员调研市场需求,到底什么样的无线网络设备受欢迎?答案很快放在了任正非的案头,关键需求是"高性能""高可靠""省电省空间",因为无线基站露天放置在建筑物的最高处,经过风吹雨打、日晒雨淋,以及每天24小时持续工作,所以很容易损坏,但是维修极其困难,成本也很高。同时,为了保证无线信号的连续,行业要求无线基站备电3小时,如果设备能耗高,就需要配备大号的蓄电池,导致成本又会增加很多,因而客户不愿意付钱。攻克这几个问题,可选择的方法有几个,既可以选择从产品技术上进行优化,也可以选择从最基础的底层开发上进行改进。华为从愿景视角看,认为选择后者才能从最根本上塑造企业核心竞争力,因此决定从最基础的芯片、算法、架构设计角度进行研究,换句话说,华为选择了一条最艰难的路!具备芯片设计能力、算法设计能力、架构设计能力,这在当时绝对是顶级企业才具备的技术能力,不是短时间内高薪聘请技术专家能够解决的,只能依靠企业自己刻苦钻研获得。于是就有了很多关于华为技术中心大楼的灯昼夜不熄的故事流传,从1997年开始研究无线网络,到2012年超越爱立信成为全球第一大通信设备服务商,华为征服全球市场一共用了15年时间。

15年磨一剑,无数技术人员夜以继日如饥似渴地学习和钻研,逐一攻克技术难题,就为了一句"丰富人们的沟通和生活"的愿景。可见,有了愿景如同有了灯塔指引,企业在茫茫大海上航行才不会迷路!

第三节　价值观就是企业的经营原则

使命和愿景是企业的长期目标，它们让企业聚焦于核心产业，集中精力实现未来的宏伟目标。在追求目标的道路上，企业还需要建立自己的价值判断准则，即价值观。

价值观是企业对日常经营过程中各个方面所持有的基本观点和所需做出的判断，并据此形成统一的准则。价值观或者价值准则就是企业的经营原则，是企业实现目标所必须坚持的生活态度，与使命和愿景的实现相辅相成，它是员工所接受的共同观念，帮助企业在各种问题出现时做出正确的选择。

企业没有统一的价值观，企业内就会出现不同的观点和声音，所谓的"农田中不种稻子就长草"就是这个道理。面对一个小问题，有些企业会迅速达成一致并展开行动；有些企业内部会爆发争吵，大家无法取得一致意见，公说公有理，婆说婆有理，大家争吵、互怼，彼此不合作、不让步，造成企业内高手云集却干不好一件简单的事情！

举个例子，2022年因为著名水果公司调整了供应商份额导致股价大跌的某企业，2017—2018年该企业从跨国企业中高薪聘请了一批高级管理人才，这些外来人才进入企业后，怀着一腔热情要大展身手，结果发现干事创业的难度很大，处处掣肘。仔细调查发现，根本原因是外来者的价值观与企业元老们的价值观不一样，比如，到底是交付重要还是质量重要？供应商是企业利益的争夺者还是合作者？员工能力不足是放弃还是进行培养？在众多的问题上，大家的观点分歧都很大。当时，该企业也没有明确的价值观或者准则，这就造成了一个奇怪的现象，尽管大家的目标都是一致的，但是在工作中无法达成一致，冲突不断，互相拆台。哪怕老板安排一个简单任务，大家都干不好，反倒不如以前有效率！令老板郁闷的是，花费巨资招聘的这么多高手怎么在企业中发挥不了应有的作用呢？其实很简单，企业没有建立完善的价值观体系，任何与以往不同的做法都如同叛逆，改变起来困难重重，而只有形成了明确的价值观或者价值准则，企业行动才会一致。

企业经营的价值观顾名思义是经营过程中的根本性要求，用于明确经营管理过程中的问题的判定，如何为正确、何为错误、如何建立优先顺序等。这些价值观指导企业的各种具体活动，统一企业在经营管理方面的各种思维，为全体员工的行动方向和自动自发的协同等方面提供了指导。此外，企业是由人组成的机构，不同的人会有不同的观点，而观点又影响着人的行动。企业内矛盾丛生，固然有争权夺利的因素，但是说到底是由于企业内缺乏统一的判定依据造成的。没有裁判标准，大家都会以自身利益和价值观点作为标准，于是各种不同的观点吸引了不同的人群，进而带来了不同观点的冲突和矛盾，因而这种情况下的企业很难团结一心实现快速发展。换句话说，企业内存在派系斗争的，多半是缺少价值观所致。

价值观的设计要围绕经营、研发、市场、生产、财务、供应链等几个方面展开，包括基本组织管理原则、基本人力资源准则、基本管理控制政策、继任者原则等。《华为基本法》就是其中的代表。

不少人认为《华为基本法》是企业文化，是企业的宣传口号和标语，这是错误的理解。《华为基本法》通过深入的、系统的提炼，定义了华为的价值观，包括组织原则、经营原则和管理原则等，其已经远远超越了一般的企业文化的范畴，它是企业经营的最高指南，是企业全体成员的共同纲领。《华为基本法》第二十二条："在设计中构建技术、质量、成本和服务优势，是我们竞争力的基础。日本产品的低成本，德国产品的稳定性，美国产品的先进性，是我们赶超的基准。"这一条确定了华为对于产品成本的追求以及追求的路径。第二十四条："我们重视广泛的对等合作和建立战略伙伴关系，积极探索在互利基础上的多种外部合作形式。"通过这一条，华为确定了与供应商的合作关系。可见《华为基本法》就是价值判定的标准，当面对战略决策、组织决策、经营决策和管理决策时，华为可以在它的基本法中找到答案。

《华为基本法》对于中国制造业，乃至中国企业价值观的梳理，有着极强的借鉴意义。改革开放以来，一大批优秀的企业和企业家都在坚定地学习西方的管理经验，而《华为基本法》标志着中国企业在学习西方管理经验的道

精益战略部署
——构建精益管理的长效机制

路上逐渐走向成熟，因为这是华为结合中国的人文背景和中国人的管理特点所定制的一套系统的管理哲学或者管理逻辑。

企业价值观是精益战略部署的重要一环，无论企业当前处于何等优越的市场环境中，具有怎样的竞争优势，面向未来都需要养成良好的经营习惯。也就是说，只有具备良好的自律精神和勤奋工作的习惯，才能立于不败之地。

案例分析

2012 年，潍柴的国际化进程和国内产业链整合进入攻坚阶段。一方面，随着国内产业链的延伸，各地的分公司、子公司不断增多，彼此之间存在较大的地域文化鸿沟；另一方面，随着国外企业的持续并购，不同国家、不同民族、不同法律环境下，造成了更大的文化差异，如何实现国内外企业管理一盘棋，实现相同的管理语言，对潍柴来说是个大难题！

幸运的是，潍柴通过潍柴管理模式，即 WOS（Weichai Operation System）管理模式的构建，找到了解决问题的钥匙。WOS 管理模式从潍柴的愿景、使命、价值观出发，形成了十项原则：原则一，用户满意是我们的宗旨；原则二，质量在每个人的手中；原则三，高素质的员工队伍；原则四，执行、创新与协作；原则五，以信息化和可视化支持敏捷制造；原则六，安全环保的工作环境；原则七，互利共赢的供方关系；原则八，以六西格玛为主要工具持续改进工作流程；原则九，社会责任；原则十，现场解决问题。

在十项原则的指引下，WOS 管理模式把战略管理、目标绩效管理、全面预算管理、精益标准化管理进行融合，通过对标、计划、评价、改进体系实现螺旋式循环提升。

在 WOS 管理模式中，核心是"十项原则"，每个原则都是对企业经营模块的实践指导，如生产模块、研发模块、销售模块、管理辅助模块等，这些模块与十项原则的结合就构成了完整的管理方法论，实现了企业的闭环管理。

在并购了雷沃重工之后，潍柴发现雷沃重工为了降低人工成本，使用了大量的劳务派遣工人，在降低成本的同时，也带来了很多管理上的问题，到底要不要坚持这种低廉用工方式呢？潍柴雷沃的干部们对照十项原则的第三项"高素质的员工队伍",大家很快达成一致,应该逐步减少劳务派遣人数,逐步将临时工人转正,要让公司经营符合十项原则。

看!这就是价值观的力量。

第三章　企业上下同欲之源：战略规划

引 言

在全球经济一体化背景下，企业要创新发展，必须找到正确的目的地和路线，这就是战略规划要解决的导航问题。

有效、可靠的企业导航系统非常重要，它指引着企业在复杂的天气和地理情况下驶向目的地，这是一项艰巨的挑战。企业战略需要具备适应性，即在客观环境中的最优选择，它需要深入地了解所处的环境，并结合自身能力做出正确和合理的方向选择。战略要具备稳健性，即能够有效应对复杂多变的环境威胁，也就是要规避外部竞争和环境压力下带来的风险。用一句话总结就是，战略规划是通过调整自身以应对未来外部环境的变化。

战略规划最重要的一个逻辑就是因果关系，即外部环境变化引发一系列的商业规则的变迁，而这些变迁可能给企业带来哪些机会和挑战。机会，如产业复兴、新赛道出现、商业繁荣等；挑战，如经济衰退、法律法规变严、行业风险出现等。紧接着，围绕这些机会和挑战就会出现如何捕捉战机、如何规避风险的思考和决策，这就完成了整个战略规划。

时代巨变来临了，甚至商业逻辑的巨变也来临了！我们必须明白，今天造就企业的成功要素，可能就是未来企业溃败的根源。我们以整个房地产行业的变迁为参照物，就能得出很多结论。比如，整个地产行业都明白高杠杆带来的巨大风险，但这正是它们以往成功的关键要素，因此，各大地产商在制定长期战略时，总是忽视这一风险点，今天我们来看这个风险是多么明显、多么致命！战略规划是一种理性的科学管理，不是感性的吟诗作对，它是帮助企业爬雪山过草地、过五关斩六将的重要工具，绝不能被短期利益、侥幸心理和自以为是打败。彼得·德鲁克曾说："战略关心的不仅仅是面向未来的决策，更是当前的决策对未来企业的影响"，说的就是这个道理。

探索未来是复杂而烦琐的，需要从现状出发，通过多个角度进行探寻，把握信息收集的来源和颗粒度，然后再推断未来。弗雷德蒙德·马利克在《战略》一书中提出，"战略就是深入未知领域的探险……战略环境扫描相当于感觉器官的进化；生物越高等，感觉器官越高效"。由此可知，优秀的企业都是注重对外部信息的感知的，有感知、有判断、有调整，就获得了对未来的把控力。本章将详细地为大家解读：如何通过市场扫描和客户分析完成企业的战略规划。

导读

从本章开始我们进入精益战略部署的实操部分。本章主要讲解了企业如何实施战略规划设计。在对外部环境和内部环境进行扫描时，采用简洁的信息收集、分析方式，形成企业最合理的战略选择和路线规划。为了便于操作，本章将逐节阐述操作步骤，以结构化的方式进行说明，回答了以下几个大家关心的问题，包括怎么收集信息，怎么规划战略，怎样形成战略地图等。

在第一节"市场洞察是大势判断"中，主要论述了市场洞察的目的以及对于企业发展的重要意义，提出了市场洞察"5W2H"方法，也对"因为—所以"和"现象—原理"的思考模式进行了说明。

在第二节"外部环境 PEST 分析技巧"中，主要论述了如何应用 PEST 分析来获取有效的信息，以及在收集信息的过程中如何使用 TRUE 模型、EDGE 模型、MASS 模型、BURP 模型等，通过这些技巧的应用快速完成外部环境扫描。

在第三节"行业及竞争对手分析"中，讲述了行业分析的 IPA 分析方法，以及通过五力分析完成"未来素描"，同时强调研究竞争对手信息的重要性，结合给出的维度进行对标研究,据此找到自身的优势和劣势。

在第四节"认识自己是杜绝战略错误的开始"中,再次强调了企业对自身研究的重要性,通过从企业管理缺陷识别、产品性能对标、产品市场表现三个维度的深入分析,实现企业的自我认知和定位。

在第五节"面向未来的 SWOT 分析与 TOWS 分析"中,首先介绍了如何进行 SWOT 分析,如何使用变化点提问法,如何避免陷入"滤镜效应";其次介绍了采用 TOWS 分析得出战略结论的方法。

在第六节"战略地图:核心竞争力模型与持续经营模型"中,主要向大家介绍战略地图这一核心工具,包括战略地图的作用、样式以及描绘方法等。

在第七节"战略规划中的 B 计划"中,解读了诸多企业的发展案例,从中总结了替补战略即 B 计划的重要性,以及设计 B 计划的几种路径,并简要说明了 B 计划与双品牌战略的关系。

第一节 市场洞察是大势判断

洞察未来的本质是从今天的信息推断未来的行情,是对未来大势的判断。前文说过,企业管理上最大的浪费是缺少对未来的洞察!未雨绸缪的起点是对风雨的预测,有了预测,就能针对性地进行准备。这么多年来,我们注意到每次经济危机来临,总有一些企业家们提前发布冬天来临的警告,比如 2008 年金融风暴来临之前,从华为内部流传出任正非的"过冬"警告,而潍柴从金融危机中看到了国际化的最佳时机,勇敢地跑到欧洲进行抄底并购,获利颇丰。可见,尽管预测很难,但是各个行业的头部企业的预测和洞察都是非常准确的。当然也有一些专家哗众取宠,为了博人眼球,公开发布惊人的预测言论,事后验证跟世界杯预测一样不靠谱。

预见未来很难,因为当前的世界中总是存在"黑天鹅",但是抛开那些无法预测的偶然事件,我们能够发现必然的世界演化规律。例如,在全球变暖的驱动下,电动汽车加快了替代燃油汽车的速度,进而影响整个产业链和大宗原料；在供大于求的环境中，产品加工成本必然越来越低，持续内卷最终形成少数寡头；在刺激经济的政策下，投资必然是最佳选择，其中拉动性强的基础设施建设成为首选；东西方经济对抗必将愈演愈烈，各个领域中的暗战转化为明战必将发生。由此可见，世界的演化有一个逻辑严谨、关联紧密的因果链，如果我们回顾过去，调快时间的旋钮，一幕幕无一出乎意料，黑天鹅飞起只不过是加快或延缓了历史步调而已。

企业要能够识别危机并有能力应对危机，这是一项生存技能。尤其是企业已经做到了一定规模，更要重视风险和机会的识别，确保企业提前准备和布局，不犯低级错误。识别环境最重要的就是市场洞察，准确判定外部环境，准确预测未来的变化，并且有针对性地调整自己的战略方向和目标，趋利避害，把握趋势，实现飞速发展。

中国的改革开放带来了世界产业的迁徙，大量世界级企业进入中国市场，给中国带来日新月异的经济变化的同时，也给了我们近距离观察世界级优秀企业的机会。世界级优秀企业历经市场淬炼，往往工作方法和习惯与管理学原理符合度更高，这些先进的方法与习惯凝结了数十年甚至上百年的经验，值得中国企业学习。当前仍有部分中国企业的管理者，对于先进企业的经验持怀疑态度，傲慢自满，排斥变革，以粗放为美，以人治为美，对于管理技能与文化缺少敬畏之心，这种思维是企业进步的最大障碍。当我们把当前的不合理归结为体制原因、历史原因、国情原因，就白白浪费大好的改变"机会窗口"，时光易逝，错失难返！

怎样才能实现准确的市场洞察呢？我们要用到5W2H，具体参考表3-1。

表3-1　5W2H的内容及关键要点

名称	内容	关键要点
对象（What）	收集哪些信息	信息筛选
目的（Why）	为什么要收集这些信息	信息种类
地点（Where）	到哪里收集信息	现地现物
时机（When）	收集什么时间段的信息	信息时效

精益战略部署
——构建精益管理的长效机制

续表

名称	内容	关键要点
责任者（Who）	谁来负责收集	收集分工
手段（How）	通过什么途径收集	多种途径
量化（How much）	信息收集到什么程度	数据的量化

第一，要明确收集对象（What），即收集哪些信息，重点是要对信息进行筛选，不要收集那些无用的信息。市场上拥有海量的信息，如果仅仅为了收集信息而收集信息，那么我们将获得大量的信息垃圾，因此我们要对信息进行选择性过滤，将杂质过滤掉，将干扰信号过滤掉，将对于企业了解市场有用的信息保留，这一步至关重要。第二，明确收集信息的目的（Why），即为什么要收集这些信息。第三，明确收集信息的地点（Where），即到哪里收集信息。从市场中收集的信息是最准确的，想了解国内区域市场就去省会城市，想了解国内市场就去一线城市，想了解国际市场就去国外交易市场，在一线听到的声音是最真实的反馈。第四，要明确收集信息的时机（When），即收集什么时间段的信息。明确哪些时间段的信息是有效的，哪些时间段的信息是无效的。第五，明确责任者（Who），即谁来负责收集。了解市场的全貌，需要充分的信息汇聚，因此要对信息的收集和汇聚进行分工，最重要一点是企业负责人应该高度重视市场信息的收集，直接安排，亲自汇总，及时掌握行业趋势和市场动态。有些企业舍不得花几千块钱购买行业数据，显然态度不过关。第六，怎么收集（How），既通过什么途径收集。例如，潍柴领导班子迄今保持着每年亲自走访经销商和用户的习惯，同时定期组织海外市场人员座谈会，听取营销一线的反馈，通过这种途径，潍柴领导们随时掌握最新的行业信息。第七，信息收集到什么程度（How much）。信息的表达形式非常重要，不同的信息形式有着不同的表达方式，用数字化的方式进行量化陈述是最佳方式，确保了关键信息的传递恒定性和可编辑性。

在分析政治、经济和社会发展趋势时，不应忘记参考每年的政府工作报告和中国经济发展白皮书，这是中国政府集合全国智慧，对政治、经济、社会发展路线的设计说明。同时，要对本行业在大环境下发生的变化进行定性，对可能出现的变化进行研究。企业要通过各种渠道了解行业技术动态，对于前沿技术发展态势、基础产品理论、技术路线分歧要给予重视，与头部企业进行各项指标对标，寻找到内部提升的方向。此外，要结合当前内外部环境变化对未来进行预测，把握总体发展趋势。有了充分的信息，我们不难对未来进行画像，预测下一年度可能出现的情况。同时，预测要有多个版本，针对每个预测设想企业的应对方案或切实可行的商业模式，这既是一个"因为—所以"的推断过程，也是一个"现象—原理"的判断过程。

企业在进行市场洞察时，应该实事求是，要保持空杯心态，不要加入个人主观看法，还要细致入微，防止漏掉重要信息，造成对未来判断的失误。有些企业视市场洞察为验证自己正确的手段，在收集信息时具有倾向性，导致信息不准确，难以得出准确结论；有些企业不重视外部信息的调查，不愿意花精力和资金收集外部信息，造成相关信息的不充分，导致所做的决策是没有针对性；还有一些企业对于外部环境的变化不敏感，对于变化带来的机会或威胁不重视，事到临头再处理，因此缺少了后续行动；等等。这些问题需要企业认真理解，予以规避。

那些重视市场洞察的企业，总能对社会发展、经济规律、行业前景有着准确的判断，于是采取了前瞻性的行动，如对外扩张、收缩防守等，必然左右逢源，踩中每一个市场机会，享受着经济波动的红利，实现资源的快速整合，从而高速发展！对于市场洞察缺少理解的企业必然步履维艰。综上，企业被动应对环境变化和主动适应环境，其成就必然不可同日而语！

案例分析

潍柴是市场洞察的大师，是中国企业准确把握市场走势的典范。2000年，潍柴预测工程机械产业将会蓬勃发展，提前以重卡发动机为基础，开发出适配工程机械的发动机（两种发动机的技术有着很大的差异），在国家部委提出发展中国工程机械行业计划之后，该行业迅速兴起，潍柴发动机非常适时地发布推广，企业立即打了个翻身仗。2002—2003年，国内SARS疫情严重，

精益战略部署
——构建精益管理的长效机制

各企业放缓了上市的步伐，潍柴逆势操作，冒着巨大的风险，借助这个难得的竞争不激烈的机会，于2004年顺利通过香港上市审核，拿到了宝贵的市场融资。2005年，面对德隆系的溃败，潍柴利用上市融资获得的资金，成功收购了湘火炬，当时市场上一致认为潍柴收购出价过高，多花了2亿元，而潍柴看好中国重卡行业未来高速发展的行情。事实证明，收购5年之后，每年湘火炬贡献的利润均超过2亿元，更不要说资产的近百倍升值！

2009年，潍柴抓住金融危机后国外企业严重亏损的机会，成功并购了法国博杜安、意大利法拉帝、德国凯傲、德国林德、美国德马泰克、美国PSI等企业，并购完成时，各个企业都在亏损，每年投入几亿欧元，市场上批评之声不断，但潍柴认定经济复苏后并购企业都能盈利！自2016年开始，潍柴的预测全部成真，并购企业均实现扭亏为盈，实现了其海外市场布局并且占盈利1/3的战略目标。对于未来预测如此之准确，投资如此之果断，令人赞叹！

强大的洞察力是怎么做到的呢？固然与潍柴领导班子的激情创新、准确判断紧密相关，但不能忽视的是，其长期注重各类信息的收集，关键决策之前，常常聘请2~3家市场调查机构进行分析，多方信息和意见综合之后才下定决心。

短短20年的时间，潍柴已成长为一家营收超过2000亿元的国际化企业集团，创造了销售收入增长380倍、年均复合增长率37%的"潍柴速度"和"潍柴奇迹"。

第二节 外部环境 PEST 分析技巧

市场洞察是企业形成行动指南的关键，需要企业对外部和内部环境进行详尽调查，充分了解信息，并对未来做出预测。为了确保信息的全面和完整，在管理界一般使用工具予以辅助，目前通常采用的是 PEST 分析模型、行业压力分析模型、波特五力模型等工具。

PEST 分析把影响企业市场的要素分成了政治、经济、社会、技术四个方面。政治是政府、政党等治理国家的行为，是经济的上层建筑，是以国家权力为核心展开的各种社会活动和社会关系的总和，是影响市场的重要因素。比如，当前某个国家煽动人民对其他国家产生敌意，肆意造谣抹黑，势必造成其他国家出口至该国家的贸易额锐减，进而影响其他国家的制造业的发展。政治关系到社会全体成员的利益支配，像季节变化一样，势必带来市场普遍的反应，因此不得不关注。

在对政治环境进行梳理时，通常从趋势（Trend）、法规（Regulation）、承诺（Undertake）、事件（Event）这几个角度入手，为了方便记忆，我们简称为 TRUE 模型。首先，对当前全球整体政治局势变化趋势进行判断，如贸易摩擦加剧、意识形态竞争走向对抗等，并说明这些将如何影响企业；其次，所在国出台了哪些新的法律法规，如健全了个人所得税制度、新颁布了劳动法等，要推导这些变化给企业带来哪些影响；再次，当前政府强化了哪些要求或者做了哪些承诺，如环保要求、脱贫致富等，这些也会影响企业的市场环境；最后，当前有哪些重要事件发生，如公共安全、卫生疾病、战争冲突等，这些重要事件将会极大地冲击企业的生存环境。

经济是社会发展的基础，既反映了国家或企业、个人的收支状况，如国内生产总值、社会总产值、企业总体效益、个人的总收入和总支出等，也代表社会生产、消费等经济活动和经济关系。在经济高速增长的国家中，人民的消费能力自然水涨船高，买房、买车、买奢侈品，但是一旦经济进入低速

精益战略部署
——构建精益管理的长效机制

增长，老百姓就要捂紧口袋了，消费能力会快速下降。可见经济变化就像气候变化一样，不仅影响了市场的繁荣程度，还会影响行业的变迁。

对经济环境的梳理，要从外部经济环境（External）、内部经济环境（Domestic）、经济增长（Growth）、货币融资环境（Environment）等方面入手，我们简称为EDGE模型。首先，要了解外部经济环境，识别当下世界经济所处的发展阶段，对于下一个发展阶段进行预判，并预测未来市场的变化。世界经济波动具有一定的规律性，有高峰，也有低谷，历史经验证明，这些波动都是能够被预测的！由于世界经济一体化，中国经济与世界经济的联系越来越紧密，因此一旦国外出现经济波动，必然会给中国经济带来影响，比如影响出口贸易，进而给国内资本市场带来冲击等。其次，对国内经济环境的研究。企业要关注政府经济部门的政策调整，要对本国经济的走势进行研判，掌控社会经济走向，进而调整企业策略。再次，要对未来经济增长情况进行判定。通过上述信息进而推断国内GDP增长水平和人均财富增长情况，也可以通过政府或者经济研究单位发布的报告进行判断，因为在不同的增长水平下，会有不同的市场特征。最后，要对货币融资环境进行判断。融资环境直接影响投资水平，是市场的晴雨表，对于高新技术企业、互联网企业甚至制造企业都会带来直接或间接的影响。通过分析资本市场的变化，能够判断各行业供需状况，进而为下一步的分析提供依据。

社会是在人类形成的长久维持的、彼此相互影响的一种不容易改变的结构关系，也是一种为共同利益而形成的联盟，表现为整个群体思维同步和感情契合。因此，社会包括人际关系、对物质的认知和信息交换，换句话说，社会代表了人们对事物的一致观点。这些观点直接决定了市场走向，有时我们称之为"流行"，比如社会崇尚健康养老，哪怕如"送礼就送脑白金"一样的直白广告语都能风靡全国，产品大受欢迎；比如时下流行出国留学，培训学校就像雨后春笋一样出现，如果赶巧某个培训学校的校长还很会讲故事，就能开启上市的大门。

对于社会这个要素的梳理，要从主流人群选定（Maincrowd）、价值观变迁（Awareness）、生活方式及消费习惯变化（Style）、劳动力供给和劳动力素质（Suply）等方面进行思考，我们简称为MASS模型。社会变迁会影响行业市场，首先要明确行业或企业客户的主流人群是谁，并分析主流人群的特征，如年龄、生活环境、偏好等；其次要对主流人群的世界观、人生观、价值观进行整理，要了解时代变化下人群意识的变化；再次要观察和掌握主流人群的生活方式和消费习惯，尤其是要对其对于行业会产生的影响进行判断；最后要了解当前社会环境下，劳动力的素质发生的变化，同时要关注劳动力的供需状况，并能够对未来进行预测。

技术是人类为实现社会需要而创造和发展起来的手段、方法和技能的总和，包括工艺技巧、劳动经验、信息知识和实体工具装备等，简言之，世界上所有能带来经济效益的科学知识都称之为技术。技术是用来满足需求的，因此技术的出现往往会创造行业，比如电脑的发明带来了电脑制造、集成电路行业，并间接创造了互联网行业。新技术的出现也会毁灭行业，比如火枪的出现将冷兵器赶进了历史的垃圾堆中，打造冷兵器的工匠如果没有掌握打造火枪的技术就会失业。可见，技术对于市场甚至行业未来的影响极大，决定了行业的变迁。沧海桑田，不仅仅形容自然环境的变迁，更是对产业环境在时间维度更迭变化的准确表达。

对于技术要素的梳理，要具有国际视野，因为技术不分国界；要对主流技术和非主流技术同等关注，因为有时非主流技术会摇身一变，变成主流技术，案例很多，就不一一列举。对于技术相关信息的整理，要从四个方面进行。首先是了解基础技术路线（Basic），其次是了解应用技术的创新（Use），再次是关联技术的创新及发展（Related），最后是技术传播的速度情况（Prevailing），我们简称为BURP模型。通常技术信息的整理工作由技术部门完成，需要收集国内外公开发表的研究成果，从市场上拿到第一手资料，并对竞争对手进行研究，了解并汇总其技术进步情况，甚至通过其他非正式渠道收集相关信息。同时，绝不能忽视关联产业的技术创新与突破，比如如果汽车企业忽视了相关联的5G技术的创新，就会忽视市场在无人驾驶方面将会出现的巨大发展机会。此外，要注重知识产权管理。我们在帮助一个企业构建战略的过程中，由于企业技术部门忽略了竞争对手的一款产品专利保护即将到期，导致产品战略未做提前准备，过了几个月，突然发现该专利的保护失效并且市场对该产品的需求暴增，企业只能仓促对产品战略进行调整，导致其在市

精益战略部署
——构建精益管理的长效机制

场上非常地被动。最后需要说的是，基础技术的创新发展是可以提前预测的，通常在国内外经济衰退到谷底时，会伴随着一次重大的技术创新，并通过技术创新带来产业的发展，推动全球经济复苏。例如，1998年东南亚经济危机是通过电子信息行业的发展而复苏，2008年金融风暴是依靠金融科技和互联技术的创新而渡过的，等等。

PEST分析是市场洞察的第一层分析，是对宏观局势的把握。在第一层分析中，应该能够基本捕捉到企业未来面对的形势，对关键点能够很好地把握，要通过对风云变化的了解，推断出暴风雨的规模，并对可能带来的泥石流、飓风、闪电做好充分的估计。完成PEST分析，要对分析过程中所列事项进行整理，按照大类、小类进行归纳总结，并展开联想。我们不仅要推断出当前的外部环境会对客户产生哪些影响、会对客户的客户造成什么影响、会给潜在客户带来哪些影响，还要推断出当前环境会对供应商和供应商的供应商造成哪些影响。我们要评估出未来企业要素的供给情况，如材料是否会涨价、水电资源是否充足、土地和劳动力的供给情况等，以及未来企业相关政策是否发生变化，如对环境保护的要求、对劳动力保护的要求、对人员流动的要求、对安全的要求等。在第一层分析中推断了上述内容，就会给下一步的分析提供依据。

案例分析

1986—1989年，美国轮胎产业经历了一系列重大重组事件。1986年，美国古德里奇公司和游尼罗叶公司将它们的轮胎厂合并成立了一家合资轮胎企业。1987年，德国大陆轮胎（马牌轮胎）公司收购了将军轮胎品牌，并将其作为旗下独立子公司运营。1988年，意大利倍耐力公司收购了美国阿姆斯特朗轮胎公司80%的股份。1988年，美国火石轮胎橡胶公司被日本的普利司通公司收购。1989年，美国古德里奇公司和游尼罗叶公司的合资轮胎企业被米其林公司收购。

美国轮胎产业的兼并重组大潮是怎么开启的呢？

20世纪80年代，美国拥有汽车的人口大幅增加，汽车平均行驶里程也大幅增加，但轮胎产业由于出现了耐用的子午胎导致轮胎需求减少，除一些周期性的波动外，轮胎交易数量未见显著变化。而由于现有轮胎工厂生产效率的提高以及国外轮胎企业在美国投资建厂，如法国的米其林公司、日本的普利司通公司、德国的大陆轮胎（马牌轮胎）公司，导致美国轮胎产业供给远大于需求。同时，由于轮胎生产企业中固定成本占总成本的一大半，导致轮胎生产企业不得不维持高额的产量。不幸的是，主要轮胎生产厂家之间的产品缺乏差异，谈不上顾客的偏爱，从而引发了激烈的价格竞争。

到了1990年年初，整个美国在过去的几年中关闭了28家轮胎工厂。由此可见，外部环境极大地影响了美国轮胎产业的发展。[1]

第三节 行业及竞争对手分析

PEST分析是对宏观环境的分析和判断，在此基础上，还要进行细致的行业压力分析和竞争对手分析，确保企业能够识别出切实的威胁和机会，进而采取适配的行动。对一个行业的未来发展进行准确预测，这是一件很难的任务，但如果充分掌握该行业的发展动态和各种信息，判断行业的未来发展方向，对某些发展变化趋势如价格进行预测，这是企业能够实现的。对行业竞争对手进行科学、精准的分析，是企业生存和发展的前提和基础，而购买并研究行业报告是对未来的充分尊重。

有些企业领导对于行业研究报告嗤之以鼻，认为每年各种研究机构的行业预测报告都与实际情况不符，没有用处，不可参考。实际上100%的准确预测肯定不会发生，但是50%以上的预测准确率就足以供企业参考和借鉴，再不准确的行业研究报告也比企业一无所知要好很多！企业是否对行业和竞争对手进行研究，是划分优秀企业和平庸企业的分界线。

---

[1] 和金生. 企业战略管理 [M]. 天津：天津大学出版社，1994.

精益战略部署
——构建精益管理的长效机制

依据 PEST 分析的结论，就可以进行企业所处行业以及相关联行业的前瞻性分析了，我们称之为行业压力分析（Industry Pressure Anylesis），简称 IPA 分析，包括四个方面，分别是行业容量、供需关系、行业变异和行业压力。

行业容量是指整个行业市场总量或者整体销售额的变化，要考虑到社会、经济、产业政策、供求关系等外部环境是否改变了行业市场的规模，或者改变了市场增长的速度。对于一些"黑天鹅""灰犀牛"事件，我们要定性评估其影响。

供需关系是指整个行业的需求量和供给量之间的关系。供小于求意味着市场端压力较小，供大于求意味着市场竞争激烈，为了能够准确评估，常常要从高、中、低端产品市场分别进行分析，这三个层次的市场彼此独立又相互转化，在分析过程中，首先要对市场中头部客户的需求变化进行预测，因为头部客户的变化可能引领了整个行业的变迁。

行业变异是指行业正在发生的变化或者变化趋势，在研究供需关系时，要对高、中、低层次产品单独分析，就是在考察行业是否出现变异。行业变异是指市场出现了不同以往的变化，比如，市场开始欢迎高质量、高性能的产品，一些新技术的革新造成整个行业的成本迅速降低，出现了行业向前端或向后端整合的趋势，等等。这些变化使市场中的高、中、低端产品的占比发生显著的变化，整个行业的利润分配也随之变化。白酒行业的变异最为典型，近几年出现中端白酒份额快速增加的变化，白酒市场的整体利润从高端产品聚集向中端和中高端产品转移。

行业压力是指行业容纳的竞争对手数量的变化，如强势竞争对手的加入或退出所带来的竞争压力增加或减少。比如，某些行业发展速度较快，整体利润较高，带来了跨行业的大企业的垂涎，并且由于行业门槛和技术壁垒较低，一些潜在竞争对手也将涌入本行业，瓜分市场蛋糕，带来了较大的竞争风险和竞争压力。

需要注意的是，行业容量的变化将会影响供需关系，供需关系的变化不仅会带来行业压力的变化，还会影响行业变异的发生，同时行业变异与行业压力互相影响。可见，四者之间相互关联且互相影响。

行业分析的结果是对产业发展趋势的判定，我们可以理解为"未来素描"。未来素描是明确描绘出未来行业的实景图，包括未来行业具有哪些特征，会出现何种激烈竞争，竞争领域会在哪里，是否会形成多强争霸的格局，具备哪些特征的企业会生存下来等，这种素描实景更能唤起大家对未来的真实认知，也容易形成共鸣，进而达成一致行动的共识。

行业压力分析后，要对具体的企业竞争情况进行分析，通过对行业内竞争形势进行定性描述，可以预见竞争的激烈程度，识别出真正的竞争对手，从而选择企业的发展道路。为了全面了解未来行业的竞争情况，我们通常从五个方面进行分析，又称为竞争五力分析。

第一，分析产品需求市场的集中度及顾客选择能力。若是产品需求市场的集中度较差，意味着需求市场上客户较为分散，客户定价能力不强，市场上讨价还价的空间较大，对于企业较为有利；若是产品需求市场的集中度较高，就意味着存在少数的大客户，往往这些大客户具备较强的定价能力，对供应商的选择能力较强，即议价能力强，因此不利于供应商获利。

第二，要分析原料市场的集中度以及供应商的议价能力。与产品市场一样，如果原料市场的集中度较差，意味着原料市场上的客户较为分散，供应渠道较多，这时供应商的定价能力不强，采购市场上客户话语权更大，企业能够左右价格和质量，根据需要选择符合自身利益的供应商，帮助企业提高原料质量和降低采购成本。若是原料市场的集中度较高，意味着存在少数的大型原料供应商，这些大型供应商常常店大欺客，往往能够控制供应市场，根据自身需要调整价格，企业往往被迫接受供应商的条件，难以对原料质量和采购价格进行选择，因此有利于供应商获利。

第三，要关注和分析潜在替代品的出现。潜在替代品是行业的毁灭者，手机是平板电脑的替代品，所以平板电脑市场以肉眼可见的速度萎缩；智能手表是传统机械手表的替代品，因此机械手表市场终将消失。在分析潜在替代品时，要关注替代品可能是什么，出现的概率有多大，以及替代品可能会是什么价格，会怎样进入市场，市场接受度会怎样等。有些企业的产品已经出现了替代品，自己还茫然不知，沾沾自喜！当然，在关注替代品的出现的同时，更要关注其在市场上拓展份额的速度。

第四，要关注潜在竞争者的进入，简称跨行打劫者。潜在竞争者的进入

精益战略部署
——构建精益管理的长效机制

常常带有行业颠覆性，它们带着其他行业的成功经验，以全新的模式进入本行业，运用快速降维打击方法进行竞争，是可怕的敌人，有时被称为"野蛮人"。比如，小米进入家电行业，运用其在手机行业的成功经验，在产品市场上大获成功，市场份额迅速增加，几年之间先后击败TCL、海信、创维等传统家电巨头，成为家电行业巨头。

第五，要分析现有企业间的竞争情况。首先，通过对产品市场的增长分析，了解整体市场份额，以及所有竞争对手的市场占有情况。识别主要竞争对手非常重要！其次，对主要竞争对手的生产规模进行评估，了解竞争对手资源使用情况和产品开发情况，了解竞争对手的研发能力，并评估与之存在的差距。最后，了解竞争对手同类产品的价格水平，产品成本结构的构成，以及竞争对手的营销渠道等。具体对标分析的内容可以参考表3-2。

表3-2 竞争对手对标分析维度

1. 客户评价	8. 质量管理
2. 市场销售额	9. 成本控制
3. 营销渠道建设	10. 交付柔性
4. 经营利润	11. 服务水准
5. 产品技术	12. 员工素质
6. 研发能力	13. 激励机制
7. 制造过程	14. 员工满意度

任何竞争对手的出现都可能置企业甚至整个行业于死地，当市场抛弃你，甚至连声再见都不会说。因此，企业要认真地识别每一个对手、每一个风险，及时调整以适应环境，顺利渡过每一个危机。

案例分析

据国外数据分析机构 Strategy Analytics 报道，苹果以一己之力"击败"了整个瑞士手表业：2019 年 Apple Watch 出货量为 3070 万只，而整个瑞士手表业同期出货量则为 2110 万只。尽管传统指针式手表在年长消费者中仍然很受欢迎，但年轻消费者越来越倾向于适合自己生活方式的智能手表，不错的设计和时尚的外观加上好用的应用程序，使得其在北美、西欧和亚洲广受欢迎。

面对进入手表业的野蛮人，传统的制表企业不甘没落，竞相加入竞争激烈的智能手表市场，只为抢占一席之地。各个手表企业针对不同人群，设计出各具特色的手表，有的凸显科技感，主要吸引电子产品爱好者，有的设计奢华大气，在外观上做文章吸引"颜控"，还有一些平价款依靠高性价比成为实用主义的首选。

国产智能手表则依靠超高性价比占领了大众市场。2019 年 9 月底，继华为、小米、OPPO 之后，vivo 也发布了它的第一款智能手表。这也标志着目前全球前六大手机厂商，都已经完成了对智能手表产品线的布局。智能手表相比传统手表具备更多的价值，体现了科技、健康、时尚、活力和方便，通过与人体的感知和互动，未来在医疗健康方面也将有巨大的发展空间。未来，智能手表将在整个手表市场中占据越来越多的份额，而瑞士传统的石英手表公司生存将会越来越艰难。

第四节　认识自己是杜绝战略错误的开始

企业要向外看，发现外部机会和威胁，更要向内看，要了解自己。了解自己非常重要，清楚自身的优点和不足，就能够知道该做什么不该做什么，认识自己是杜绝战略错误的开始，了解自身局限对于精益战略部署至关重要。

认识自己的过程艰难而复杂。人类作为一个精密有机体，有无数传感器

精益战略部署
——构建精益管理的长效机制

将所有细微信息传递给大脑，大脑时时刻刻依据自我感知和外部反应来进行自我判断，可是，哪个人敢说我们完全了解自己呢？认识企业与认识自己是一样的，越是身在其中，越是对自身缺少判断，因此常常错误估计了自己的能力，导致战略误判，这是企业最常犯的错误！

企业常常会过高估计自己，这种认知甚至带有激进和偏执的成分，比如有些企业在成长过程中创造了不少奇迹，突破了一些能力天花板，于是，以偏概全，认为自己将无所不能，上天可揽月，下海可擒蛟，基于这样的认知，将对未来选择过于激进，反倒容易造成力有不逮、事倍功半！大多数企业就是由于过高估计自己，才进入并不擅长的领域，面对未知无能为力，最终导致挫败。格力电器董事长董明珠当年信誓旦旦从空调行业杀入手机行业，投入资金、人才和精力不可谓不多，广告宣传与造势不可谓不大，结果是市场不看好，用户不买账，格力手机最终只能卖给自己员工，或者卖给供应商抵货款！董明珠不甘心，后面又进入了电动汽车行业，结果又是一脚陷入无底洞！可见，资本强大如格力，人格号召力如董明珠也不可能想干啥就干啥，隔行如隔山，没有做好充足的准备就进入其他领域，如同创业一样，要面对巨大的风险。

企业对自己的认知一定要相对保守，不要幻想未来将能建设某一种能力，务必要以当前状态为基准，在充分考虑改进速度的前提下，对未来进行评估与规划。同时，也不要认为挖到一两个技术高手就能掌握其他行业的全部秘密，所有的能力开发都需要大量智慧沉淀和长期的经验积累，忽略了这个前提，都是"大跃进"思想。

自我认知的第一步就是要检讨上一年的发展成果和不足，围绕自己在客户端的表现（如客户满意度、交付水平、客户端质量表现等）进行量化评估，同时也评估自己在渠道建设、市场份额占有、品牌价值等方面所具备的水平。比如，对提供产品或服务的过程（如质量、价格等）进行量化评价，对于自己的创新能力所取得的成果进行评估，等等。第二步要对企业内部管理进行优劣势评估，为了确保评估的准确性，常常采取问题引导式方法，从管理机制、营销活动、财务管理、生产运营、技术研发、人才培养等方面进行评估，如图3-1所示。

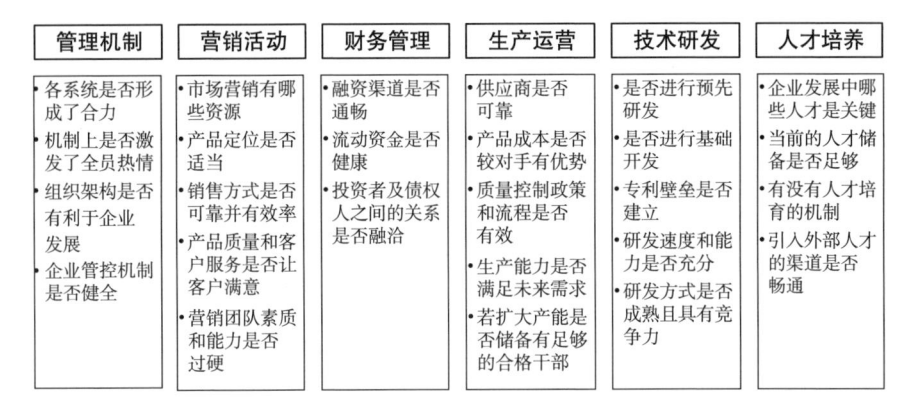

管理机制	营销活动	财务管理	生产运营	技术研发	人才培养
·各系统是否形成了合力 ·机制上是否激发了全员热情 ·组织架构是否有利于企业发展 ·企业管控机制是否健全	·市场营销有哪些资源 ·产品定位是否适当 ·销售方式是否可靠并有效率 ·产品质量和客户服务是否让客户满意 ·营销团队素质和能力是否过硬	·融资渠道是否通畅 ·流动资金是否健康 ·投资者及债权人之间的关系是否融洽	·供应商是否可靠 ·产品成本是否较对手有优势 ·质量控制政策和流程是否有效 ·生产能力是否满足未来需求 ·若扩大产能是否储备有足够的合格干部	·是否进行预先研发 ·是否进行基础开发 ·专利壁垒是否建立 ·研发速度和能力是否充分 ·研发方式是否成熟且具有竞争力	·企业发展中哪些人才是关键 ·当前的人才储备是否足够 ·有没有人才培育的机制 ·引入外部人才的渠道是否畅通

图 3-1 企业内部管理评估

在自我认知过程中，其实没有绝对的好或者不好，关键是跟谁比较！因此，我们要找个比较的标杆企业。找谁呢？企业可以根据自身在行业中的位置进行选择，如果本企业处于行业中游水平，可以选取中上游企业中更好的企业作为竞争对手进行对比；如果处于行业头部，就要选取行业第一名进行比较。有了比较才能识别自身的优劣势，选取的标杆越高，识别的不足越多，越容易找到差距。潍柴动力每年都要跟世界顶级发动机企业进行对标，如图 3-2 所示。对标的内容包括产品性能、市场表现、企业内部管理等，在对标过程中，查找自己的不足，有针对性地改进提升，因此进步显著。在持续对标甚至跨行业对标中，企业提出了"不争第一就是在混"和"一天当作两天半用"的方针，持续激励企业员工艰苦奋斗！

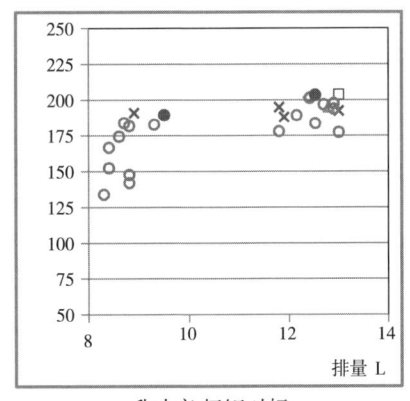

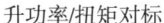

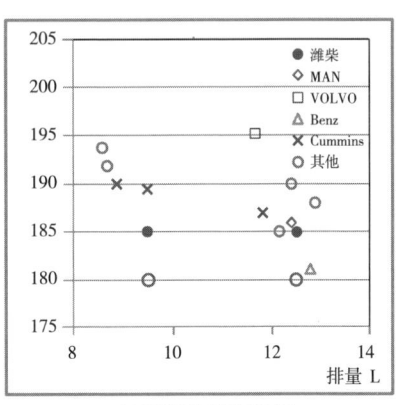

图 3-2 潍柴动力与世界顶级发动机企业产品对标分析图

精益战略部署
——构建精益管理的长效机制

企业认识自己的过程，主要通过以下两个方面。一方面是企业在经营活动中的有效性如何，到底达成了哪些目标，是否实现较好的效率。在达成目标的过程中看一下人力资源是否在增值，资金使用效率是否提高，营销资源的使用是否实现品牌溢价，技术开发是否取得突破，生产系统的能力是否提升，等等。另一方面是投入的资源是否取得了较好效果，包括利润率是否持续提升，劳动生产率是否取得较快增长，原料及能源消耗率是否持续降低，生产服务能力的利用率是否更加充分，流动资金利用率是否在适当的水平上，等等。这两个方面的审核，体现了企业从过程到结果的控制能力，也体现了企业内外部资源调度和利用的能力，充分展现了企业在管理中的优缺点。

对结果指标的进一步深化研究，我们将进行产品组合分析。产品组合分析是由波士顿咨询集团提出的产品诊断模型，顾名思义，就是企业对自己的所有产品族所在市场情况、市场地位、获利情况等进行评估，以便在未来对产品策略进行调整。

根据不同产品族的市场表现，我们通常将产品分成以下四类：一是销售增长率和市场占有率都很高的"明星"类产品；二是销售增长率和市场占有率都很低的"瘦狗"类产品；三是销售增长率高、市场占有率低的"问号"类产品；四是销售增长率低、市场占有率高的"现金牛"类产品。企业产品经过分析放在坐标系中形成产品组合矩阵（波士顿矩阵），如图3-3所示。

	市场占有率 高	市场占有率 低
销售增长率 高	明星	问号
销售增长率 低	现金牛	瘦狗

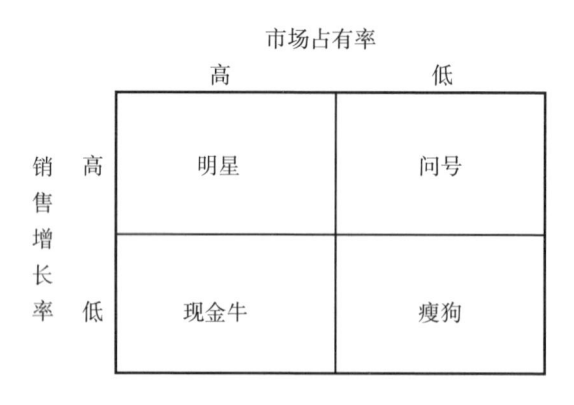

图 3-3　产品组合矩阵

四种不同性质的产品，形成企业整体产品发展前景，而企业经营者的任务就是通过产品组合矩阵分析，掌握产品结构的现状，结合未来市场预测进行产品结构调整。在产品结构调整中，企业的经营者不是在产品到了"瘦狗"阶段才考虑如何撤退，而应在"现金牛"阶段时就考虑如何使产品造成的损失最小而收益最大。产品的战略调整包含以下几个方面内容。

1. 维持

对于"现金牛"类产品采取维持的策略，保护好利润源。由于此类产品的销售增长率低，而市场占有率高，无须对其进行过多的市场维护及资源投入，需密切关注竞争对手，随时根据竞争态势调整销售策略，确保份额不缩水即可。

2. 投入

对于"明星"类产品，其处于快速增长中，企业要分析产品市场的情况，判断企业产品是随着行业普遍增长而增长，还是行业没有增长而本企业产品却在高速增长？如果是前者，企业需要加大资源投入，抢占市场，树立品牌，构建标准，建立准入门槛；如果是后者，企业要牢牢抓住大客户，对于研发进行持续投入，加快产品升级，建立良好的售后服务网络，形成市场上一枝独大的局面。

3. 细分

"问号"类产品看似处于优质的市场中，存在较大的市场增长机会，但企业自身盈利能力较弱，竞争对手实力较强，在该市场中取得成长的机会不大，因此要谨慎对待资源的投入。正确的产品策略是对产品市场进行细分，在企业资源投入有限的前提下重点投入细分市场以获取业务增长，目标是在短期内尽可能地得到现金收入，如果不能实现市场突破，该类业务应按照"瘦狗"类业务进行处理。

4. 放弃

"瘦狗"类产品只能消耗资源，对于企业来说无利可图，进行资源投入的成效也不大，因此必须进行清理和撤销。放弃不良产品就是减轻负担，一个公司必须时刻识别"瘦狗"类业务，并快速对其进行调整，以使产品组合趋于合理，将有限的资源用于效益更高的业务上。

精益战略部署
——构建精益管理的长效机制

企业战略管理通过识别自身优点和不足，企业就能了解到自己能做什么不能做什么，进而做出准确的商业选择。当企业发展到一定规模，最重要的是做到稳健发展、不犯错误、规避风险，所以要时刻认识自己，了解自己。

案例分析

2020年4月29日，中国重汽集团与碧桂园集团签署战略合作协议，双方进行了房地产转让项目交割，历时19个月，中国重汽集团终于彻底退出房地产业务。

不搞房地产，这是中国重汽集团掌门人谭旭光一直坚持的原则，早在2018年9月1日，谭旭光上任后第一次全体领导干部大会上就提出，"中国重汽要集中力量打造世界一流的全系列商用车集团，必须聚焦主业，剥离辅业。"而他早年带领潍柴从濒临破产到收入突破2000亿元，创造了年均复合增长率近37%的"潍柴速度"，靠的就是专注于发动机，"心无旁骛攻主业"。无论环境如何变化、行业如何起伏、房地产多么诱人，谭旭光始终不为所动，坚持"不碰房地产、不搞金融投机、不做低端业务"三个原则，带领潍柴脚踏实地成功构筑起集"电池+电机+电控"为一体的新能源动力总成，不断推动潍柴迈向高端制造。

对于中国重汽集团的房地产业务，谭旭光说，"房地产我们干不了，因为我们不懂！自己的地还没种好，为什么要去种别人的地？一家企业干主业都不挣钱，靠房地产挣了钱，核心竞争力一定是零！"因此，执掌中国重汽集团后，谭旭光力排众议把心无旁骛攻主业之道带到了中国重汽集团，提出集团非主营业务必须坚定不移地退出，尤其是房地产项目要马上考虑卖掉。

2019年，中国重汽集团将"精干主业、消灭僵尸企业"定为年度硬仗。同年，房地产项目挂牌出让，最终于2020年以48亿元成交。随着非主营业务的全面退出和辅业的彻底剥离，谭旭光带领中国重汽集团轻装上阵，心无旁骛地专攻主业，不断加快创新步伐，向世界一流的全系列商用车集团迈进。同年，中国重汽集团实现营业收入1100亿元，同比增长6%，实现经营利润58亿元，同比增长8%，两者均达到历史最好水平。

第五节 面向未来的 SWOT 分析与 TOWS 分析

内外部环境分析是企业战略制定的重点工作，应建立在信息充分、考虑详细的基础上。因此，企业技术、营销等部门要进行认真细致的调研，并做客观的提炼总结，并在企业内分享，以确保信息对称。如果企业对上述工作敷衍了事，就会造成信息遗漏或者失真，这样得到的战略一定会缺少针对性，从而贻误战机。为了防止出现上述情况，我们通常采取"变化点提问法"，即我们对于市场出现的变化进行整理，对于技术领域出现的新变化进行识别，对于客户的需求变化进行描述，对于原辅材料的供给和价格的变化进行总结，对于人力和水电气的价格和供给变化进行提炼，等等，这些变化点都会影响下一阶段的企业战略选择，因此识别了变化点就能够准确掌握内外环境的脉搏。

结合内外部环境的变化，我们将整理出外部有利于企业发展的机会。机会常常是相对而言的，需要我们识别后充分利用，有些机会的出现代表着企业可以顺势而为，实现企业快速发展，有些机会代表着整个行业甚至社会出现海量需求，我们称之为企业的战略机遇，两者有着本质的区别，前者仅能借势，后者需要企业聚焦资源，做好迎接"风口"的准备，就像当年小米的雷军所说"站在风口上，猪都能飞起来"。一般来说，对于机会的识别要有重点，不要看什么都是机遇，女生很多，但老婆只能选择一个，所以选择很重要，通常机会只选取 2~3 个即可，对于识别的战略机遇，一个即可！此外，我们也要整理出不利于企业发展的因素，通常我们称之为威胁。威胁可能是来自同业竞争的威胁，包括产品、价格和质量方面的变化，也可能是影响经营成本的外部环境变化，还可能是趋势性的需求转移，比如新的替代产品已经出现，通常我们识别影响最大的三个因素即可。在南水北调正式实施的 2014 年，河北某地的石油管道生产企业中，由于当地一直允许开采使用地下水，所以企业直接使用免费的地下水冷却产品和设备，使用后直接排到市政

精益战略部署
——构建精益管理的长效机制

管道中。在2014年年底的战略讨论中，董事长识别到下一年度政府可能关闭地下水开采，将会使用南水北调的自来水，届时用水成本将会成为企业负担，果断采购制冷机组采用循环水给产品和设备降温，果然在2015年年中，河北省所有城市全部禁止地下水开采，全部使用自来水，因而企业顺利地渡过了危机。

识别了外部机会和威胁，企业也要针对内部优劣势进行分析和改进。纵观数百年的企业发展史，我们会发现，影响企业命运的通常有两类风险，第一类是市场抛弃了企业产品的风险，第二类是企业内部失调失控的风险。企业发展到一定规模，需要均衡发展，要认识到自身优势和劣势，如果没有不断强化自身优势和弥补自身劣势，企业是难以长期生存的。从战略视角，企业优势要不断精进，使其变成绝招，要实现"一招鲜吃遍天"；企业劣势要不断改进，将劣势逐步转化为优势，将短板进行补齐，防止被人"卡脖子"，比如华为海思横空出世的背后，是华为识别了自身供应链的短板，努力补齐的大量投入，这才有了十年磨一剑，备胎一朝转正的精彩故事。

企业对于优劣势的自我认知并不容易，要杜绝自我美化的"滤镜效应"，为此，企业要找一面镜子进行自我观察，这个镜子就是当前的主要竞争对手，要千方百计了解对手，收集其经营管理中的各项指标。企业的各项指标与竞争对手进行对比，凡是差于对手的都应该称为劣势，凡是未能与对手拉开差距的方面都不能称之为优势，只有超出对手较多的能力或者领域，才可以称之为优势。当然，我们也不要选择过于强大的对手，防止对标后发现自己一无是处，一方面容易打击管理者的士气，另一方面由于企业资源有限，投资过于分散，容易丢失了重点，浪费了时间窗口期。

围绕企业内部优势和劣势的梳理是一个认知自己、反省自己的过程，需要能够回答这几个问题，优势有哪些，能干好什么？劣势有哪些，干不好什么？梳理过程要尽量穷尽，并进行同类整合，通过排序保留前三项或前五项即可。

了解了内部的优劣势和外部的机会与威胁，要进行多条件匹配，并做出正确的判断，这就是TOWS分析。TOWS分析与SWOT分析的联系非常密切，TOWS是在SWOT分析的基础上，选取影响力较大的关键性因素，按照"优势—机会""劣势—机会""优势—威胁""劣势—威胁"进行排列组合，考虑在不同的情境之下应当选取何种战略。

图 3-4 给出了 SWOT 分析的示例。基本思路是：发挥优势能力，克服弱点，充分利用机会，化解威胁；运用排列组合的方法，将各种内外环境因素加以组合，得出一系列公司未来发展的可选择对策。当企业的劣势刚好叠加外部环境威胁时，要考虑如何规避风险，渡过危机；当企业劣势刚好遇到外部机会时，就要考虑如何创造条件捕捉战机；当企业优势碰到外部威胁时，要通过利用优势抵消威胁；当企业优势碰到外部机会时，就要充分利用机遇，迅速做大规模，实现腾飞。

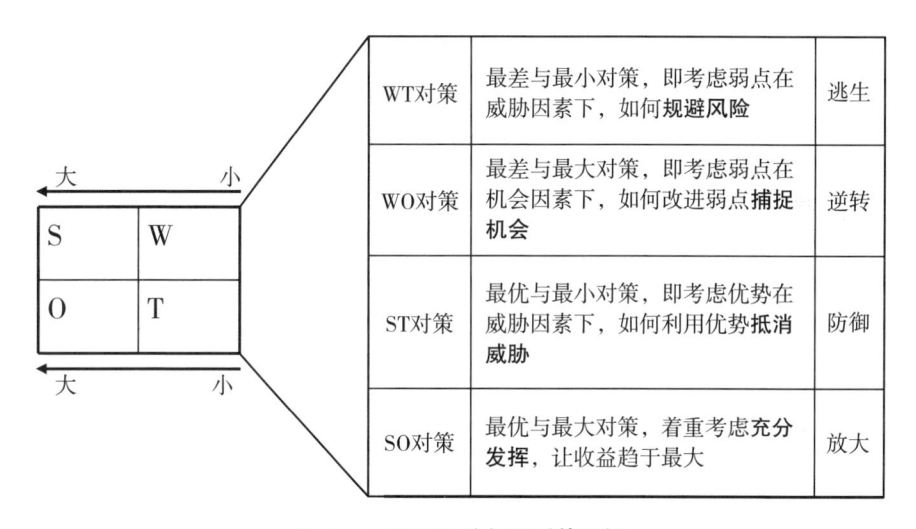

WT对策	最差与最小对策，即考虑弱点在威胁因素下，如何**规避风险**	逃生
WO对策	最差与最大对策，即考虑弱点在机会因素下，如何改进弱点**捕捉机会**	逆转
ST对策	最优与最小对策，即考虑优势在威胁因素下，如何利用优势**抵消威胁**	防御
SO对策	最优与最大对策，着重考虑**充分发挥**，让收益趋于最大	放大

图 3-4　SWOT 分析及对策示例

需要明确的是，SWOT 分析只是人们在选择战略时应用的一种思考工具，真正的战略选择远不止这么简单。

企业在 SWOT 分析的过程中，通常采用一种简单的方式进行，首先全面了解外部的机会和威胁，其次了解自己的优势和劣势，然后针对机会考虑如何充分利用，针对威胁考虑如何规避，以上这些措施都是企业针对未来环境变化所需要做出的调整，属于未来的关键任务，是公司重点关注的课题。同时，企业围绕自身优势研究如何继续扩大，围绕自身劣势研究如何补齐短板，属于打造核心竞争力的工作，甚至可以将当前水平和未来水平用量化目标进行衡量，并将其纳入企业下一年度的战略目标。当企业清楚了下一年度的目标和任务，就意味着年度规划蓝图基本成形，可以徐徐展开公司年度经营策略了！

精益战略部署
——构建精益管理的长效机制

案例分析

提到百事公司，大家首先想到的就是其标志性的碳酸饮料，这款饮料在世界上享有盛名。但实际上，百事公司是一家多元化的企业，其在食品饮料行业拥有22个市值超过10亿美元，以及40余个市值在2.5亿美元到10亿美元之间的品牌，包括乐事、沃尔克斯、立顿、桂格燕麦等。当前，百事公司的业务遍及全球，其在美国及加拿大的销售额仅占总销售额的50%。

由于规模巨大，百事公司需要同时实施多种战略，它既要观察在传统领域中发生的变化，以适应时代和社会的变迁，同时也识别在快速发展且难以预测的市场、类别及产品中出现的变化，找到自身适应变化的竞争条件，提出新品类以满足客户的不同需求。

百事公司对战略的规划和实施非常重视，形成了众多的经典战略，也保证其在很多食品饮料产品类别中都是领头羊：在咸味休闲食品、全谷类燕麦以及运动饮料类别排名第一；在碳酸饮料、果汁饮料类别中排名第二。此外，在很多国家，百事公司也是食品和饮品市场的排头兵，在美国、俄罗斯、印度等国尤其如此。在其他几个国家，如英国、墨西哥等，百事公司在市场上排名第二。对核心业务来说，从扩大大宗业务到与大客户的谈判，再到装瓶的生产规模，其价值链的每一步都能获得巨大的规模经济效益。

实现这一成就，源自百事公司具有更强的外部环境适应力。百事公司能够随时掌握客户行为的变化，比如客户更注重健康生活，这就需要对开发新产品及市场战略的不确定性进行管理。同时，百事公司也能捕捉到新兴市场的快速变化的环境，从中找到增长源并获取利润。规模大且反应灵活，这看似矛盾的组合使百事公司成为双元性创新的典范。"不同的业务在不同的时期会经历不同的战略阶段"，百事公司首席执行官卢英德如是说，"百事公司（以及任何一家跨国公司）必须同时做到对公司的各项业务进行正确的判断，依据外部变化对业务进行重塑，这是非常难的，只有如此才能持续颠覆行业。"[1]

---

[1] 马丁·里维斯，纳特·汉拿斯，詹美贾亚·辛哈. 战略的本质：复杂商业环境中的最优竞争战略 [M]. 王喆，韩阳，译. 北京：中信出版集团股份有限公司，2016.

第六节　战略地图：核心竞争力模型与持续经营模型

企业完成了对经营环境和内部能力的详细分析，客观真实地了解了自身所处态势，在这种情况下，就可以编制用来指导未来工作的战略地图了！战略地图是一个描述企业战略的工具，它用最简洁的图形和文字勾勒出企业下一年度的重点工作方向和重点工作任务。战略地图是下一年度工作的总体纲要，也是企业的核心竞争力模型与持续经营模型，在沟通战略和统一企业内部工作方向和思想上发挥着重要作用。

内部沟通和统一思想是企业的重要工作，这一点相信企业家们都深有感触。我们曾经服务的一家长三角电子企业，总裁是二代老板，内部实行的是事业部制，各个事业部的总经理是一代创业的老员工。在企业提出推进精益生产时，各个事业部的总经理有不同的意见，认为这个工作浪费钱且没有意义。企业老板既要保持对老一代创业者的尊重，又希望能够实现精益推进。怎么办呢？他在年底专门组织了一次公司战略讨论会，各个事业部通过共同分析市场环境、竞争对手、内部能力情况，识别了公司面对的风险和自身的不足，推导出事业部面对竞争时的唯一途径是提升精益的能力，进而达成了必须坚持精益生产路线的共识，并形成了下一年度的公司战略地图①。

战略地图是由罗伯特·卡普兰和大卫·诺顿在2004年共同提出的，而早在20世纪90年代两人创造了平衡计分卡，在帮助企业应用平衡计分卡的过程中，他们发现实施落地的最大障碍是，由于无法全面地描述战略导致上下级之间沟通不畅、目标难以统一。为此，两人共同研究如何对战略进行具体、系统、简练的描述，进而创造了战略地图这一工具。战略地图每隔半年修改一次，是对企业经营的动态管理，可以结合战略规划过程来绘制，它是以平衡计分卡为基础的企业战略因果关系图。自2008年开始，日韩企业吸收了战

---

① 罗伯特·卡普兰，大卫·诺顿. 战略地图 [M]. 刘俊勇，孙薇，译. 广州：广东经济出版社，2023.

精益战略部署
——构建精益管理的长效机制

略地图的思想，并进行了形式上的简化，更加注重表达企业的未来方向设计，同时将其与方针管理相结合，最终形成了精益战略地图。

在精益战略地图中，综合平衡了企业短期、中期、长期生存发展的重点工作。短期主要考虑企业经营需要对股东负责，确保持续经营，企业要确立财务指标和客户指标，在"年度目标"中以销量、利润、客户满意度等指标体现。中期主要考虑构建核心竞争力，企业要围绕优势打造、短板补齐、未来机会的把握等方面设定关键任务，并在"推进焦点任务"中体现。长期主要包含愿景和战略路线两个方面，两者是固定不变的，是企业需要长期坚持的方向，主要通过机制创新和人才培养两个手段予以实现。其中，机制创新用于整体上持续提升效率，增强整体创新能力，持续激励员工奋斗，为员工的工作动机和士气服务；人才培养是通过员工队伍的梯队建设、技能建设，实现企业内部不断产出优秀员工，帮助企业达成更高目标。

可见，战略地图包含愿景、战略路线、下一年度经营目标、公司层面的关键任务，以及需要改革创新的管理机制等内容。某企业2016年战略地图，如图3-5所示。

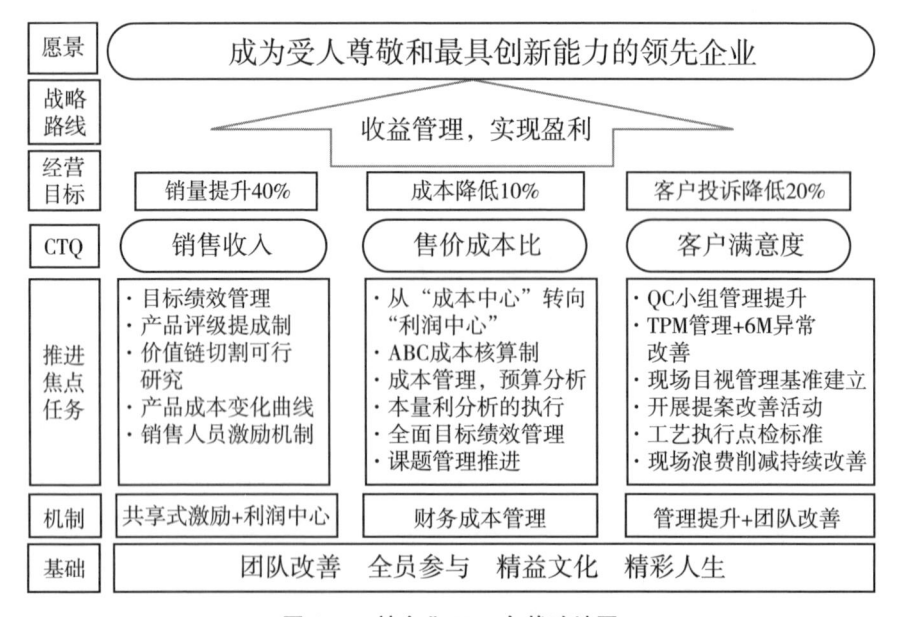

愿景	成为受人尊敬和最具创新能力的领先企业		
战略路线	收益管理，实现盈利		
经营目标	销量提升40%	成本降低10%	客户投诉降低20%
CTQ	销售收入	售价成本比	客户满意度
推进焦点任务	·目标绩效管理 ·产品评级提成制 ·价值链切割可行研究 ·产品成本变化曲线 ·销售人员激励机制	·从"成本中心"转向"利润中心" ·ABC成本核算制 ·成本管理，预算分析 ·本量利分析的执行 ·全面目标绩效管理 ·课题管理推进	·QC小组管理提升 ·TPM管理+6M异常改善 ·现场目视管理基准建立 ·开展提案改善活动 ·工艺执行点检标准 ·现场浪费削减持续改善
机制	共享式激励+利润中心	财务成本管理	管理提升+团队改善
基础	团队改善　全员参与　精益文化　精彩人生		

图3-5　某企业2016年战略地图

第三章 企业上下同欲之源：战略规划

精益战略地图的本质是规划了实现愿景的路径，然后通过量化企业的具体实现目标和关键任务，拉动公司全员分解并承担任务，实现全员参与公司改进，实现整体业绩创新。

我们很多企业有一个通病，就是方向感差。企业不愿意花时间规划未来，碰到了问题临时抱佛脚，因此常常又忙又乱，难以将努力变成业绩。有些企业对目标和任务的分解常常不合理，严肃性也不够，越是领导越是忙碌，越到基层越感觉轻松，干着干着常常忘了目标，干到哪里算哪里。有些企业对机制创新激活人力资源的认识不足，缺少激励机制，造成分配方案不合理，士气低迷，加上企业内部学习氛围差，对员工的培养不足，这样的企业怎么会有良好的战略能力，一定会是人才贫瘠、发展乏力的！

通过战略地图的设计，我们希望企业将经营的注意力重新聚焦，回归企业的本质，回归正确的轨道，把愿景引领的目标、关键任务、机制创新、人才培养等组合成一辆"理想"汽车，载着企业向未来高速飞驰！

案例分析

在便利店业界有一个奇迹，即 7-11 便利店，它以高利润率、高效率而闻名于世。在日本人眼中，日本只有两家便利店企业，7-11 和其他便利店。7-11 便利店采用极富特点的差异化竞争策略取得了巨大的商业成功，至今其开店选址、自有品牌和鲜食产品开发、高效可靠的供应链、极致的单品管理、快捷灵活的物流配送、全方位的便利服务等特点依旧为管理学家们津津乐道，我们看一下 7-11 便利店实施的战略地图，如图 3-6 所示。

7-11 便利店成功执行差异化经营战略，并将行动贯穿整个价值链当中，公司总部执行每周例会制度，便于及时收集市场动态的第一手信息并及时做出反应；高效的电子商务系统和管理信息系统为各个连锁商店动态调整经营策略，并提供必要的技术支持；由于执行差异化经营战略，因此对于人员技能和人员岗位操作的要求自然较高；总部统一进货，购进精选的畅销商品，保证了商店与众不同的经营特色；坐落于繁华市区的规则布点，在增加了经营成本的同时也很好地满足了高薪阶层的需求，提升了整体经营档次；现代化的高效配送系统保证了差异化战略的贯彻；高档的商店设计、标准统一的商品摆放和高度清洁的购物环境则是差异化经营的外在体现；目标顾客群选择追求便利的高薪时尚阶层，该阶层人数众多且购买力强，对价格不敏感，这就决定了7-11可以施行与Kwik-Save折扣商店（低成本策略的代表）完全不同的差异化价格和差异化服务。[①]

基础结构	总部每周例会制度			
技术	高效的电子商务系统	不断调整经营策略	快速、简便的结算系统	实施客户画像，描绘客户需求
人力资源	一人多岗位作业	高技能的人员要求		
采购	总部统一进货，精选畅销品种	坐落繁华市区，规则布点	采用巡回式补货，库存商品较少	
其他	现代化的高效配送系统	高档商店设计，标准统一的商品摆放和高度清洁的购物环境		24小时营业面向高薪时尚阶层，差异化服务，差异化价格

图 3-6　7-11便利店战略地图

第七节　战略规划中的 B 计划

战略地图常常是正常情况下或者可预测条件下企业经营方向的制定和经营任务的开展，但是，近年来外部环境中"黑天鹅"事件时有发生，欧美的

[①] 和金生. 企业战略管理 [M]. 天津：天津大学出版社, 1994.

产业封锁政策、突如其来的新冠疫情、绵绵不休的俄乌冲突等，这些事件改变了世界经济环境，也给企业所处的产业环境带来各种风险。同时，考虑到国内经济领域的改革，如混合所有制改革、军民融合、碳达峰碳中和等，实际上企业的经营环境是持续变动且不可预测的。

从长期来看，企业对外部环境变化的趋势是可以预测的，但是对短期变化难以把握，这些突如其来的变化会影响企业的战略选择。如何在战略层面上对可能出现的外部突发变化进行应对呢？历史告诉我们，企业还需要一个替补战略方案。

替补战略方案来自企业对外部环境从一个悲观视角的研判，需要假设几种可能发生的糟糕状况，并进行企业生存环境推演。由于我们不可能对所有糟糕情况一一对应，因此需要建立极端状况下企业的应对策略，我们称之为B计划，简言之，B计划是预估最糟糕情况发生时企业的应对预案。在新的国际形势下，在大国博弈的过程中，企业做好悲观预案是非常有必要的。

因为有了战略的B计划，于是华为有了海思半导体，潍柴有了动力总成"黄金产业链"，阿里巴巴有了湖畔大学、蚂蚁金服。在当下安全的环境中预估可能出现的风险，是一种居安思危的未雨绸缪，长寿的企业需要建立战役预备队，针对风险以备不时之需，这是一种战略投资。

战略B计划是围绕假设进行战略的重新设计，一般来说可能有以下几种情况。第一种，脱离当前产业领域进入新的高成长性领域的思考，比如日本任天堂公司从生产纸牌转向了生产游戏机；第二种，摆脱当前的外部供应链依赖，形成新的供应链体系，比如小米公司识别了外部供应链系统的脆弱性，开发红米系列手机，全部采用国内供应链系统；第三种，摆脱当前的银行依赖或者政治依赖，比如丰田汽车经历了20世纪的破产风险之后，坚持自有资金投资，绝不贷款，同时，坚持全球布局，克服政治风险；第四种，摆脱当前的技术或设备依赖，比如中国锂离子电池的发展一直受制于日本的设备和技术，为此宁德时代专门投资并培养了数家国产设备供应商，通过设备国产化摆脱日本的技术垄断。上述几种方向仅仅是企业战略B计划的少数选项，企业要对自身风险保持时刻警醒，并举一反三。

战略上实施A/B计划，容易造成资源的分散，因此，要明确本企业的战

精益战略部署
——构建精益管理的长效机制

略重心，要区分主次。B 计划的制订一定要遵从相关性原则，即要在本领域内纵向发展或在相关产业中横向展开。美国柯达和日本富士同为世界两大胶卷供应商，同时面对数码相机的冲击和胶卷市场的消失，没有 B 计划的柯达宣告破产了，那么富士现在怎么样了呢？富士在 21 世纪初期，面对市场的变化，早早就有了危机意识，并在企业内执行了 B 计划，即围绕公司传统优势的膜与水解技术，研发了红色系列化妆品、器官透视技术，在胶卷业务出现危机时，果断地转型成为了一家化妆品和健康产业高科技公司，成为行业翘楚。而任天堂的 B 计划更传奇、更典型、更耐人寻味。任天堂是一家在 1889 年创立的百年企业，最初生产一种手工制作的纸牌。随着企业纸牌市场的开发，年销售额增长到几千万日元，在当时是比较成功的中小型企业。1950 年，任天堂的纸牌已经占领了日本 60%的市场份额，这时企业第四代负责人前往美国考察，研究美国纸牌市场，发现该行业存在严重的天花板，未来发展前景暗淡。于是，从 20 世纪 60 年代开始，任天堂在保证纸牌产品持续增长的同时，开始构思 B 计划，最终开发出一款掌上游戏机并推向市场，结果大受欢迎，成为任天堂当年的销售亮点，也让任天堂正式跨入了电子游戏行业。故事到此并没有结束，20 世纪 70 年代的任天堂已经彻底摆脱了纸牌的生产，在经营游戏机的同时，通过 B 计划进入了游戏设计领域，推出了可以连接电视的游戏，在推动游戏产业发展的同时，其趁热打铁，陆续推出"魂斗罗""超级马里奥""俄罗斯方块"等一系列风靡全球的电子游戏，并成为全球最大的游戏软硬件提供商。

中国终端消费品行业中，许多企业把战略 B 计划等同于双品牌战略，比如吉利汽车的吉利品牌和沃尔沃品牌，华为手机的 P 系列、Mate 系列和荣耀系列，等等。其实，双品牌战略是既定的战略规划，不能等同于 B 计划，B 计划要求企业秘密准备某种极端情况的备胎，甚至要秘密构建红军和蓝军，备胎也许长时间无法转正或者走到前台，没有一定的战略忍耐力是做不到的。某企业的 B 计划战略地图，如图 3-7 所示。

图 3-7 某企业 B 计划战略地图

愿景	绿色低碳可持续发展
口号	技术路线G的B计划
年度内控目标	研发：工艺成熟度80分；质量：量产合格率80分；成本：与P产品成本相同；劳动生产率：人效与P产品相同
公司年度重点任务	**研发**：·G产品新工艺设计；·G产品的试生产，实现工艺优化（一次成品率、完整率、产出速度、快速收尾等）；·G型的子产品新品开发；·G型设备OEE提升；·G产品加热系统研发；·外置投料装置的开发；·信息化与自动化产线的研发 **质量**：·G型顾客绩效率提升到**；·G型产品寿命改善；·A级达成率达到85%；·切割产品的尺寸、端面料改善；·关键设备CPK提升到1.0；·质量成本K值降低到4；·检验效率提升** **成本**：·工程热场改善；·理论产能提升改善；·保护气体回收专项；·制造费用专项；·燃动成本专项；·原料准备专项；·工时改善专项；·原料利用率提升 **劳动生产率**：**人员赋能**：培训体系搭建；人员技能提升，培养多能力工。**简化流程、精益管理**：流程标准化、精益管理；自动化进程匹配人员优化；减员增效绩效机制；推行联合作业
支撑	自动化，信息化，标准化
学习	精益、六西格玛、方针目标管理

该企业的战略 A 计划是当前一种主流的技术路线 P，由于该路线的技术成熟，产品性价比较高，很受市场欢迎，行业中对该方向形成了普遍共识，但是从技术发展角度看，该路线的能量转化效率不高，理论上可以提升的空间有限。与之相对应的是技术路线 G，该技术路线不成熟、生产成本高，行业内普遍认为该路线跑通的代价太大，唯一的优点是该路线的理论能量转化效率非常高，潜在提升空间很大，一旦技术上突破，就可能颠覆整个行业。为了避免可能的战略风险，该企业秘密制订了 B 计划，调整了一部分资源跟进技术路线 G 的发展，防止小概率破坏性创新事件的出现。

凡事预则立，不预则废，企业走过险滩激流，需要随时做好两手准备，因此，B 计划是企业长期生存的重要选项。

精益战略部署
——构建精益管理的长效机制

案例分析

2019年5月15日，华为被列入美国商务部工业和安全局的实体名单，要求全球芯片企业中断与华为的合作。5月17日，一个名为华为海思半导体的公司突然出现在公众面前，大家发现华为早就准备好了B计划。在网络流传的华为海思总裁何庭波致员工的一封信中深情地提到，在"多年前，还是云淡风轻的季节，公司作出了极限生存的假设，预计有一天，所有美国的先进芯片和技术将不可获得，华为仍将持续为客户提供服务。为了这个以为永远不会发生的假设，数千海思儿女走上了科技史上最为悲壮的长征路——为公司的生存打造'备胎'……今天是历史的选择，所有我们曾经打造的备胎一夜之间全部'转正'"。信中充满了悲壮的英雄主义！

在《华为手机往事：一个硬核直男的崛起故事》中曾提到，在任正非心中，海思芯片的地位要比手机公司更高，他对海思女掌门何庭波说："我给你每年4亿美元的研发费用，给你2万人，一定要站起来，适当减少对美国的依赖。芯片暂时没有用，也还是要继续做下去，这是公司的战略旗帜，不能动掉的。"可见，华为这些年来，一直都在做着最坏的打算，为脱离美国的供应做准备，早在2004年成立了自己的芯片公司，经过十几年的默默发展，海思已经具备了自主设计制造芯片的能力。从产品来看，海思共有六大类芯片组解决方案，最广为人知的产品是手机处理器麒麟芯片，制程已经到7nm；在无线通信方面，已经推出的5G基带芯片巴龙5000也达到了世界领先的水平。

我们赞叹华为的长远战略眼光，同时也能看到其背后的故事。正是由于华为在2004年通过对外部环境和自身优劣势的识别，发现自身短板是无法实现对关键零部件如电子芯片的控制，存在严重的外部依赖，而外部环境则存在霸权主义国家和垄断资本主义的威胁，从理论上存在断供可能，届时软肋将成为对手致命一击的对象，所以才有任正非大手一挥建立芯片的战略预备队，才有了后面华为继续不屈不挠斗争的底气。

第四章 企业上下对齐的重要方法：战略分解

> **引 言**

世界上最远的距离不是从南极到北极，是企业战略从想象到落地。企业常犯的通病就是花费很大精力制定了战略，却没有认真分解落地，没有落地的战略是什么？就是一部充满了自嗨节奏的狂想曲。有些企业在进行战略分解落地时，不讲科学，专用蛮力，虽然折腾得很欢，结果不尽如人意，这是典型的内功心法不对导致走火入魔。

战略分解是企业完成战略规划后的重要工作，是战略与执行的桥梁，因此需要采取系统完整的方法论来实施。战略分解过程看似目标和任务的层层分解，背后是一次组织规划、职责澄清、能力盘点的活动，在此过程中，将岗位工作与组织目标建立匹配关系，附带着进行了一次资源博弈。既然战略分解是连接战略与执行的桥梁，那么上下级之间达成深度共识就成为关键。凡是分解不严谨、不合理、未达成共识、缺少足够激励的企业，都会造成战略与日常经营的脱节，战略沉不到底，日常经营就没有目的，可以说，战略分解是企业领导者的重要工作，是对一把手领导力的考验。

如何通过战略分解来实现企业领导力？最重要的是一定要有"成百里者，半九十"的意识。许多企业领导人制定战略规划非常有干劲，既投入又认真，到了分解阶段，就马马虎虎，放手给下属，这是典型的"四两拨千斤"，往往战略执行失败就是在这个环节中。战略分解粗糙导致执行过程中缺少依据，

精益战略部署
——构建精益管理的长效机制

信马由缰，日常经营活动仍然是"意识流"想到哪干到哪，干到哪算到哪，造成一个著名的制造企业三大傻瓜行为之一：战略只管规划，不管执行。战略与日常经营的脱节是企业最大的浪费，我们呼唤企业经营管理活动中实现知行合一、灵肉统一。

战略分解过程中，方法是核心竞争力！通过战略分解，实现总目标向子目标的分解、各级责任者达成目标的行动清晰、各单位彼此之间的配合方式明确、达成目标的结果与绩效的捆绑，这就形成了一个战略、企业经营、日常运营、基层管理、人才培养、绩效激励多维度的管理循环，形成一个彼此带动的螺旋式上升的路径。这个过程听起来让人激动万分，但是真正执行起来却是辛勤的耕耘。坚持"每日精进"的企业少之又少，希望本章论述能够澄清企业的认知，帮助企业跨越战略规划与战略执行的鸿沟。

导读

本章将战略与组织的关系作为切入点，围绕战略分解的三个方面，即职责承接、目标分解、经营计划展开论述，大家关心的绩效和激励问题作为下一章的核心内容。关于组织问题，我们提出了重新认识组织的论断，梳理了组织设计如何支撑战略的背后逻辑，同时对于如何科学合理地分解目标也作出了解读，并阐述了如何将实现战略目标的具体工作整理成为经营计划。本章回答了以下几个大家关心的问题，包括战略分解的关键在哪里，如何与岗位职责衔接，如何变成具体的执行计划等。

在第一节"战略分解与重新认识组织"中，主要论述了何为组织，组织有哪些特征，组织架构设计对于战略实施的重要性是什么，同时阐述了如何进行组织设计，如何用组织实现企业的战略意图，最核心是明确"人"是战略执行的根本要素。

在第二节"组织的本质是分工"中，主要论述了如何进行组织分工，如何实现组织间协作。本节从当前企业的分工和协作问题出发，通过剖析问题，提出用目标协同组织，弥补制度设计上的不足，改变管理者的本位主义思想，激发人的主观能动性。

在第三节"通过明确的职责来承接公司战略"中,针对根据职责匹配目标进行了说明,围绕如何设计组织和岗位的职责展开论述,重点分析了"什么才是好的职责",提示了修订职责过程中需要注意的事项等。

在第四节"战略分解实现部署落地"中,解答了如何将公司目标变成全体员工的目标这样一个问题,重点阐述了将战略进行分解的具体方法和步骤,将大目标变成小目标,将目标转化为日常行动,将行动与改善活动结合。其中,重点强调了通过目标拉动员工参与改善的重要性。

在第五节"战略分解先从目标开始"中,将笔者长期在实践中应用的分解目标的方法进行了总结和提炼,给大家进行分享。这些方法分别是价值流分解、纵向构成分解、损失要素分解,这三种分解方法的使用将让分解过程更具科学性、分解结果更具严谨性。

在第六节"用经营计划策划工厂经营"中,提出了经营一把手要形成自己的标准作业,即通过战略分解编制经营计划;同时,也介绍了经营计划包括哪些内容、何时编制、编制流程是什么、输出哪些成果等。

第一节 战略分解与重新认识组织

战略地图是企业对于下一阶段工作的明确,既有对结果的追求,也有对实现过程的设计,把结果目标、过程目标、支持活动、机制设计、人员培养等进行了综合考虑,是可执行、可落地的整体活动方案。战略地图的分解需要在公司层面上自上而下进行分解,成为企业全员的年度工作计划,需要企业的整个组织进行配合,因此我们要重新认识组织[1]。

如果说最让企业家关注的是业务和未来的话,那排在之后的便一定是组织。不知有多少企业家为之苦恼,明明胸中有一套对未来系统的蓝图,奈何背后的组织一团乱麻,大家不是想着如何把事做成,反倒是互相内耗。如果

---

[1] 罗伯特·卡普兰,大卫·诺顿. 平衡计分卡:化战略为行动 [M]. 刘俊勇,孙薇,译. 广州:广东经济出版社,2013.

精益战略部署
——构建精益管理的长效机制

管理者无能是个例倒也罢了，但不论什么人来到企业都变得效率低下，那必是组织体系出了问题。

什么是组织？很多人把组织架构图理解为组织，所以把组织变革也就理解为重新摆一摆架构图里的条条框框，重新填一填里面的名字——这种理解显然是片面的。组织是一个拥有共同目标的群体，这个群体在一套共识、共知的规则下开展活动。组织有三个核心要素：人、共同目标和结构关系。

人是组织的第一个核心要素。人是组织的主体，一个优秀的组织能够长期存在、持续成长，一定是建立在对人性深刻的理解之上。什么是人性？人性中有积极的一面，也有消极的一面。人对梦想、尊严和美好生活的追求是其积极的要素，而人的懒惰、自私、骄傲则是其消极的部分。因此，好的组织就是要认识这一点、尊重这一点，同时在一定的范围内改善这一点。注意，这里只能是改善，如果你寄希望于人性彻底地改变，那这样的组织注定不长久。例如，有的企业家可能会寄希望于所有人都像自己一样，有着坚定的事业理想，勤奋忘我，不断挑战更高的目标，不以短期利益为行为指引，这可能吗？很难。这样的人有，但一定是少数，我们在企业中能够识别出这样的人，并给予更大的平台使其发挥影响，这就已经是非常优秀的组织行为了。那么剩下的人呢？他们可能没有多大的事业理想，工作对于他们而言就是养家糊口的必要条件，那么企业应该如何对待这些人呢？这就是组织设计需要深入思考的部分，我们要通过好的组织设计，如职责设计、流程规划、工作标准制定等措施，来确保这样的员工能够按照我们的要求，尊重自己所在的职位，完成本职工作。当他们做到这一点时，也理应得到我们的认可。

因此，好的组织设计，一方面给予优秀的人以奋斗的平台，另一方面要让平凡的人靠着点点滴滴的积累完成不平凡的事。同时，好的组织还要有自我净化的系统，及时淘汰那些不符合企业需求的人员，避免他们在岗位上带来消极的影响。

共同目标是组织的第二个核心要素。组织之所以成为组织，是因为共同的目标。广场上熙熙攘攘的人群不是组织，因为他们是无序的，用物理学的语言讲，他们的熵很高。但是我们想象一下那些在广场上跳舞的阿姨，她们却可以算作一个组织，其核心原因在于她们有了共同的目标，目标一下子把

第四章 企业上下对齐的重要方法：战略分解

大家"组织"了起来，把熵迅速降低。

共同目标在组织中的作用有三点：识别与选择人、激发人、促成组织结构的形成。

首先是识别与选择人，什么样的人应该成为一个特定组织的一员？一个人会不会选择加入一个特定的组织？这两个问题只有组织的目标能够回答，是一个双向的选择题。为了把这一点做好，作为一个企业我们首先要明确我们的共同目标，越是明确的目标，越能推导出我们对组织成员的诉求，而越明确的诉求，越能帮助我们精确地识别我们需要的人才。当前，人才与企业不适配的情况比比皆是，作为企业家要重新思考，是不是因为我们对目标和战略的思考还不够清楚，才带来人才引进和培养的不清晰。

其次是激发人，这一点在今天的商业世界里尤为重要。德鲁克曾言，今天的企业，最核心的资产是知识型员工，而知识型员工与其他员工相比，一个重要的区别就在于他们不仅关注薪资，更关注事业理想和自我实现。我们在寻找高端技术人才和高级管理人才时，最需要做的是想方设法把我们的事业理想传递给对方。同时，面对现在的年轻人，我们也越来越多地需要用目标去引导他们、激发他们，因为真正优秀的人或者说具备优秀潜质的人更在意目标和平台。

最后是促成组织结构的形成，这也回到了一开始的话题。组织结构是什么？组织内部运行的流程与机制的本质是什么？其实，组织结构的本质是分工，分工的本质是专业化，这一点在亚当·斯密时代就已经搞清楚了。而如何让分工更高效就是组织结构需要解决的问题。回答这个问题的关键在于组织的目标。目标决定手段，组织的目标不同，组织的结构自然也就有差异。例如，快消品行业和地产行业的组织结构一定是不一样的，以市场规模为目标的企业与以持续营利为目标的企业，其组织的结构与逻辑一定有显著的不同。因此，我们在设计组织的结构时，要时时想着我们的组织目标，时时关注目标的实现与组织运行之间的关系。

了解了组织的内涵，我们看一下战略与组织的关系。战略关注企业的未来、企业该做什么，组织则关注谁来实现、怎么实现。这两个命题密不可分，相互联动！

精益战略部署
——构建精益管理的长效机制

卡普兰教授与诺顿博士在《战略中心型组织》一书中，定义了这样一种组织类型，即一种能够清晰地描述、衡量和管理战略的组织。为了便于企业向战略中心型组织转化，二位学者定义了著名的战略中心型组织五项原则，包括：

（1）高层领导推动变革；

（2）把战略转化为可操作的行动；

（3）使组织围绕战略协同化；

（4）让战略成为每个人的日常活动；

（5）使战略成为持续运行的流程。

其中的第三项原则，其实就是如何围绕战略开展组织变革的核心，也就是真正意义上"组织"的内容。

前面我们讲过，对组织而言，最重要的是共同目标。共同目标是一个组织存在的前提，没有目标，不成组织。而战略其实就是一个组织的目标。战略以目标实现为中心，系统性是其最显著的特点。我们经常讲，战略是一个企业建立竞争优势、获得持续发展能力的一套系统打法，其实这里面的落脚点就在于系统打法这个关键词上。那这与组织有什么关系呢？

什么是系统打法，说简单点就是如何分步实施、如何彼此协作，这恰恰是组织要解决的问题，也就是让组织围绕战略协同化。我们曾经辅导过一家制造型企业，这家企业伴随着市场的快速成长迅速由小做大，赚到了第一桶金，当然企业规模也相应地扩大化，但这时候企业在研产衔接和质量管理方面出现了不少问题，产品质量问题频频发生，在市场上造成了不好的影响。追溯企业内部，主要表现为研发的产品线落地效果不好、工艺文件各种错误、质量检验标准不清等。通过进一步调研，我们发现研发、技术、质量这三个部门在协作流程上的问题很多，存在大量的信息不对称，而当时市场火爆的需求又不允许企业慢慢调整。那么为了快速解决这个问题，我们该如何破局呢？当时我们采用的方式是成立研发质量中心，由企业一位技术方面比较权威的副总裁统管，集中解决流程的协同问题。第一，技术人员和质量人员，甚至部分关键生产人员要在研发的前中期就参与进来；第二，技术人员在制作工艺文件的过程中，必须到未来大线生产的环境中进行测试，质量人员也要在这个过程中去把握质量控制的要点,而不是等研发人员输出标准后,完全按照标准检验;第三,生产现场人员发现的任何问题,研发、技术和质量人员要形成课题不断优化。通过这种方式,我们逐步把企业的研产衔接流程理顺了,很多流程中的文件也逐步实现标准化和规范化。

协同虽不代表一定要合并部门,但确实组织的调整会给企业流程制度的建立与变革带来杠杆作用。组织没有完美的状态,组织需要根据企业当下与战略的方向不断调整,用组织的杠杆力量来推动协同,以实现战略目标。

组织的设计要体现战略的导向。组织设计不像薪酬设计,有相对科学和系统的方法,以及半固定的套路可循。组织架构调整很多时候既要考虑企业战略的诉求,又要结合当时情景下人的要素,因此具有很大的灵活性。

那在做组织设计时应当把握的第一原则是什么？我认为组织变革一定要能清晰地体现出企业战略转型的思路,或者说要具备战略落地的功能。例如,我们曾辅导过一家 ToB 型企业,后来转型做 ToC,业务发展总体符合企业预期,毕竟有一定的技术积累和市场积累,但这家企业的老板希望企业能够把品牌价值做得更大,因此在制定阶段性战略时,把品牌建设作为重点工作。可是公司的品牌建设做了两年,仍然没有什么实质性的提升,于是这位老板找到我们,询问解决思路。经过一定的访谈,我了解了当下这家企业品牌建设的组织方式,其将品牌建设归属于企业营销职能。可是营销与品牌是同一种工作吗？

营销与品牌确实在一些宣传工作上会有交叉,可二者有着本质的区别。怎么区分营销活动与品牌活动呢？方法很简单,凡是以直接促成客户成交为目的的活动,属于营销活动,其他的属于品牌活动。因此,这家企业为什么品牌建设感觉力不从心,从组织视角来看,把品牌职能放到营销部门,做的工作有太强的成交导向。真正的品牌价值不是促成交易,而是要让消费者对品牌的故事、品牌的文化产生强烈的认同,是一种更深层次的情感共鸣,而不是简单的促销与宣传。因此,应该把品牌活动独立出来,同时要让真正懂品牌的人来操盘,而不是让营销高手来完成品牌建设工作。

以上这个案例就是希望大家理解什么叫组织体现战略的思路,或者说组织实现战略的功能。在帮助企业做组织诊断时,第一件事就是要与企业家深

精益战略部署
——构建精益管理的长效机制

度沟通他的战略,让他讲透。第二件事就是研究他的组织架构图,看看组织架构图和战略之间是不是有清晰的逻辑关系,组织是否能够支撑战略落地。

从战略出发,我们选择组织架构的形态,如直线型、支持型、矩阵型等,进而找到战略目标的承接者;凡是能够清楚找到战略目标承接者的组织架构都是合格的架构,反之是不合格的!优秀的组织分工会在内部形成很多经营单元,让战略目标无须转化就清楚地找到内部承担者,如阿米巴式架构或者事业部制;有些组织采用直线型或者直线职能型架构,能在战略地图中找到单个目标的承接者,如总体战略实现由总经理负责,而战略分目标和关键任务由副总经理负责,副总岗位设计与战略目标的需要一致,等等。

企业进行组织设计的目的是实现战略目标,换句话说,组织和岗位分工是因战略实施而存在,这是本质。如果企业为了满足某些人事安排而设计组织架构就大错特错了,因人设岗不仅无助于战略目标的达成,往往带来更多的负面作用,比如不当的组织关系导致战略实施互相掣肘。

案例分析

1998年10月,潍柴开启了"三项制度"改革,专心解决"人"的问题。"三项制度"改革,是潍柴针对人事、劳动、分配三个方面进行系列整改而提出的措施,其目标是建立高效的组织和管理秩序,其核心工作内容就是"定组织、定岗编、定人员"的"三定"工作,力求从根本上厘清任务与人员配备之间的关系,杜绝人员冗余问题。

当时的潍柴冗员众多,充斥着大量的干部子女、亲属,经过几十年的冗余,潍柴的部级单位数量已多达53个,并且绝大部分的部门在职能上存在重复和交叉,壁垒严重,效率低下。潍柴决定对自己"动手术",减少低效部门,合并相似部门,因事设岗,压缩管理人员数量,目标是减少领导干部和管理人员40%。改革政策一经公布,一石激起千层浪,全厂一片哗然。1999年3月,潍柴管理机构按照9部1室1中心改革方案迅速到位。

1999年4月,一线工人三定工作开始启动,615厂的三定工作迅速完成,分离管理、辅助人员100余人,占总人数的20.8%,其他各厂正在稳步推进中。1998年10月到2000年8月，历时两年的三定工作尘埃落定。潍柴员工总人数从14000余人精减到8000人，轰轰烈烈的"拆庙搬神"告一段落。自此，潍柴形成了一种组织文化，干部能上能下，员工能进能出，工资能升能降。

1999年10月，人事制度改革采用"一推双选，公开招聘"的形式竞争上岗，管理人员从700人精减到220人左右。

潍柴三项制度改革领先国家推动国企改革两年的时间，它提前作为，主动适应市场竞争，是一场以战略目标和组织建设需要而开启的变革，摸着石头过河，顺利地蹚过企业转轨的"地雷阵"，积累了宝贵的脱困经验，为随后的企业上市铺平了道路，为后来的千亿级企业奠定了基础。

第二节　组织的本质是分工

组织的本质是分工，分工是企业一把手的主要任务，分工设计决定了企业治理的水平，那些做得好的企业就是以法治为主，做得不好的企业则是以人治为主。所以说，一把手的组织设计能力决定了企业的高度！

人治的企业是有天花板的。人治的企业可能导致职能缺失，企业中往往缺少战略策划和经营定力，面对外部环境的变动，总是被动应对，企业方向频繁变更、忽左忽右，时而发力过猛、时而投入不足，容易造成资源和机会的浪费。人治会造成分工不细，在战略实施过程中，往往职责不清，因此无法做到面面俱到，许多问题往往到了不可调和情况下，方能引起注意并解决，无数问题在企业内持续放大，矛盾越积越多。这一切都来自企业对组织分工的忽视。

再强调一遍，组织的本质是分工。关于这一点有些管理者是不认可的。大家会说，"我不希望在公司里面强调分工，不希望大家过多地考虑自己的职责，我希望的是协同，有什么事情大家一起做，不要区分你我"。我相信管理

精益战略部署
——构建精益管理的长效机制

者们在讲这样的话时，一定是因为经历了一些问题，产生了一些思考，因此我们有必要重新梳理一下分工与协同的关系。

在组织设计中，分工与协同是一枚硬币的正反两面。什么是协同？协同的本质是不同的人和团队通过各自发挥自身的专业性来达到一加一大于二的效果。专业分工是协同的前提，分工与协同更接近于一种因果关系。没有清楚的分工，那是一种无序的状态，组织需要你的哪些知识和技能？需要你做出哪些产出和贡献？你需要对哪些关键结果负责？这些都变得讲不清楚，事情也将会朝着"人人有份，没人负责"的方向演化。因此，为了在组织中形成更好的协同力，我们要先强化分工，分得科学、分得清楚，而这么做的目的是充分发挥个人或团队的潜力。

然而，在实际的组织运行中，又确实存在协同困难的状况。这是哪个环节出了问题呢？

首先，职责分工不合理的问题。组织设计当中存在着一些互相匹配却又互相制衡的要求，如生产与质量的制衡、销售与售后的制衡、产品与研发的匹配等，所以在进行组织设计与职责划分的时候要讲究科学的协同与制衡，如果这一点做不好，那么后期在组织的运行过程中出现困难就成了必然。

例如，曾经有这样一家企业，销售部门与售后部门总是吵架，销售认为售后的服务质量不到位，引起了客户满意度的下降；可是售后也很委屈，说我们的销售人员在销售过程中过度夸大我们的产品与服务，导致售后工作没法做。因此，企业家与我们探讨是否可以将两个部门合并，一起管理，省得他们吵来吵去，让负责前端的人同时负责后端。那到底可不可以合并呢？不建议。通过合并，把管理和决策统一起来，在管理者这里消化一些矛盾。但是，本质上这个问题并没有解决，这种方式只是把原来的吵架下移了一层而已，从原来在老板面前吵变成现在到副总裁或者总监那里吵而已。而且，采用这种方式还有一个风险伴随产生，那就是客户不满的声音可能很难再全面地传递到企业家的耳朵里。可以试想一下，如果一位副总裁负责这两个部门的协同，这位副总裁的年度目标一定是销售业务导向的，在这种情况下，当客户不满的声音出现时，这位副总裁一般都会让客户满意为销售目标达成让步吧？毕竟大部分公司的副总裁只是职业经理人，往往是拿到年底的奖金和提成比公司客户价值的不断实现要更为重要。

这个问题没有解决办法吗？我们认为要从以下两方面进行思考：第一是"标准化"，大家之所以吵来吵去，其实很多时候是因为标准不够清晰，例如我们的产品到底应该怎么宣传？我们相信大部分企业应该不会希望自己的销售过度宣传产品特性，因为这种谎言终究会被拆穿。还有我们的售后标准是什么？我们如何定义客户满意？把客户的不满识别出来，如果是真的不满意，是因为服务态度，还是我们产品背后的生产制造过程？而这些标准的不断完善与提高才是企业持续成长最底层的动力。第二是允许冲突，很多企业家害怕面对内部的冲突，希望大家同心协力，不要搞内耗。协同与冲突本身不是反义词，有时候通过可控的冲突去暴露问题，反而比把问题掩盖起来要好得多，因为暴露问题和管理冲突是指导改善的前提。

其次，除分工不合理之外，共同目标的牵引缺失也是导致这种问题产生的重要原因。

人是主观能动的，对管理者而言，主动、系统的思考显得更为重要。如果我们能把目标定义清楚，用目标协同各级业务单元和管理人员，不仅能够弥补一些制度设计上的缺失，而且还能改变管理者的本位主义思想，充分发挥管理者的主观能动性。

案例分析

2009年年初，华为公司做了一次重大组织调整，史无前例地将销售部门打散，分配到各个业务部门中，彻底将产品部门和销售服务部门完全结合在一起，将其称之为业务单元，形成准事业部制结构。任正非在题为《让一线直接呼唤炮火》的内部讲话中，深入浅出地对正在进行的组织结构调整进行了阐述，"我们现在的情况是，前方的作战部队只有不到三分之一的时间是在找目标、找机会以及将机会转化为结果上，却将大量的时间用在频繁地与后方平台往返沟通协调上，而且后方应解决的问题让前方来协调，拖了作战部队的后腿。"

任正非早年的军旅生涯使其对组织的理解更加深刻，"美军特种部队前线

精益战略部署
——构建精益管理的长效机制

小组由一名信息情报专家、一名火力炸弹专家、一名战斗专家组成，在前方寻找作战目标，发现目标后对其进行分析并制定作战方案，在权限范围内还可以直接指挥后方炮火。而以前前线的连长指挥不了炮兵，要报告师部请求支援，由师部下命令炮兵才开炮。……组织集权与分权不是问题，重要的是坚持一切为了'前线'的胜利，承担'市场责任'。"

华为公司把原来由客户经理一人面对客户的模式调整为以客户经理、解决方案专家、交付专家组成的三人工作小组，形成面向客户的"铁三角"基层作战单元。作战单元依据"条款、签约、价格"等三个授权文件，以毛利及现金流进行授权，在授权范围内直接指挥"炮火"，超越授权要按程序审批。调整后，由以前的单兵作战转变为小团队作战，并且大大缩短决策过程，大大提升内部沟通与协调效率。这就是赫赫有名的华为流程再造。

经过这一次组织变革，华为形成了数量众多的产品线团队，每一个团队都由研发、市场、财务、采购、用户服务、生产等各部门抽调的代表组建，像一个个创业型小企业，从研发开始对市场、利润、产品生命周期等全程负责，共同协作完成一个产品，从而真正实现由市场驱动、产品研发、产品制造、销售活动的同步进行，形成了"统一于争夺市场"的一体化组织。[①]

第三节 通过明确的职责来承接公司战略

优秀的企业会充分利用战略地图来固化方向，同时调动全员工作，将目标和焦点任务按其构成进行详细分解，一直分解到最小单元为止。拆分后的小目标要根据组织架构向下一级分配，落实给基层岗位。

将指标分配给各级岗位时必须与其职责相匹配，即必须通过其职责来承接公司战略，因此职责清晰与否至关重要。前面在组织的定义中我们论述过，

---

① 夏惊鸣. 企业二次创业成功路线图：小船向大船、舰队的革命性转型 [M]. 北京：中华工商联合出版社，2014.

组织的本质是分工，是为了完成共同目标而各自发挥自身优势的过程，而职责设计，就是解决分工问题。某一项业务或者某一个指标到底应该由哪个部门或者哪个岗位负责？为什么由它负责？这就是职责设计要解决的问题。

企业中职责的设计是一门科学，划分职责应该兼顾如下原则。

（1）专业优势原则。分工就是要优势互补，因此在做职责切分时，最基本的原则就是发挥专业优势，让专业的人负责专业的事。让仓储的人排计划，让营销的人管理仓库，让行政人员管理公司的目标与绩效，这些注定是做不到位的。

（2）杜绝多头管理。前面讲过，职责设计有时看似是一种文本设计，但其实反映的是一个组织运行的基本逻辑。因此，在组织设计中有些词语的使用是需要谨慎对待的。例如，"负责"二字。"负责"意味着对该项业务承担最终交付责任，换句话讲，事做好了首功在你，事搞砸了首过在你。因此，我们在撰写部门职责时，一定要注意同一项业务不能出现两个"负责"部门，这一点看上去司空见惯，但很多企业就是在这个问题上搞不清楚，导致实际的管理工作中状况百出。

（3）风险管控原则。对于一个小企业而言，业务的突破是最关键的。因此，管理也要适配，要尽可能简单、高效；但是对于一个大企业而言，业务发展固然重要，但风险防控变得更为关键。就像巴菲特所言："对于我们而言，少赚一点钱其实没什么，但企业必须杜绝一切诚信风险，因为我们经不起这样的挑战。"确实如此，有很多企业就因为某一个批次的质量问题轰然倒地，所以企业从创业期走来，达到一定的规模之后，利润的增长必须要进入一个健康的水平，而组织的抗风险能力必须迅速提升，防止因为某个人或者小的组织影响到整个企业的权益。

以上是组织职责划分最需要注意的三个原则，是我们撰写部门职责和岗位职责时要时刻思考的问题。

接下来，我们来思考一下，什么样的职责是"好的职责"？很多企业的部门职责只是一张纸，有的把它挂在墙上，有的干脆放在档案夹中，根本无人问津。这样的职责设计无疑是失效的，耗时耗力，没有任何价值。

那么到底一份好的职责，应该包含哪些内容，让大家能够在职责的指引

精益战略部署
——构建精益管理的长效机制

下有序开展工作呢？以部门职责为例，我们认为主要有三方面：

(1) 输入要清晰。什么是输入？输入就是你这个部门的工作依据是什么？大到整个部门的总体工作，小到某一项具体工作，都要有清楚的输入意识，因为输入是部门工作的前提。举例来讲，质量部的其中一个输入就是质量检验标准，这个标准的制定如果不在质量部，那么它就是质量部职责的输入要素，换句话讲，没有按照标准检验是质量部的责任，但标准本身出了问题，那就不是质量部的责任。同理，例如，人力资源部的薪酬工作，其中一个输入就是公司战略，因为人力资源部制定的薪酬战略是要支撑公司战略的，所以公司战略是人力资源部薪酬工作的重要输入，这也就要求人力资源部不仅要清楚公司战略，还要深刻理解公司战略。讲完这两个小例子，你就明白为什么要有输入意识了，因此我们要积极地确保输入的及时性，同时也为后期的追责做好基础工作。

(2) 目标要明确。能不能用量化目标来衡量是区别一份职责是否有高度的最关键要求。我们当然不是为了在职责问题上刻意拔高，而是要通过职责设计，倒逼我们的管理者系统思考自己的工作。我要干什么？干到何种程度？为什么有的管理者每天处在头疼医头、脚疼医脚的状态下？其核心原因在于他们没有对自己的工作目标进行识别，想不清楚就讲不清楚，讲不清楚自然也做不明白。因此，我们在做职责设计时，要系统思考本部门到底要负责哪几项工作？工作目标是什么？这些工作之间的逻辑关系是什么？是否需要互相支撑？我们部门在公司全局中扮演着什么样的角色？如果一个部门的负责人没有这种全局思维和系统思维，我们很难想象这个部门的工作能够井井有条，并持续改善。

(3) 要适配眼前，同时关注发展。优秀组织有一个很重要的特征就是具备自我进化的能力。同时，一次组织变革很重要的目的也在于用这种激烈的方式来带动组织的进步。因此，部门在设计职责时，一定要兼顾到未来的发展，让大家看到你现在在哪？未来要走向何方？举个简单的例子：很多小企业的财务管理都是从简单的记账开始的，这个时候的财务只能说具备基本的核算功能。但是随着企业的发展，财务要成为公司战略的支撑，就必然要向预算管理、资金管理、风险管理等方向演进，然而预算管理的实现是需要大量的基础工作作为前提的,因此财务可以从简单的局部预算、专项资金计划开始,逐步走向全面预算管控,在这个过程中也需要其他部门的配合。这就是我们讲的既要适配眼前,同时要心存高远、关注发展。

部分管理水平较高的企业每年都会组织各单位或各部门进行修订。那么,为了提高部门职责撰写的水平,应该采用什么样的组织形式呢?这里分享一点我们的经验。

首先是充分研讨,有问题最好面对面解决,这一点非常关键。企业管理存在一些职责交叉的地方,可能相关的两个部门都发现了问题所在,如果不以企业的行为组织它们共同解决这些问题,那么它们双方就都不会提出来。很多企业修订部门职责的方式是,人力资源部把职责的模板制作好发给各个部门,然后约定大家一个提交的时间。但凡以这种方式做出来的职责,基本可以判断是没有什么价值的。因此,一定要组织大家面对面地研讨,尤其是要在一些职责边界部分花一些时间,让大家把问题暴露出来,最好能当场解决。

其次是要引导部门负责人系统思考问题。关于系统思考前面已经讲过了,这里要强调的是,在职责研讨的过程中要不断强化管理者的系统思考能力,不断地向他们抛出这样的问题:"如何系统地看待你们部门的本职工作?"

以上就是关于部门职责设计的全部内容,这里还需要再强调一点,部门职责设计是组织变革的最后一步,也是真正决定此次组织变革落地效果的关键一步,千万不要认为调整完组织架构和关键人事安排,组织变革就结束了,没有把职责梳理清楚,组织的运行终究会回到原来的老路上去。

案例分析

以管理效率著称的台湾长庚医院实施分科经营,"科最大,大科小院长",科是经营主体,医院则起管理、协调作用。从经营管理层面看,各医务专科被定位为利润中心,科主任主要担负经营管理专科的重任。从实践的视角观察,如果单纯依靠科主任去管理,因其是专业技术专家,不是经营管理专家,因此可能很难发挥利润中心的管理职能,也难以执行和推动由专业管理幕僚

精益战略部署
——构建精益管理的长效机制

机构制定的各项政策。

为了充分发挥专业分工的比较优势，使医师在主导科室发展的同时，也能够集中精力提高医疗技术水准和医学研究，同时也为加强对专科经营等事项的管控，减少管理层级，长庚医院实行直接由行政中心派驻经营管理人员负责各院区的各专科的经营管理，这些人员被称为"专科经营助理"，其所在部门被称为"驻院区经营管理组"。该部门不接受院区院长和管理部的领导，直接对行政中心负责，接受行政中心的考核。

专科经营助理的主要职责是通过建立各医务专科的各种经营管理报表，掌握各项经营收入和费用支出数据，分析医疗服务项目经营的损益状况，探讨改善措施，循环比较，逐步改进专科的经营状况，直至止于至善。专科经营助理由行政中心直接派驻，不隶属于所服务的科室，但按照行政管理人员（幕僚）考核办法考核，其薪酬收入不和专科经营收入挂钩。这种制度称为专科经营助理制度，是长庚医院最为典型的经营管理特色之一。[①]

第四节　战略分解实现部署落地

战略分解，顾名思义，就是将战略地图进行分解部署，变成整个组织各个岗位的任务和目标，通过大家的共同努力达成预定的战略目的，实现"上下同欲""持续改进""全员参与"的局面，而明确组织和职责则是这项工作的前提！

战略分解的本质是一种化战略为行动的工作方法，高层团队到基层骨干都要参与，采用集体研讨、共同挑战的方式，明确各级管理者需要达成的目标、实现目标的路径、需要实施的改善课题等，并以普通员工能够理解的语言清晰地描述出来，促使各级员工形成阶段性的、具体的、明确的目标和行

[①] 王冬，黄德海．向长庚医院学管理［M］．北京：化学工业出版社，2014．

动方案，然后逐层分解责任到人，以便在后面的执行环节中进行反复对照、质询和改善[①]。

战略分解的第一步是企业要成立专家委员会，要建立战略分解相关机制，对如何按照组织架构承接目标，如何按照职责进行目标分解，如何针对目标建立绩效管理，如何结合目标制定改进方案等提出要求，并对每项工作建立模板，比如我们针对战略分解形成了一系列模板，通常称之为"战略分解八张表"，目的是给各级管理团队提供更好的支持，帮助企业各级员工快速且准确地完成战略分解工作。需要格外注意的是，在战略分解过程中，企业各级管理人员要从更高一级的管理者的视角去思考和设计本岗位工作，对各级管理者能力提出更高的要求，企业要在过程中发现差距，并针对性地进行员工培养、训练，实现能力与战略的适配。

战略地图展开的第二步是通过专家委员会的指导，企业要明确指标之间的关系。大指标常常是由小指标构成的，企业要清楚指标的构成方式和指标实现的因果关系，把指标转化为岗位的具体动作。通常指标分为四类，分别为结果类、过程类、监控类、能力类。结果类指标常常由过程类指标支撑，比如利润属于结果类指标，而实现利润的成本属于过程类指标；过程类指标的实现常常需要监控类指标的达成，比如成本属于过程类指标，而影响成本的关键要素是产品定额，定额的控制就属于监控类指标；监控类指标的实现常常需要能力类指标的提高，比如工时定额属于监控类指标，它的实现需要作业方法和技能匹配；技能属于能力类指标。关于上述指标之间的关系示范说明，如图4-1所示。

上述指标之间的关系形成了指标分解方法，该方法属于纵向构成分解。指标细分应按照价值树模型层层分解成更小指标，就可以落实到各岗位职责工作中，保证了逐级支撑的关系，通过分工协作完成总任务。例如，总经理负责整个企业的产出，常常用财务结果类指标来衡量；部门负责人要围绕部门的职能来进行分工，常常用过程类指标来衡量；最基层的管理者要围绕本岗位要求开展工作，常常用监控类指标来测量。

---

① 秦杨勇.战略解码：华为等公司战略落地的利器［M］.北京：中国人民大学出版社，2021.

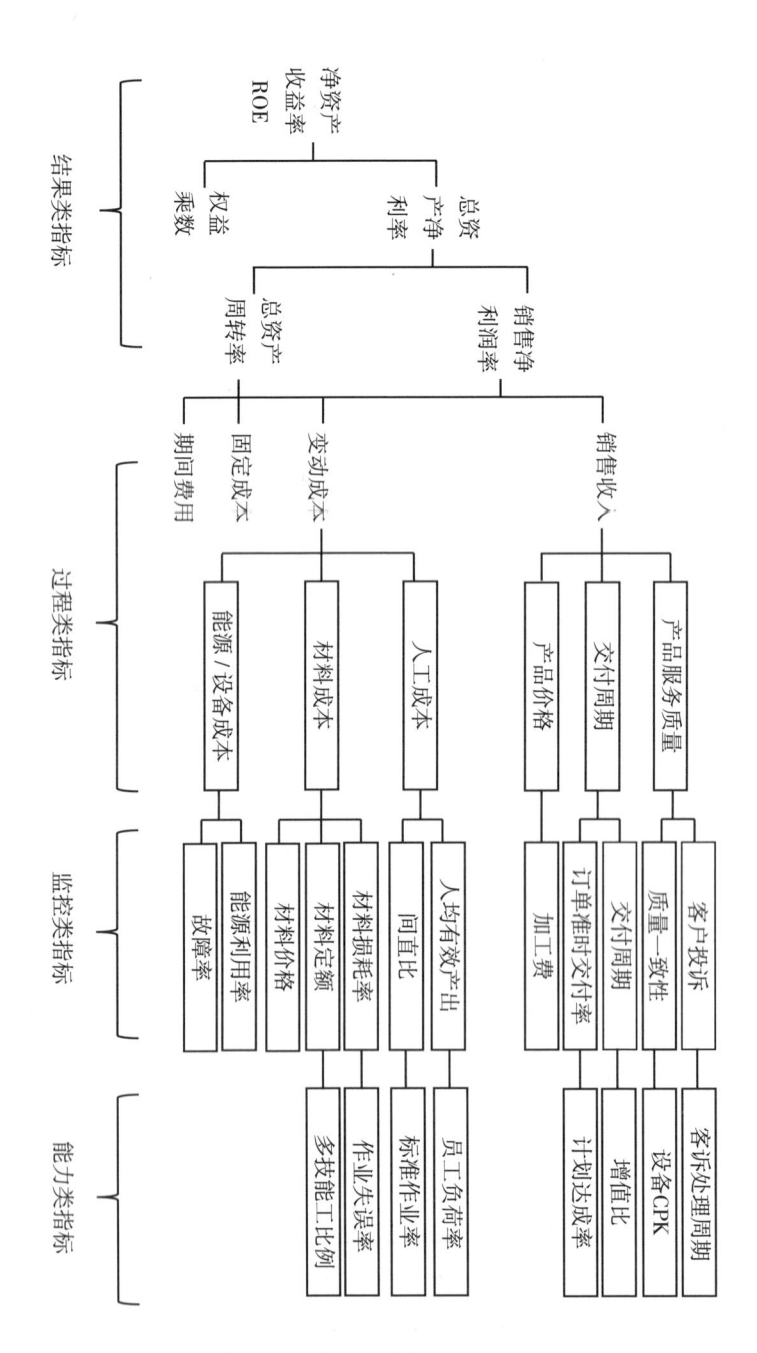

精益战略部署
——构建精益管理的长效机制

图 4-1 指标分类与分解示意图

目标的分解落实过程中，常常要进行所谓的"接球""抛球""分球"。"接抛球"是指上下级间围绕目标高低进行反复磋商的过程。上级希望目标越高越好，以便实现更好的业绩，下级希望目标越低越好，以便更好达成，避免出现目标未达造成负向激励。为了解决这个零和博弈问题，通常要设计出保底目标和挑战性目标，保底目标是指最低限度的增长要求或者上级单位下发的基础性的目标值。挑战性目标是指从理想状态角度思考，通过努力可以达成的目标，由于保底目标是必须达成的，因此需要建立负向激励考核；而挑战性目标过于激进，为了打消下级顾虑，常常采用正向激励的考核方式，即进步了就进行奖励。目标分解也存在内部的所谓"分球"，即一线部门优先分解目标，在研究目标实现途径时，可以根据自己的需要，提出二线部门或职能单位的配合要求和改进要求，这些要求将成为其他部门的重点任务或目标，确保二线部门对一线部门提供足够的支持，这一过程至关重要，也是二线部门的 KPI 来源。

有了年度目标，各个岗位要进行月度目标的分解，由于当前中国企业普遍面临急剧波动的市场，因此目标的制定不能指导很长周期，需要按照季度进行目标的滚动，即每季度调整一次目标和工作计划。通过目标在时间轴上的分解，实现过程管控，周期越短进行检查调整的速度越快。检查的最佳方式是目视化管理，通过定期检查实际指标，对出现的波动分析原因并制定应对策略。

战略地图展开的第三步是找到实现目标的改善方向。根据指标现状以及挑战性目标的要求，目标负责人应进行详细分析，进而找到可改善点，通过课题改善活动，形成对目标的支持。对于目标现状的分析至关重要，分析之前要进行现场观察和数据统计分析，对于质量类、效率类、成本类目标要围绕损失的部分提炼出损失地图，对于现金流类、销售类指标应围绕目标指向的流程描绘出价值流图，从而找到改善课题。总体思路如图 4-2 所示。

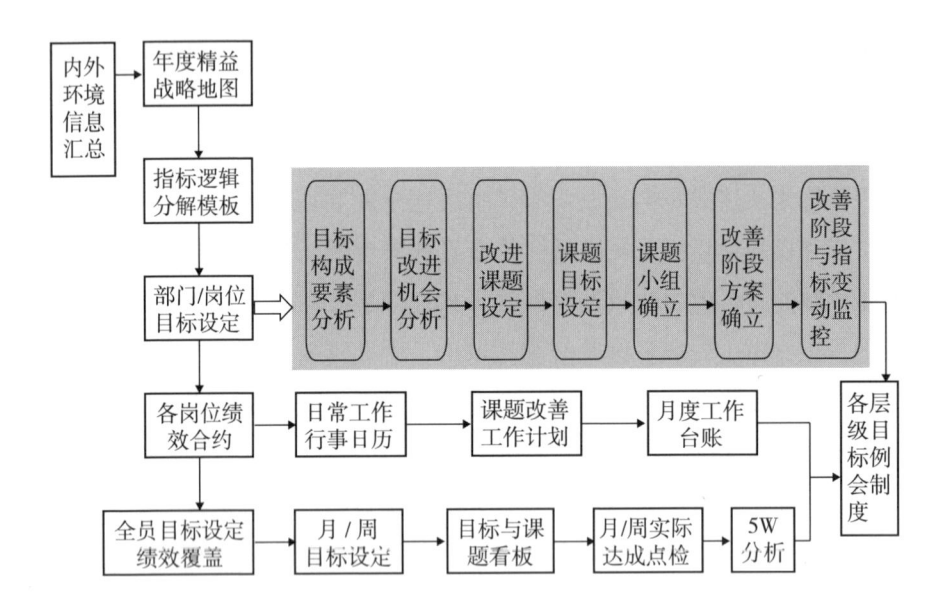

精益战略部署
——构建精益管理的长效机制

图 4-2　如何找出改善课题

改善课题的达成是否能够对实现目标给予足够支持呢？这需要提前对改善课题的效果进行评估，量化评估其改进之后能够给予实现目标的支持，逻辑上来讲，围绕该目标拆解的课题，其总效果应高于目标，才能确保在课题出现了"闪失"的情况下，目标依然能够达成。另外，由于课题改善支撑目标达成，所以在课题改善完成日，对应的指标也要发生变化，甚至要考察变化的幅度是否与课题确立估计的效果相同，即改善与目标变动同步。

上述三个步骤是实现战略地图短期目标最主要的手段，但是我们不能忽视，除了实现短期目标，战略地图还提出如何打造未来核心竞争力，因此，也要对基础管理、制度创新、人才培养等长期策略进行落实。

案例分析

2014 年 12 月 20 日，东航集团武汉分公司召开战略分解大会，面向 2014 年存在的短板和 2015 年的竞争方向，会议明确了 2015 年的年度发展战略，提出"抓短板、提能力"的发展方针，在连续两天的讨论中，围绕公司安全管理、市场营销、服务保障、队伍建设等各个方面进行了战略分解，最终形成了东航武汉分公司内部存在的五大问题和十七项短板。

面对补短板、强基础的现实需求，由东航武汉分公司领导班子以及二级部门代表结合战略地图进行目标分解，并共同决议2015年的五场硬仗：

安全硬仗：严格规范，整治违章违规；

营销硬仗：精准掌控市场，提高收益品质；

运行硬仗：优化飞行资源，提升运行效率；

服务硬仗：围绕客户体验，强化服务集成；

基地硬仗：整合内外资源，加快基地建设。

在会议的最后一天，各场硬仗的课题负责人依次介绍了自己的行动计划，通过承接总部指标来设定目标，围绕改善主题进行现状分析，用现实数据说明思路，大家一丝不苟，积极发表自己的意见和看法。通过战略分解和公司级课题的确立，公司内营造了自我挑战的氛围，也清晰地梳理了实现目标的路线图。

战略分解不仅仅是为了完成公司下一年度的目标，更重要的是通过骨干成员背指标、担课题实现人才的自我成长，打通公司内部人才识别通道，为企业未来成长汇聚力量。[1]

第五节　战略分解先从目标开始

在战略分解过程中，目标的分解极其关键。分解得当就能够调动各方面的资源和力量，实现目标的过程就会很顺畅；分解不当会造成指标遗漏，导致小目标达成，而总目标没有达成，空忙碌一场，并且分解不当也会引起各方面的反对、申诉，甚至会造成目标管理工作失败。因此，在进行战略分解

---

[1] 秦杨勇. 战略解码：华为等公司战略落地的利器［M］. 北京：中国人民大学出版社，2021.

精益战略部署
——构建精益管理的长效机制

时，首先从目标分解开始。

目标分解的方法较多，如鱼骨图分解法、价值树分解法、杜邦分析法等，这几种方法都值得学习，而笔者在长期为企业服务过程中，结合上述方法进行了一些方法优化，形成了以下三种分解方法。

第一种为价值流分解法。价值流分解法适用于质量、效率、产能、交付、成本等方面指标的分解。价值流图是一个描绘流程的工具，运用专业的图形对整体交付流程进行现场观测与描绘，运用数据测量技术量化说明流程中存在的问题。企业围绕制程的总指标都是对整体过程输出结果的测量，因此在分解这些指标时，要回归到过程中去，只要我们了解清楚了过程是怎样影响结果的，我们就能通过对过程进行修正，从而实现预定的目标。

从产能角度绘制价值流图，我们需要对制程的每一道工序测量其节拍、异常损失数值，并描绘过程中的库存量。一旦完成了以节拍为主、异常损失为辅的价值流图，我们发现单从节拍来看，价值流图等同于全公司的山积表，我们能够找到从供应商到成品发货过程的瓶颈工序，也能找到各个工序存在的异常损失，进而针对产能提升进行有针对性的分解。

从效率角度绘制价值流图，我们需要对制程的每一道工序测量其OEE（设备综合效率）数据，围绕时间稼动率、性能稼动率、一次合格率进行统计，就描绘出了以综合效率为主的价值流图，匹配上述的节拍数据就能得出总体需要投入的工时，进而计算出所需人员总数，同时围绕总体效率找到每一道工序上的效率损失值，并找到效率改进点，这样就完成了对效率指标的分解。同时，由于我们统计了一次良品率，因此对于公司总体的质量指标，如直通率等，就能够分解到每一道工序上，并可以继续细分不良损失的类别，找到提升一次合格率的方法。

对于公司的交付指标的提升，我们也可以通过价值流图工具予以分解。交付能力的提升主要表现在整体制程周期的缩短，而制程周期主要受工序间库存的制约较大，该库存的产生除由于节拍不均衡外，还受各工序换型周期的影响。因此，在描绘价值流图时，我们可以通过对中间库存周转天数和每道工序的型号切换时间进行统计，这就将公司的交付指标分解成了工序目标，也为工序目标找到了实现的路径。

公司成本指标的分解也可以利用价值流图，但是需要对价值流图工具进行一定的创新。原有价值流图的描绘并没有对成本投入进行测量，我们需要通过现场观测，将所有流程环节上的成本投入项目和数量记录下来。例如，将各工序的各类材料实际投入量分别乘各自价格，就是该工序的实际材料成本；将各工序的实际投入工时乘单位时间工资，就得到了实际人工成本；将各工序按照实际投入的水电实际消耗、备件维修实际投入、机物料实际投入等变动制造项目乘各自单价，就得到了实际变动制造成本；将各工序按照工序的周期时间乘单位时间固定成本分摊金额，就得到了实际固定制造成本。通过上述方法，产品成本就转变为各工序的成本投入量，完成了分解，如图4-3所示。

第二种为纵向构成分解法。这种分解方法包含两个内容，一个是组织纵向分解，另一个是指标因子纵向分解。组织纵向分解主要是指标与分工的匹配，企业的组织架构常常在设计时遵从了责任原则，即各级组织之间存在权责的分解关系，因此将指标名称不变直接向下级分解，只要明确指标统计的范围与职责匹配即可，这种分解方式就是组织纵向分解。比如，工厂的组织架构中，常常由数个车间构成，厂长承担的计划达成率目标就可以按照组织纵向分解给各个车间。组织纵向分解时，指标名称不发生变化，指标计算方式完全相同，下级目标之和刚好等于或大于上级目标。指标因子纵向分解是将指标构成进行公式分解，形成第一层主因子，对于第一层的主因子要逐个继续细分，按照其构成形成第二层子因子，每个子因子再继续细分形成孙因子，以此类推，直到形成一个由最小因子构成的公式，然后将公式中的最小因子、孙因子、子因子、主因子依次按照管理层级和管理职责进行分类匹配，就完成了指标的分解和分配工作。指标因子纵向分解，如图4-4所示。

精益战略部署
——构建精益管理的长效机制

称量		预混		上料		配料		灌装	
产能		产能		产能		产能		产能	
CT	/	CT	/	CT	/	CT	/	CT	/
能力损失率	/	能力损失率	/	能力损失率	/	能力损失率	/	能力损失率	/
质量		质量		质量		质量		质量	
FQC合格率	/	FQC合格率	/	FQC合格率	/	FQC合格率	/	FQC合格率	/
过程直通率	/	过程直通率	/	过程直通率	/	过程直通率	/	过程直通率	/
效率		效率		效率		效率		效率	
OEE	/	OEE	/	OEE	/	OEE	/	OEE	/
机器		机器		机器		机器		机器	
小停机	/	小停机	/	小停机	/	小停机	/	小停机	/
故障率	/	故障率	/	故障率	/	故障率	/	故障率	/
平衡率	/	平衡率	/	平衡率	/	平衡率	/	平衡率	/
变动成本		变动成本		变动成本		变动成本		变动成本	
主材利用率	/	主材利用率	/	主材利用率	/	主材利用率	/	主材利用率	/
辅材消耗率	/	辅材消耗率	/	辅材消耗率	/	辅材消耗率	/	辅材消耗率	/
能耗	/	能耗	/	能耗	/	能耗	/	能耗	/
维护成本	/	维护成本	/	维护成本	/	维护成本	/	维护成本	/
人工		人工		人工		人工		人工	
总人数	/	总人数	/	总人数	/	总人数	/	总人数	/
负荷率	/	负荷率	/	负荷率	/	负荷率	/	负荷率	/
加班	/	加班	/	加班	/	加班	/	加班	/
固定成本		固定成本		固定成本		固定成本		固定成本	
周期时间	/	周期时间	/	周期时间	/	周期时间	/	周期时间	/

图 4-3 利用价值流图分解成本指标

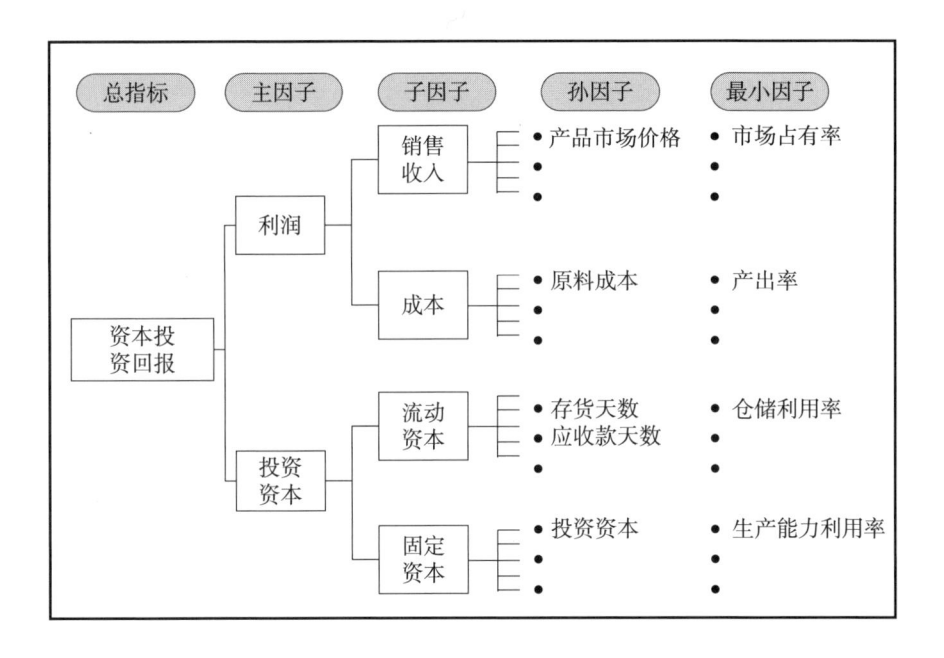

第四章　企业上下对齐的重要方法：战略分解

图 4-4　指标因子纵向分解

第三种为损失要素分解法。损失要素分解法，顾名思义，就是将指标的损失部分按照原因或者发生现象进行归类分析，找到最重要的几个影响要素，比如将良品率指标转化为不良率指标，围绕不良率进行原因的归类分析，得到不良原因柏拉图或者饼形图，进而找到了不良的构成要素，就可以进行改善责任的落实。当然，按照不同角度分类找到的损失要素是不同的，比如按照班次、时段、设备、产品等都可以进行损失归类，并识别出截然不同的损失要素。损失要素是分解从另外一个层面上形成了新的指标或者改善思路，这种分解方法也可以通过一些标准化手段形成损失地图。某些企业将损失要素进行了标准化分类，比如，人员效率损失：无价值作业、加班费、无自动化、负荷低等；设备效率损失：故障、换型、深度清洁、午餐休息时间、小停机、速度低等；原辅料损失：头尾料、切边料、调试料等；能源损失：空转、空耗、负载过高、富裕能率等；管理损失：库存损失、原辅料库存高、备件库存高、安全事故、市场投诉等。这些损失对应着效率指标、质量指标和成本指标，通过归集到车间、部门、产线，实现了指标分解，并找到提升

精益战略部署
——构建精益管理的长效机制

方案,具体参考表4-1。

表 4-1 损失要素分解表

直接人员				区域	成本	损失	原材料费用		直接人工费用	维修费用		能耗	
储存	配料	包装	灌装码垛				原料	包装材料	人工	维修备件费用	维修人工资 服务费用	水耗	电耗
○	○			SD 损失(无订单)					○				
○	○		○	故障损失	时间稼动率	设备的损失	○	○	○	○	○ ○		○
	○			换型损失			○	○					
				深度清洁					○			○	
○			○	吃饭					○				○
				虫害清洁停机					○				
				小停机损失	性能稼动率				○				
				速度低下损失					○				
				不良返工损失	直通率		○	○	○				

指标分解是企业战略落地的重要一环,是实现全体员工共同努力达成目标的关键,企业要重视本环节的工作,追求分解过程的科学性、分解结果的严谨性和目标分配的公正性。通过将分解的指标落实到具体岗位,我们就形成了全体员工以绩效合约为方向的工作方式,从任务式驱动变成了结果式驱动。[①]

案例分析

君乐宝乳业集团股份有限公司(以下简称"君乐宝")创立于1995年,是中国领先的大型乳制品企业之一,其产品除了婴幼儿奶粉,还有酸奶、低温鲜奶、常温液态奶等。目前,君乐宝的产业链已延伸到了牧业、草业等板块,共有21个生产工厂和17个现代化大型牧场,年销售额将近300亿元。君乐宝早在2014年开始导入战略地图和战略分解,当时企业已经有了明确的集

---
① 牛占文. 精益管理的理论方法、体系及实践研究 [M]. 北京:科学出版社,2019.

团战略，但是对于战略如何渗透到基层，并且如何执行落地，各个工厂不是很清楚。为了能让下属工厂"齐步走"，我们编制了指标分解表格，统一制定了层层分解目标的方法，逐一进行辅导。

分解目标不是一帆风顺的，记得当时围绕是否将目标分解到基层员工，大家展开了争论，有些管理者认为基层员工按照作业标准执行就好了，没有必要了解岗位需要达到的目标，而且用目标牵引员工也不会起到什么作用，其实最本质的问题是大家觉得目标分解到基层工作量太大，太麻烦了。最后在总部领导们的支持下，我们统一思想，必须将目标意识贯彻到工厂的每一个岗位，即便是门卫、保洁员都要有自己的目标。

分解目标的过程非常艰辛，许多基层管理者对于目标、绩效并不了解，需要逐个培训、逐个辅导，还要帮助大家梳理组织关系、岗位职责。在基层管理者充分掌握了岗位目标后，再由他们继续向下分解，这是一个学习和提高的漫长征程，我们花费了半年时间，才将目标落实到基层岗位。

在目标落实到基层的过程中，我们帮助各级管理人员明确自己的职责，了解自己的绩效评价规则，并且不断学习如何通过流程和方法改善来实现自己的目标，进一步促进了工厂学习精益工具的热情，越来越多的企业骨干成为了精益的支持者和专家，为企业的高速发展奠定了基础。[①]

第六节　用经营计划策划工厂经营

由于常年服务于企业，我们发现企业一把手常会出现一种错觉，即认为只要把任务安排下去了，下属就能做好，因此对工作之前的策划不关注，对过程监管不到位，撒手闭眼，直到过了一段时间才检查，发现下属做的工作跟布置的内容偏差很大，于是发一通脾气了事，这是无效管理！怎么干才好

---

① 牛占文. 精益管理的理论方法、体系及实践研究［M］. 北京：科学出版社，2019.

精益战略部署
——构建精益管理的长效机制

呢？战略分解之后要推进下属围绕战略地图编制经营计划，用经营计划策划工厂经营，这才是企业高层管理者的"关键作业"！

何为经营计划？经营计划是企业下属工厂或事业部承接战略目标和任务后，根据自身能力和分工，集思广益，形成的达成目标的方案，在方案中明确了各级目标、实现目标的改善课题、日常工作计划等内容。经营计划是在工厂或事业部层面再一次围绕战略目标达成进行的讨论和思考，最终形成了执行计划。

战略落地是企业一把手的重要责任，而经营计划是战略落地过程中最关键一环，是下级单位落实战略任务而进行的策划工作，因此企业一把手要高度重视。该怎么干呢？首先从公司的日程上要安排经营计划编制环节，确保下级单位认真研讨目标达成方案；其次从工具和方法上要形成经营计划模板，有了模板，经营计划的质量就有了保证；最后要安排发表审定环节，让下属单位宣讲，相关部门拾遗补漏，经商讨确认后定稿。

经营计划要成为下级单位的大脑，要成为大家行动的指南，以此来提升员工的职业素养。在中国企业内，员工职业精神和素养有待提升，有些员工虽然认为战略目标与任务非常重要，但是在实际工作中却被紧急任务牵引，一旦出现临时紧急任务往往会将重要工作抛之脑后，导致战略目标任务经常被忽视，重要工作为临时任务让路，久而久之，战略与目标就缺少了严肃性，形同虚设了！这种习惯需要通过经营计划的执行予以纠正，企业管理者要逐渐养成对照经营计划安排工作的习惯。

经营计划是本单位目标实现的方案策划，通常在年初完成。经营计划主要包括四个方面的内容，一是明确年度工作任务和目标，所谓明确就是要对指标和任务进行描述，说明指标的定义，说明目标的必要性，对目标指向输出进行描述，并细化到月度；二是对于如何达成目标要有详细的解决策略和执行步骤说明，要将具体工作任务进行分工，明确预计阶段的成果，明确具体的执行责任人；三是将目标继续向下属分解，形成下属的目标任务，对下属如何实现目标进行指导；四是结合上述工作内容完成行事历，形成年度工作大日程计划。当前国内的市场环境波动变化较大，如果固化一年的经营计划来进行执行，常常无法适应市场环境，因此需要各单位半年甚至季度进行一次修正，每月进行滚动。为了能够快速完成经营计划，我们专门设计了经营计划的模板，形成了标准化的制作步骤，说明如下：

1. 上年度工作回顾：回顾总体工作完成情况，对于成绩和不足进行总结。

2. 今年推进战略：结合公司战略地图，形成本部门或工厂的战略地图，包括主要绩效目标和主要工作任务，其中主要工作任务要包括公司重点课题的分解。

3. 将目标分解到月，并针对每月目标设计改进方案，确保改进项目完成时间与指标的提升时间一致，改进幅度与目标提升幅度一致。

4. 汇总本单位各类改进项目，逐一制订总体推进计划，注意每个项目都要进行预算评估，并评估出所需其他部门配合的工作。

5. 明确部门内分工及组织架构，匹配职责进行目标分解，直到将目标下沉至岗位。

6. 结合管控的重点和难点，确定各级岗位的 KPI（关键绩效指标），并结合月度分解和权重分配，形成各个层级的绩效合约。

7. 对所有 KPI 进行说明，将统计口径标准化，对于主要目标的实现必须进行说明。

8. 结合基础管理活动方案，制定行事历，对员工士气、员工培养、日常改善活动、5S、季节性工作、班组建设等进行规划。

9. 结合本单位的主要目标分解、课题改进计划和行事历，形成总体的年度工作大日程计划，按照月度的重点工作形成中日程工作计划。

10. 结合本单位实际情况，为落实工作大日程、中日程计划，而进行的月度计划分解、目视化目标、日常目标发表会、课题点检会、绩效管理制度等相关措施，需对其进行说明。

图 4-5 是某企业二级单位制订的经营计划，以供参考。

经营计划的编制需要部门或单位的核心团队共同研究目标，聚焦于未来计划，通过头脑风暴和思想碰撞，形成统一的认知和计划，这一过程需要进行多次经营计划会讨论。通过反复研讨形成的经营计划要进行统一的发表、讲解、宣贯，许多企业在每年年末都要召开下一年度的战略检讨会议，由各单位负责人发表经营计划，并接受总经理的质询，然后共同宣誓、团建，确

精益战略部署
——构建精益管理的长效机制

保士气高昂地迎接下一年的挑战。

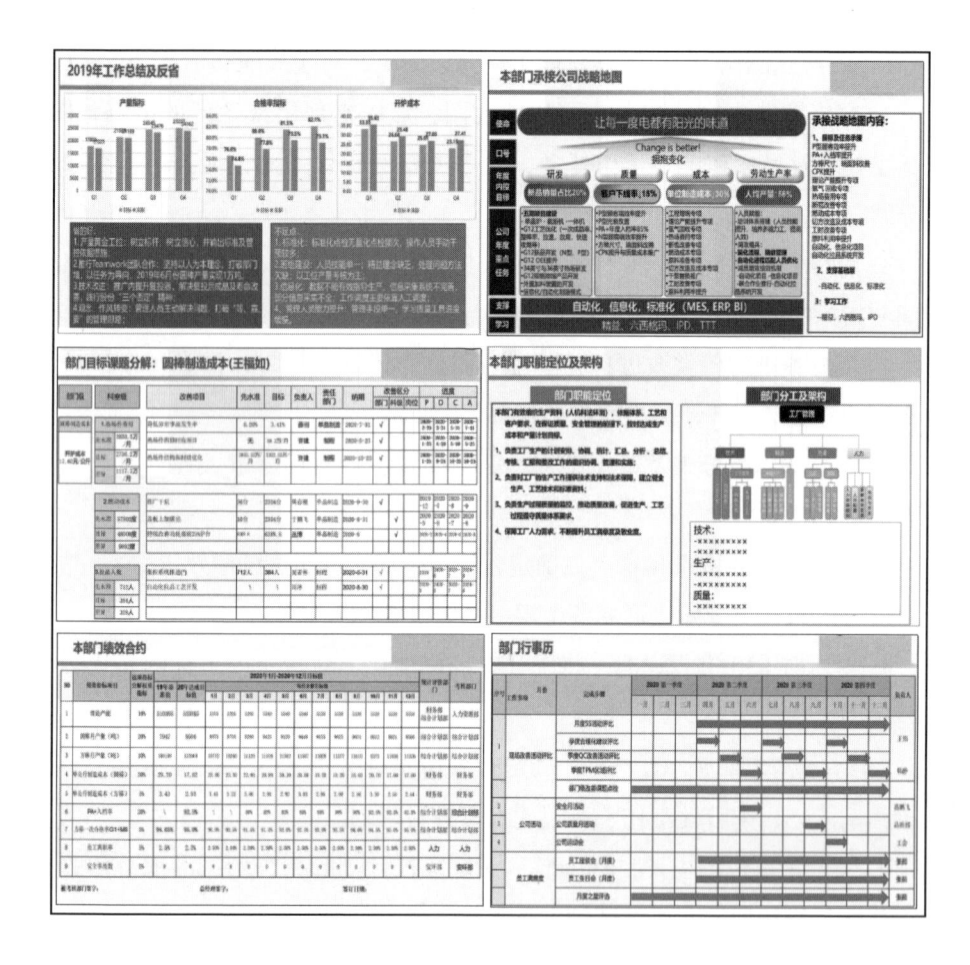

图 4-5 某企业二级单位经营计划

案例分析

2020年1月初,内蒙古高原上白雪皑皑、北风呼啸,在寒冷的天气里,位于呼和浩特市金桥经济开发区的中环光伏(内蒙古)产业园内却是一片热气腾腾的繁忙景象。在产业园四期工厂的大会议室中,所有的中高层管理者济济一堂,大家专心致志地讨论着公司的战略地图,围绕着战略分解争执不休,面红耳赤。面对集团提出的产能提升和成本降低的要求,内蒙古中环光

第四章 企业上下对齐的重要方法：战略分解

伏材料有限公司（以下简称"中环公司"）通过精益专家的辅导，已经完成了战略地图的勾画，确定了具体产能和降本目标。目标很丰满，该怎么实现呢？会议在第二天进入了二级单位制订经营计划环节。

经营计划的本质是回答战略如何分解实现的问题。为了匹配战略目标的分解，中环公司在会议之前专门对组织架构进行了梳理，明确了管理职能和管理流程，并建立了配套的绩效激励机制。

第二天的战略分解会议在激烈的争执、解答、辩论、思考中进行。通过精益专家对战略落地方法的解读，中高层管理者经过反复的"抛球"和"接球"，将板块目标分解成二级单位的目标。二级单位团队反复对目标进行研究，结合自身现状，一方面将目标继续分解形成岗位目标，另一方面研究现状与目标的差距，找到需要突破的瓶颈或障碍，向上级单位提出了政策或资源方面支持的需求。这是一个思想碰撞的过程，大家经过激烈讨论、反复磋商，最终确定了各个二级单位达成目标的行动计划。

在平时已经是夜深人静的时刻，战略分解会议进入了尾声。中环公司全体管理者眼光灼热地看向讲台，大家聚精会神地听取各个单位的经营计划汇报，时不时爆发出阵阵掌声。细致可行的经营计划令人信服，也让大家对最终目标的达成信心倍增，在之后的时间也证明，中环公司从此迈开脚步，不断创造出令人惊叹的业绩。

第五章 实现企业力出一孔的手段：绩效激励

引言

在战略分解之后，如何综合评价企业各级管理者的贡献，这是企业面临的一个重要问题。怎样才能推动各级干部为实现目标而努力奋斗，而不是推着走、就着干？企业怎样才能形成自我挑战的文化？如何评价员工的优劣，以便论功行赏？这都需要绩效管理来回答。

绩效管理的目的主要体现在帮助组织及员工持续发展，通过评价和奖罚，激发员工持续提升的欲望和持续创造价值的动力。但是往往企业中的绩效工具由于操作不佳，导致效果差强人意，逐渐流于形式。绩效管理中最容易出现的问题是绩效结果未能关联切身利益。绩效管理既没有与大家的晋升关联，也不与工资或奖金关联，那就很难引起员工的关注。如果企业没有认真实施绩效管理，就不能通过结果来评价和管理干部，谁好谁差只能靠老板的感觉来判断了。于是，大家就会在老板看得见的地方下功夫，对于老板看不到的工作会有所懈怠，进而出现疏漏。有些企业的老板总在抱怨，似乎所有的工作都要自己亲自来抓，否则就做不好，其实真正的原因就在于没有使用好绩效工具，也没有做好授权管理。

当企业的管理者们都在降级使用，如董事长干总经理的工作、总经理干部门经理的工作等，难免会造成管理上破绽百出，士气上始终筋疲力尽，大家干脆躺平。可见，一个企业的平庸化，往往来自绩效评价和激励机制的不公平，逐渐演化出奖懒罚勤或集体吃大锅饭的现象。

为何这么多企业都感觉绩效工具不好用或者绩效管理搞不好呢？该现象的背后逻辑是什么呢？我们的感觉是，本质上有些企业对"人"的尊重度不够，总是把"人"当作成本，而没有当作价值创造源泉，这是根本原因！

一旦把"人"当作成本，绩效管理就会走向"干不好扣钱"的消极薪酬之路，从上到下大家都抵触、害怕考核，怕目标定得太高而实际达不到，钱包受伤！这就造成谁搞绩效，大家就集体对抗，怎么也搞不好！最终，还是回到浑浑噩噩的状态，大家彼此安好，继续和谐的人情世故。而把"人"当作价值源泉来看待，我们就会注重增量，用绩效创造的价值进行定量评估，认可成绩进而分享价值。这个世界最不切实际的幻想就是我们获取了无条件的忠诚，别人给予了无回报的付出。

绩效管理应该是企业董事长最关注的工作。关注什么呢？就关注绩效拉通和绩效应激！绩效没有跑通的原因常常都是因为低级问题，因为工作敏感，大家都想明哲保身，在下面反复猜测，拖来拖去，只有董事长去触碰核心问题方能快速解决，一般就是几句话的事儿。绩效跑通之后，董事长要关注绩效应激。因为大家首次切身感受绩效，所以本能地保持敏感，稍有不如意，稍有一些瑕疵，就跳起来抱怨、诋毁、反对、指责，如果董事长这个时候不站出来力挺，那么绩效实施工作一定会停滞。

企业的实际运行过程如同一个变速箱，环环相扣、齿齿啮合，像机械钟表内部结构一样，大小齿轮相互配合，形成了长期准确的指针循环。岗位绩效就是小齿轮，公司绩效就是大齿轮，小循环带动大循环，从每月循环带动公司每年循环，方向不变，力量就会汇聚一孔，形成局部关键的高压打法，从而保证企业的持续发展。绩效是用来激发人的生产力和创造力的，是用来激发内生动能的，因此走绩效激励之路是企业的必然选择。

导 读

我们都认同，"没有评价和激励，就没有企业管理"，但是绩效管理系统的运行绝非易事，需要公司付出长期而巨大的努力，我们从各级管理者需投

精益战略部署
——构建精益管理的长效机制

入的时间和精力来估算，就可见一斑了。本章从绩效管理的抓手：绩效合约作为切入点，围绕绩效管理的三大环节：绩效评价、绩效辅导、绩效激励展开讨论。关于绩效合约，我们提出了绩效合约来自战略目标和职责的重新梳理，通过指标精简实现行为聚焦；关于绩效指标词典，我们着重强调了指标的核算方法、统计口径、统计路线、例外情况等，使绩效指标口径统一，能够表征管理行为；关于绩效评价，我们从精益视角进行解读，强调了绩效评价与持续改进的关系；关于绩效辅导和绩效激励，我们论述了员工激励的方法以及效果，为企业选择激励手段提供参考。

在第一节"绩效合约：激励人性的指挥棒"中，主要论述了绩效对企业的价值与贡献，以及绩效与尊重员工的关系。围绕绩效实施过程，包括岗位绩效的实施、精简绩效指标、高频次绩效评估和绩效闭环等几个步骤，在本节都做了较为深入的探讨。

在第二节"指标词典：用相同的语言进行沟通"中，主要围绕指标词典是什么？其重要性有哪些？企业该如何做三个问题展开，讨论了指标词典的具体内容，并结合指标词典的范例进行说明。指标词典是绩效管理的一部分，它让企业内部的数据语言保持一致，让绩效结果更加客观真实。

在第三节"用绩效评价拉动持续改进"中，针对绩效盘点、绩效评价如何开展，以及如何跟精益改进相结合进行了说明。本节重点讲解了如何通过绩效评价实现"每日精进"，将绩效结果的应用从薪酬、晋升等拓展到了持续改进上。

在第四节"实施有效激励提高员工活力"中，解答了企业如何实施激励的问题。激励以绩效改进为基础，强调兑现原则，核心是让价值创造者分享价值。

第一节 绩效合约：激励人性的指挥棒

经营计划实现了战略任务的下沉，经营计划中明确了各级干部的绩效目标和改善任务，但是这些内容并不等于战略落地，还需要激发员工努力奋斗的意愿。奋斗意愿包含以下几个问题：下级单位是否对于承接的目标和任务高度认同？是否能够充分调动下属主管的能动性？是否制定了与之相关的激励机制？是否符合日常目标管理的相关要求？这几个问题有一个共同的指向，即如何激发员工实现目标的动机，这一点对于战略是否最终实现至关重要。

激发动机就是调动岗位员工的积极性，需要从建立绩效管理开始。当各岗位通过目标分解工作自上而下确立了指标和目标，企业应设计出各级员工的绩效合约。绩效合约是企业和员工双方对岗位承担的目标责任的一致认定，是个人对组织的公开业绩承诺，"公开"两个字是其中的关键！往往通过目标分解，会识别出较多的岗位目标，这时就考验企业管理者们抓重点的能力了，绝不要眉毛胡子一把抓！目标越多越容易造成岗位责任者精力分散，过多的目标甚至会让人无所适从，因此实施精益绩效管理要从众多目标中提取关键少数目标，并根据重要程度进行排序。

有了绩效合约，人力部门就能进行绩效考核。传统企业推崇考核，并将其作为人员聘任的依据，从管理的角度无可厚非，但是从精益的角度来看，考核容易造成恐慌，会让大家被迫隐瞒问题，对于精益改善实施是不利的；如果将绩效管理当作推动岗位员工进行持续改进的指挥棒，则会引导全员识别问题并组织改善，正向的效果会更加显著。

部分企业的绩效管理偏重绩效考核的结果，偏重结果的兑现，比如某些企业实施共享式激励，强调根据结果分钱，而恰恰一些绩效结果受外部环境影响很大，因此往往付出和收获不成正比，影响了分配的公平性。有些企业的绩效考核与内部人情文化冲突，因此没有得到严格执行，这时绩效管理变成了一种内部平衡工作，评价结果轮流坐庄，评定过程上下级博弈，费时费

精益战略部署
——构建精益管理的长效机制

力却没有真正的效果。于是，绩效管理成了烦琐、麻烦的代名词，根本没有发挥其调动员工主动性的作用。

精益企业的文化崇尚尊重人性、培养人才，所以更加强调绩效管理的过程。对于绩效管理的过程，我们常常聚焦于绩效思维的渗透和通过绩效评价发现的问题，以及围绕问题实施的改善行动。归纳起来，精益绩效管理有这样几个特点。

第一，将战略目标落实为岗位绩效。绩效管理仅仅停留在中层管理岗位上是没有意义的，只有将绩效目标分解到基层岗位上，与基层岗位的具体活动相结合，才能推动员工改变态度和做法，才能实现细微处的变革，或者配合整体进行变革。因此，一定要通过编制绩效管理制度，推动各级干部仔细研究如何将指标下沉，直至最基础的工作岗位上。

第二，构建少而精的绩效目标。精益中总是在说"少就是多"，是指改善活动的目标性要强，要聚焦于关键问题，不要大水漫灌、处处撒网，应该是指到哪里打到哪里，要杜绝"伤十指"的无效行为，要追求"断一指"的深度根治。绩效目标也是同样的道理，针对岗位确立的目标越少越好，越少越容易取得突破进展，有些企业持有这样一个错误观点，认为岗位目标制定得越多，越显示管理精细，实际情况却正好相反，目标多了就没有了重点，就相当于没有目标，必然导致绩效失效！如果岗位确定的指标较多，需要统一根据对经营的贡献、投入的成本等方面的评价，选取核心关键的5~7个指标作为关键绩效指标（KPI），其余的作为普通绩效指标（CPI），进行日常监控。

第三，开展高频度的绩效评价。绩效评价是复盘和纠错，是对不足的反省，也是实施下一步改进的起点；绩效评价不是为了考核，是为了识别缺陷，考核只是形式而已，通过考核推动对识别不足的纠正与改善。可见，评价的周期越短越好，越短意味着对于错误的反应速度越快。例如，作为精益标杆的丰田汽车，其实施的节拍管理是围绕单个节拍进行的绩效评价和绩效改善。绩效评价不能搞秋后算账，有些企业以年为单位进行复盘，其对于不足进行纠错的周期太长，是不可取的。

第四，通过绩效管理实现闭环联动。绩效管理的策划包括指标选定、考核方案、上下级沟通等方面，都是通过采取环环相扣的行动，帮助员工发现不足和问题，实现闭环管理。当一线单位制定目标方案时，需要向二线单位提出需要配合的事项，这些需求将依据内部客户制度转化为二线单位的指标或任务，实现强制性联动。在设计岗位 KPI 时，要对部门职责进行梳理，从职责中提取绩效指标，确保部门目标与本职工作紧密结合，将职责、目标和业绩关联起来，甚至在设定岗位绩效合约的指标权重比例时，也是依据职责重点来进行的，也给被考核者指明了如何分配工作时间和精力。绩效管理的闭环联动是确保绩效管理有效性的关键，因此实施过程不能过快，精益中有一句话"慢就是快"，在绩效管理过程中要深刻理解。

绩效合约是公司与个人对岗位目标的约定，以及在各个时间段中绩效评价的方法，是岗位绩效管理的起点，其形式参考表5-1。

绩效合约是需要签字确认的，它向岗位员工传递了很多信号。一是员工要关注哪些结果，这个结果是用什么指标来衡量的；二是我们是怎么分配评价权重的，每项指标占总分的比例是多少；三是当前该项指标的水平是怎样的，也就是所谓"基准值"，在下一个年度预计达到的目标是多少，即"目标值"；四是为了实现年度目标，每个月需要达到的目标是多少，把月度目标定下来；五是这些数据由哪个部门负责测量，哪个部门负责统计，原则上数据不能由被考核部门提供。

绩效管理是一个从公司战略目标到部门目标再到个人绩效的管理流程，它帮助公司将宏观战略分解为岗位阶段性计划和个人行动目标。绩效合约是分解到岗位责任的载体，也是将结果与个人评价结合的工具。企业通过应用绩效合约将大大提高员工参与改善的主动性，增强员工的参与感和责任心。

精益战略部署
——构建精益管理的长效机制

表 5-1 某岗位绩效合约示例

成品岗 2016 年 1—12 月绩效合约

序号	区分	绩效指标项目	该项指标分解权重指标	基准值	达成目标	1月	2月	3月	4月	5月	6月	7月	8月	9月	10月	11月	12月	统计评价部门	考核部门
1	过程	检验计划/标准执行不符合次数	10%	1.5	0	0	0	0	0	0	0	0	0	0	0	0	0	质量中心	检验处
2		检验费用（实验器皿损坏金额：元/月）	30%	30	15	30	25	25	20	20	15	15	13	13	12	12	12	检验中心	检验处
3		盲样验证不合格比例	20%	18%	8%	18%	18%	15%	15%	12%	12%	12%	10%	10%	8%	8%	8%	检验中心	检验处
4	结果	车间/质量/成品库投诉不及时次数（次/月）	10%	1.2	0.4	1.2	1.2	1.2	0.8	0.8	0.8	0.8	0.8	0.4	0.4	0.4	0.4	质量中心	检验处
5		成品检验不准确次数	30%	0.3%	0.1%	0.3%	0.3%	0.3%	0.2%	0.2%	0.2%	0.2%	0.2%	0.2%	0.1%	0.1%	0.1%	检验处	检验处

116

第五章 实现企业力出一孔的手段：绩效激励

> **案例分析**

自 2016 年以来，中华联合财产保险股份有限公司天津分公司（以下简称"中华保险天津分公司"）与天津大学精益管理研究团队合作全面引入精益管理，并将精益管理的理念与中华保险天津分公司的实际工作充分结合，构建了基于价值的精益管理体系，逐步形成高层、中层、基层共同参与改进的精益文化，取得了较为显著的管理效果。

中华保险天津分公司将战略目标作为企业精益管理的主线，首先公司组织全体 13 个职能部门分别提报工作计划和目标，畅想心目中的理想企业愿景。在这一基础上，通过头脑风暴会议，在公司精益领导小组的指导下，最终确定了企业的战略地图，并在此基础上各个部门深度思考本部门年度任务和关键指标，构建了属于各个部门的战略地图。其次从部门战略地图出发，各个岗位形成了自己的绩效合约，通过绩效合约的签订和评价实现了战略分解和落地，为了确保绩效合约的达成，公司定期组织绩效检查，通过对目标的监控，及时发现问题并纠偏。绩效检查的内容包括自主统计数据、自主对比目标、自我反省、自我整改、主动支持、主动协同等。

中华保险天津分公司在精益管理活动中，规范了两个层次的月度目标绩效会议的形式，建立了标准的会议流程，每个月都组织绩效检查。下属单位以目标为核心，以计划为依据，对上个月的目标及工作任务的完成情况进行汇报，用数据进行量化说明，分享各自的有效工作经验，共同分析、讨论下个月的目标，并对上级临时安排的工作做到及时响应。这样的二级会议实现了公司上下步调的一致性，确保了目标实现的可控。

经过两年的战略目标绩效管理，公司经营质量有了较大提高，车险综合成本率由 112.16% 下降至 99.8%，车险立案结案率从 99.33% 提升至 107.86%，当期车险立案结案周期从 6.64 天下降到 5.69 天，人伤跟踪绝对估损偏差从 139.09% 下降至 53.93%。在总公司组织的服务评价得分活动中，中华保险天津分公司取得了 AAA 的好成绩，可见，理赔工作从速度、准确度、客户服务满意度三个维度都取得了显著的成绩。

精益战略部署
——构建精益管理的长效机制

第二节 指标词典：用相同的语言进行沟通

对于大多数企业来说，绩效管理的落地是一个挑战。由于企业对绩效管理的严谨性不足，关键环节缺失，造成整个绩效管理工作流于形式、浮于表面，毫无激励效果，逐渐演变为费时费力的文案工作。为何绩效管理在实施过程中会流于形式呢？为何不能发挥重要的指挥棒作用呢？其中一个重要原因是绩效管理缺乏严谨性。最常出现的问题是，同一个指标大家的理解各不相同，甚至出现多种不同的统计口径，大家按照各自不同的理解进行沟通，常常出现误解，造成管理成本较高，在这种情况下，绩效管理肯定不能发挥应有作用。

曾经在一个新能源行业中较为领先的企业中，笔者帮助企业进行战略落地辅导，在一次围绕工厂产品合格率提升的讨论会上，笔者发现三个工厂的主管对于合格率指标都有各自不同的理解，并有几种不同计算方法，有的按照重量进行计算，有的按照数量进行计算，有的按照工时进行计算；数据的来源也各不相同，有的以员工的记录为准，有的以入库记录统计为准，有的以系统录入数据为准。有时，大家为了让指标数据看上去好一点，就在统计过程中随意更换统计方式，哪种统计方式能让数据好看就选择哪种，非常有智慧！可见，在相当多的企业中，指标数据都是一种糊弄上级、欺骗同行的小把戏。

解决此类问题的唯一方法是强化管理意识？No，我们唯一需要做的是制作指标词典！指标是绩效合约中的核心内容，也是联系组织与个人的纽带，本质上体现了企业组织成员行为与战略目标之间的价值关系和因果关系，代表了评价业绩和衡量管理有效性的方向和标尺。因此，我们要认真地去定义指标到底是什么，该怎么进行统计，出现了例外情况该怎么处理等，这些都是指标词典中需要体现的内容。

第五章 实现企业力出一孔的手段：绩效激励

指标词典就是统一公司内的指标语言，对各个指标进行详细定义，对指标边界范围、统计汇总的方法等进行了说明，明确指标数据的统计口径，把每一个统计数据的标准和流程进行规范，从源头确保指标有效真实地反映实际情况，确保业绩考核公平、透明、有据可依，让绩效管理的结果透明而阳光。

指标词典是绩效合约的补充，两者互相匹配。在各级绩效合约编制完成后，企业应立即将指标词典的编写工作提到日程上来。指标词典的编写绝非易事，常常需要编写人员对企业流程非常熟悉，并且对行业通用指标也有了解，还要花费大量的时间和精力研究以往绩效管理过程中出现的问题，针对其他企业在绩效管理过程中存在的各项问题进行识别，提前汇总各种认知分歧，在词典中予以规范，提前规避各种投机取巧行为，防止打"擦边球"行为，具体就不一一举例了。企业中此类基础工作常常属于"啃骨头"任务，工作复杂烦琐，不出业绩，所以常常各个部门都不愿意去做这种出力不讨好的工作，怎么办呢？这些都是一把手工程，需要一把手亲自安排、亲自过问，这样才能干好。

企业不同，对于指标词典的详细度要求也不同。指标词典有两种类型，一种简单即简易版，另一种烦琐即复杂版。对于中小型企业，由于其在管理形式和管理手段上都处于演化中，企业对指标词典的要求不高，因此要选择简易版的指标词典，够用就行。这种绩效词典采用简单明了的方式进行说明，包含了指标名称、指标定义、计算公式、考核规则、评价周期、数据来源等内容，具体参考表5-2。

对于大型企业，其业务模式和管理模式基本成熟，企业对管理的严谨性要求较高，对于指标的描述偏向于细致、严密、完整，同时指标要全面，要涵盖企业考核的方方面面，实现较长周期内的指导作用。复杂版的指标词典制作过程较为复杂，需要围绕日常绩效管理过程中的各种细节进行界定，将所有可能出现歧义的环节进行规范说明，涵盖目标考核时可能出现的各种漏洞等。因此，复杂版的指标词典中要对指标的定义、类别、计算方法、核算周期，以及数据统计流程、期初和期末的定义、特殊事项说明等，事无巨细地进行阐述和说明。复杂版指标词典示例，参考表5-3。

精益战略部署
——构建精益管理的长效机制

表 5-2 简易版指标词典示例

项目	指标名称	指标定义	计算公式	考核规则	单位	评价周期	数据来源
过程	成品、原辅料检测不准确的次数	对成品、原辅料进行检测，结果不准确的次数	—	都准确为满分，每出现1次不准确扣20%分数	次	月/年度	质量中心
过程	客户投诉不及时的次数	送样客户投诉不及时的次数	—	无投诉为满分，每出现1次投诉扣20%分数	次	月/年度	检验管理处
过程	专项检测数据不准确的次数	专项检测数据不准确的次数	—	都准确为满分，每出现1次不准确扣除20%分数	次	月/年度	质量中心
质量	辅料使用合格率	1. 将不符合公司质量标准的辅料投入生产过程的计为不合格量；2. 计算单位统一为"公斤"	（当月领用量-不合格量）/当月领用量×100%	每高于标准1%，增加20%分数；每低于标准1%，扣除20%分数	%	月/年度	检验管理处
过程	设备维护保养计划执行不符合项	设备维护保养按照计划执行	—	无不符合项为满分，每出现1项扣除20%分数	项	月/年度	质量中心
过程	设备操作维养标准缺项	设备操作维养标准	—	设备操作维养标准齐全为满分，每出现1项扣除20%分数	项	月/年度	检验管理处
质量	设备故障次数	设备出现故障，不能正常运转	—	设备无故障为满分，每出现1次扣除20%分数	次	月/年度	质量中心
成本	备品备件费用	备品备件所消耗的费用	备品备件费用金额/产量	每高于标准1元/吨，扣除20%分数；每低于标准1元/吨，增加20%分数	元/吨	月/年度	财务处
质量	设备精准度	所测样本超出标准范围的占比	超出标准范围样本数量/所测样本数量×100%	每高于标准2%，增加20%分数；每低于标准2%，扣除20%分数	%	月/年度	质量中心

表 5-3　复杂版指标词典示例

指标类别	销售类指标	编号：	修订状态：
		发布日期：	共 5 页

一、适用范围：适用于公司销售部门。

二、相关职责：销售部、军品办公室、计划部负责提供相关数据，财务部负责核算，经营革新部对数据进行发布。

三、指标说明

指标名称	指标说明	计算公式	核算周期	数据来源
回款率	回款率是指企业当期实收销售款和当期销售收入的比率，是一项用于衡量企业经营能力的指标	（客户回款金额+客户应付款对冲金额）÷当期销售收入×100%	月/年度	财务部

四、术语定义

当期销售收入：是指当期实际销售发票所对应的金额。

当期实收销售款：是指当期实际转入公司账下的销售款项。

五、统计路线及办法

回款率的统计路线：

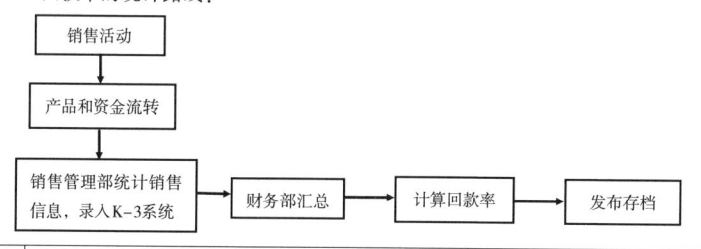

销售活动 → 产品和资金流转 → 销售管理部统计销售信息，录入K-3系统 → 财务部汇总 → 计算回款率 → 发布存档

指标补充说明	**月/年度核算标准：** 回款率：月度核算采用每月当期实收销售款和当期销售收入，当期销售收入指的是当月开票金额，即当月所开具的销售发票上显示的金额之和；年度核算采用公司一年内的实收销售款与年度销售收入。当期实收销售款和当期销售收入均含税。 **基准值设定标准：** 回款率：以上一年度的各月累计的销售回款和累计的新产品销售发票金额对比各月所开销售发票总金额的数值作为基准值。 **年度目标设定说明：** 回款率：以全年各月累计的销售回款金额和新产品销售金额与全年各月累计的销售收入的比值作为年度目标，上述目标均按照公司年度战略设定目标水平。

精益战略部署
——构建精益管理的长效机制

续表

相关数据来源：
数据提报日期：
回款率：月度核算的提报日期为每月财务结算日之后三天之内；年度核算的提报日期为每年年后第一个月财务结算日之后三天之内。
注意事项：
六、附则

指标词典对于绩效管理而言，不是一个可有可无的规范，而是整个企业绩效管理的关键环节，正是因为我们关注了指标的定义说明，才让绩效管理过程可控，才让指标代表了结果，才让测量和评价工作有意义，才能让企业的绩效管理活动有生命力。

案例分析

表5-4是某新能源企业编写的指标词典的目录，供大家参考。

表5-4 某新能源企业编写的指标词典的目录

类别	名称	对应页码
销售类	销售收入、军品销售收入、销售量、成品库存金额、新产品贡献率、回款率、销售费用、应收账款周转次数、短期应收账款比例	4~8页
成本类	A、B、C事业部单位成本、材料成本、固定成本、变动成本、人工成本、原料利用率、辅料利用率、单位产品能耗、单位产品水耗、排放回收率	9~13页
效率类	A、B、C事业部单位工资产值、UPH、OEE、OPE、人员负荷率、平衡率、异常损失率	14~16页
质量类	材料在线不良率、质量成本、客户退货率、退货次数、后序极片不良率、直通率、OQC不良率	17~21页
财务类	税务筹划和财务成本降低、流动资金周转率、费用控制率、经营性现金流、公司及A、B、C事业部成本售价比	22~24页

续表

类别	名称	对应页码
技术类	专利数量、新体系建立贡献率、新体系产品开发计划完成率、产业化攻关等项目收入、新产品量产周期	25~27页
供应类	采购成本、材料库存周转次数、在制品周转天数、成品物流成本、材料物料成本、入库一次合格率、上线一次合格率、响应及时性	28~30页
计划类	A、B、C事业部计划达成率、出货达成率、订单满足率、客户需求满足率、按时交货率	31~33页
设备类	固定资产收益率、设备完好率、设备故障修复时间（MTTR）、设备故障间隔时间（MTBF）、国产化率、维修费用率、设备保养维护计划执行率、资产账物相符率、关键设备资源利用率、在用关键设备利用率	34~36页

第三节　用绩效评价拉动持续改进

俗话说"没有检查，就没有管理"，有了绩效合约，各级管理者就必须定期检查评审目标是否完成，并将目标完成与否作为对该岗位的绩效评价。评价工作执行得越认真，岗位员工对结果的追求动力越强，反之，则会越弱，这一过程便体现了绩效评价对持续改进的拉动效应。有些企业的负责人常常抱怨下属的执行力差，但是如果仔细观察会发现，他本人对于自己亲自布置的绩效工作并不认真，极为随意地确定了目标，检查评审也是想起来就做做，想不起来就算了，最后自己也慢慢淡忘了，甚至朝令夕改、自相矛盾，对于任务完成得好与坏也不做奖励和惩罚，大家从最开始的无所适从慢慢变得无所谓，最后选择"拖"字解决。

是不是绩效就必须在考核时罚款呢？也不一定，绩效的目的是鼓励先进、激励落后、寻找不足、持续改进。了解了这个目的，我们就能得出结论，即绩效考核进行罚款仅仅是手段之一，我们可以通过张贴公示、精神表彰、树立典型、奖励优秀等方式达到目的。

精益战略部署
——构建精益管理的长效机制

绩效管理怎样才能落地呢？可以总结为这么几句话：目标到岗，每日评价，不足检讨，持续改进。也就是说，借助绩效合约，让管理者们人人都承担目标，围绕目标制订好行动计划，然后各级管理者每日检查目标达成情况，当实际指标没有达成时，要对问题进行深入分析，既要找到问题根源，又要找到岗位员工存在的不足，再针对事件实施改进和预防，针对人员实施培训和教育，具体来说就是日事规划、日清自检、日高提升。如图5-1所示。

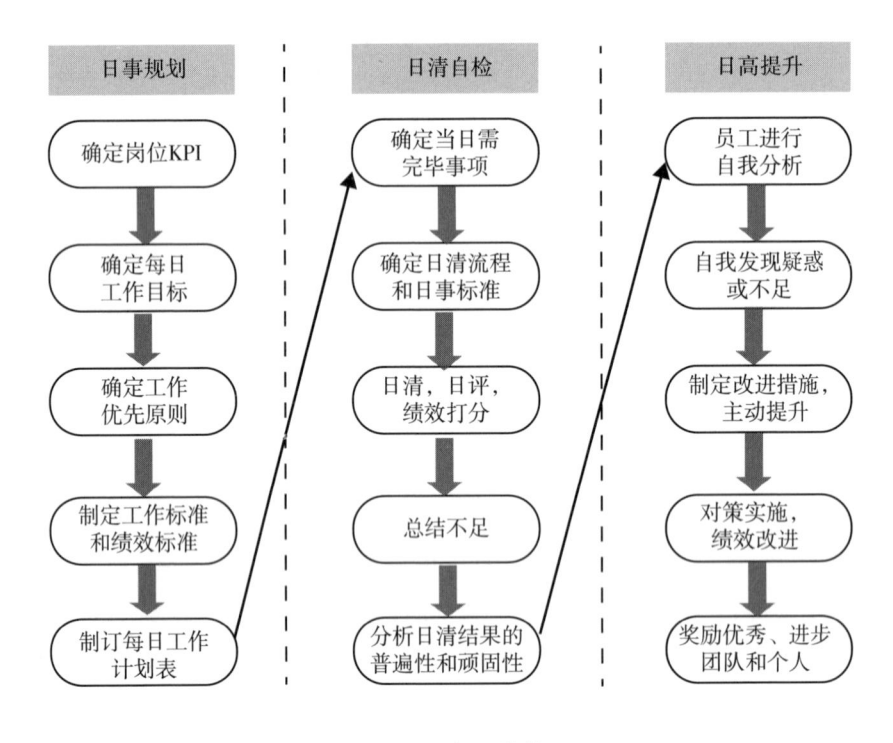

图 5-1　目标日常管理

日事规划就是围绕目标进行工作分解，形成工作计划。员工都要明确岗位目标，岗位目标要与岗位职责相匹配。在工作中，首先要明确工作优先顺序，以便于在工作中准确排序；其次要针对每一项工作制定相关执行标准，以便每项工作都达到绩效目标。有了上述基础，各个岗位就可以制订每月、每周的工作计划。工作计划不是应对紧急突发事件的，而是通过规划提前预判问题，提前做好准备，预防紧急事件发生。

日清自检就是对照目标查找不足和问题，并思考改进。员工要每天对自己的日工作计划进行检查，确定自己下班前是否完成计划的事项，还要对照标准检查是否合格，然后向上级报告。同时，上级管理者要建立每日检查监督的机制，督促下属对照计划安排工作，并随时建立每件工作的标准，逐步让组织按照计划和标准运行。

作为管理者，每天对下属工作的完成情况进行检查和评价是例行工作，检查和评价要有固定的时间和固定的记录。所谓评价即检查确认后进行绩效打分，这个打分主要是看是否有扣分项，这样确保工作相对简单，对于绩效中的扣分部分要注明存在的问题，并将问题交给员工去自我改善，注意改善之后要进行加分，原则上，我们不希望给员工扣分。

对于识别出的问题，上级管理者要对其进行汇总分析，要识别出普遍性问题和顽固性问题。普遍性问题是什么呢？如果张三出现这个问题，李四也出现这个问题，王五也出现这个问题，大家都出现了同样的问题，很显然，这不能怪大家，要么是工作的设计有问题，要么是工作标准或信息传递出现了问题，因此这类问题不能归咎于员工，应该由上级管理者进行检讨。顽固性问题是什么呢？这个问题在某个员工身上反复发生，经过多次培训教育，都未能改正，这个时候就要反思这个员工可能不适合这个岗位，他的性格特点可能适合其他岗位，我们对该员工进行岗位调整就好了。在评价中，管理者要不断找到不符合项和持续提高项，要将下属工作成果与目标达成情况结合起来。

日高提升就是帮助员工改进提高。员工要自己对问题进行分析，分析问题是工作中最关键的环节，应该采取反复问为什么（5Why）的方法，找到问题的根本原因。5Why方法是企业管理的基础工具，需要认真训练。如果没有认真分析问题，那么可能改善方向出现错误或者改善活动治标不治本。员工根据分析结果，找到自己知识、技能的盲区，找到岗位操作的不足，进而自主提出改进的对策，寻求上级帮助或者主动实施改进。管理者要时时引导员工关注改进后是否有效，要对通过改进取得的进步予以表彰或者奖励，要逐步形成乐于发现问题、积极参与改进的氛围。

在绩效落地的过程中，最重要一点是引导性和有效性。无论是对绩效结

精益战略部署
——构建精益管理的长效机制

果采取奖励还是处罚，核心是引起大家对绩效的重视度；通过绩效评估和改善，重心在于帮助大家提高能力，持续完善流程，实现绩效管理的有效性。绩效落地就是将上下级工作目标、员工的绩效、问题的改善结合在一起，其对基层改善的促进作用是非常大的。表5-5是中国领先的某乳制品企业三个月的"一点改善"总结，每个分厂平均300人，平均每个月人均"一点改善"0.75件。

表5-5 某乳制品企业"一点改善"汇总表

部门	生产	设备	质量	检验	安全	奶源	厂办	成品库	财务	精益	合计
A工厂	917	103	31	42	24	15	75	52		24	1283
B工厂	143	39	39	48	18	15	31			12	345
C工厂	335	73	31	77	23	25	15		11	14	604
D工厂	281	68	20	20	13	2	31	8	15	15	473
总　计											2705

根据以往的实践经验，用绩效来拉动员工参与改善是一个非常棒的方法，实现了目标绩效和问题改善的一体融合。通常企业中实施目标绩效就是简单地为了评价和考核，常常造成很多抱怨，创造价值的岗位认为浪费时间，多此一举；后勤服务岗位认为评价不公平，没有衡量出真实的工作。久而久之，绩效管理变成了鸡肋。在融入了问题识别和改进活动后，绩效管理就有了灵魂，既能回避僵化评价造成的内部冲突，又能激活组织，提高价值创造度，使绩效管理有了生命力。

案例分析

利用绩效管理拉动员工改善，在潍柴有一套严密的机制，称之为创新绩效，也是企业塑造核心竞争力的重要机制之一。

2008年12月，谭旭光董事长面对汹涌而来的经济危机，提前预判了发动机市场即将出现的低谷（受中央四万亿投资拉动，断崖式下滑推迟到2012

年），开始部署企业内部改革。针对内部绩效考核，谭旭光董事长认为绩效管理没有起到激励作用，他指出，各级干部对流程浪费的认识不足，对于问题熟视无睹，需要在绩效管理中建立一套机制，对主动找问题改善的人要进行激励，用无形的指挥棒来正向激励大家。于是，创新绩效应运而生。

潍柴的创新绩效是将员工工资分成三个部分：岗位工资、绩效工资、创新工资，在原有的工资基础上，引入一个新的"加分项"，这一点和一线操作工的"计件工资制"有些相似，出发点在于"多劳多得"。

2009年潍柴正式实施创新绩效，在内部掀起了一轮热烈的创新热潮。"能够成功申请一个项目，对潍柴人来说是非常值得自豪和开心的，每次接到通知说自己的项目成功立项了，每个同事都会跟中了彩票一样，"某位职能部门的员工打趣地说道，"大伙儿都喜欢上了创新！"仅2009年一年，潍柴运营管理部收到了来自41个部门的3945个项目，创新绩效管理发展至今，其覆盖面进一步扩大，内容也进一步得到了完善和补充，它成为了潍柴一道亮丽的风景，推动创新，带领潍柴走向卓越。

我们曾经多次同创新绩效的主要负责人刘洪荣部长交流，"您认为潍柴创新绩效管理的最大亮点是什么？"她幽默地回答道："创新绩效管理本身就是亮点。"的确，这样一套体系的建立，从某种程度上解决了很多企业面临的考核难题。通过创新绩效，越来越多的潍柴员工开始以一种创新的热情雕琢自己的工作，遇到问题更能平静下心态来解决问题，改善自己的工作。据运营管理部统计，五年多的时间里，潍柴共完成了30526项创新项目，创新侧重点遍及潍柴的每一寸土地，而且从产量、质量、效率、成本等多个方面都有很多实实在在的数据见证着潍柴的进步。

第四节　实施有效激励提高员工活力

战略达成需要调动员工的积极性，员工对工作专注度的波动会带来巨大的结果差异，这一点不得不察。有些企业的员工在想尽办法实现目标，有些企业的员工挖空心思逃避任务，前者所在的企业攻无不克、战无不胜，后者所在的企业总是要死不活、步履蹒跚，两者员工活力差异的根源在于企业是否围绕绩效实施有效激励。

绩效兑现是企业的重要命题。员工努力工作的态度不是靠管制和压迫获得的，是长期奖优罚劣的结果。做好绩效激励，一定要避免"雇佣主"思维。雇佣主思维是指一些企业老板或管理者总认为对待员工已经仁至义尽，而在他们眼中，员工的付出根本配不上企业给予的待遇，给员工工资都是额外的恩赐了。而在员工看来，企业对待自己连及格线都没有达到，这种背道而驰的割裂造成内部缺乏信任，彼此防备，争夺现存利益，忽视潜在收益，结果必然是双输！怎么办呢？我们要树立一个思想：绩效激励是对员工业绩改善的激励，这一点至关重要。

激励是让价值创造者分享价值，因此不能仅限于绩效评价结果，还要围绕企业各方面的工作。企业家真正重要的工作就是用心策划激励方案，修正以往激励弊端，而且要长期持续予以优化，只有这样才可以保持员工对工作的高度热情。相当多的企业并不擅长激励，有些企业注重内部平衡，采取平均主义分配，导致各种激励不到位或者激励失效；有些企业认为只有少数员工的激励是重要的，大多数员工的表现并不重要，于是将激励偏向于少数精英，造成内部失衡，出现对立和冲突；有些企业也想通过激励手段实现内部积极的氛围，但是使用的手段不佳，导致手段与目的背道而驰。可见激励是一门技巧，是企业管理者需要认真研究的命题。

企业激励应该偏重什么呢？许多企业的激励偏向于可感知的有形结果，将激励与财务成果建立关联，比如某员工为企业完成了一项重要工作之后，创造了上百万元的收益，财务认定后，在年底进行表彰，向该员工发放几千元或者上万元的奖金予以激励。这种秋后算账的激励方式固然容易被接受，但也有弊端，比如及时性很差，不能在过程中给予员工肯定，背后逻辑又强调了"不见兔子不撒鹰"的思想，类似一场买卖或者一次交易，有一种互不相欠的心态作祟。有些企业中过度强调以结果论英雄，容易让大家对于产出成果概率较低的任务退避三舍，对于容易失败的创新工作逡巡不前！

什么才是好的激励呢？战争时期，有的军队打不了阻击战，救不了被围困的战友，主要原因是打赢了没有奖励，打输了就没了家当；而有的军队对于类似打阻击战这种啃硬骨头的任务，大家抢着干，因为激励偏重任务的重要性、艰巨性，谁敢打硬仗谁就是英雄，谁敢刺刀见红不怕牺牲，谁就是示范典型，要名有名，要利有利！这种思想放到企业内，我们总结出以下几条激励原则，如图 5-2 所示。

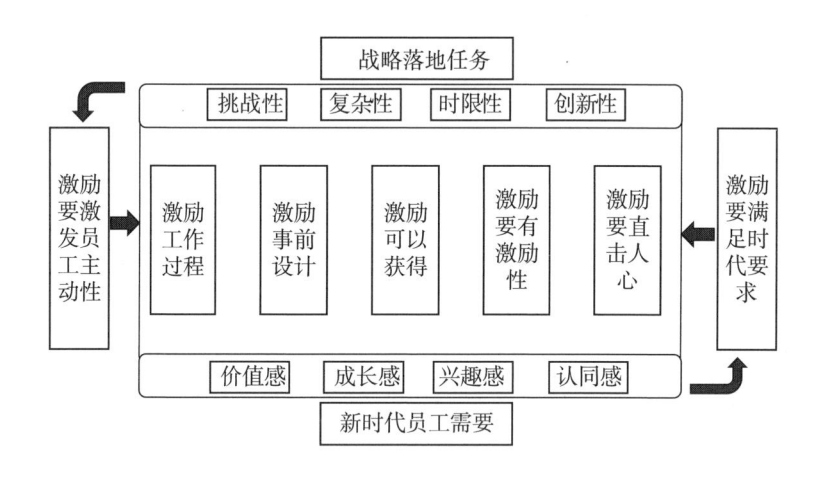

图 5-2 激励原则

第一，激励应该偏重过程。本质上激励类似给汽车加油，员工在工作过程中不断消耗热情和斗志，通过激励让员工重新充满动力，属于过程鼓劲儿。鼓劲儿是员工继续奋战的前提，要防止明明看到员工快要泄劲儿了，管理者们还在旁观，品头论足，扮演着裁判的角色。企业要对目标实现的改进过程进行激励，激励会让员工持续保持专注，通过持续努力获得更好的结果。因

精益战略部署
——构建精益管理的长效机制

此,在战略落地过程中要注重过程激励,设计好激励的节点和对象,让激励发挥最佳作用。

第二,激励要偏重事前。一部分企业的激励常常是反复博弈的结果,实施得较为仓促和简单,预热工作普遍不好,没有形成提前期盼,也就不能刺激行为。比如,在开始某项工作之前,工作小组对于预定目标、阶段目标、达成激励不清楚,因此常常推着干,动机不足,决心不足。反之,如果在工作启动之前就已经了解哪种情况要进行激励,激励的方式是什么,激励哪些相关人员,何时兑现,奖励多少等,在预期的鼓舞下,工作小组就会认真地围绕任务目标和激励条件策划和执行。一些管理者持不同观点,他们认为,如果事前明确了激励政策,就会造成工作小组把注意力放在如何获取激励上,而忽视任务本身;如果事前明确了激励政策,会造成员工理所当然认为,类似任务都要奖励,不奖励就不干活了,造成尾大不掉。这些不同的观点带有狭隘性,看不到激励带来的巨额价值创造,把视线停留在了激励需要付出的"芝麻绿豆"上了,其结果必然造成"活鱼摔死了卖",造成员工士气低落,最终企业和员工"双输"。企业要重视激励的策划,通过对各种活动的预先激励策划,激发员工积极性,形成高强度投入,当然企业要说到做到,形成良性循环。

第三,激励要可获得。激励作用有时来源于其珍稀性,当然珍稀性是相对而言的。企业作为一个连续作战的队伍,要随时从每一场战斗中评选战斗英雄、优秀团队,并予以激励。从这个角度说,企业应该提高激励的频次、扩大激励的范围。企业内绝不能让激励少到绝大多数员工认为与自己无关的境地,这就失去了激励的意义和价值。企业应多做检查和评价,从评比出发实施激励,也应建立各种等级标准,达标即实施激励。

第四,激励要有激励性。企业对于激励必须有态度,要达到预期目的!那么预期目的是什么呢?就是激励一点,激发一片!不能仅仅是被激励者产生了强烈的努力动机,而是所有旁观者产生强烈共情,因此激励的力度必须大,反对蜻蜓点水式的激励。在指导的一个民营企业中,我们提出按照增量的10%返利给各个下属单位作为员工激励,老板接受了这个方案。到了年终,原本半信半疑的下级子公司全体员工都拿到了金额不等的红包,群情沸腾,纷纷向老板保证下一年的目标一定达成！这就是激励的力量。潍柴在2019年实施了针对研发人员的激励方案，其中对研发一等奖负责人发放的奖金为1000万元，联想到该企业在2000年给五一劳动模范的奖励是每人一辆桑塔纳2000轿车，当时员工月工资仅为几百元，而轿车的价格高达十六七万元，这种奖励太震撼了，好的奖励不要吝啬金钱与荣誉！

第五，激励要直击人心。好的激励不一定非金钱不可，但一定是大多数受众渴望的，因此激励手段要丰富，包括尊重、荣誉、财富、特权等。激励的设计来源于不断发现潜在需求，并对症下药，因而我们不要以为只要实施了激励就能达到效果。某些企业中，对员工激励常年不变，购买的礼品也是老三样，诸如锅碗瓢盆之类。例如，在一次改进课题评比中，一名员工再次拿到一等奖，奖品是电饭锅，他遗憾地对我说，我已经拿到三个电饭锅了，家里真的不需要了。很显然，这种激励方式很失败，不是员工想要的。为了能够找到好的激励方式，需要管理者多深入基层去了解大家的生活，从大家的生活中找到需求，对需求相关内容实施激励，同时要建立多种形态的激励方式，让激励始终保持新鲜感。

如今，企业的员工多数是80后、90后甚至00后，不同成长环境造成员工具有不同的时代特点。这些年轻的员工不再是为了解决生活问题而工作，进入企业的动机更多是为了满足兴趣、体验、成长、个人价值，因此企业激励要围绕员工的需求展开，设计出新的激励方案，如进修、特权等，这样才能留住员工并激发其工作热情。员工在变化，战略有需求，这些都呼唤着企业要调整管理方式，用以往的方法注定是刻舟求剑，激励作为企业最重要的管理手段应该适应时代的发展，从目的反推过程，围绕上述原则进行修订，这样才能发挥最大作用！

案例分析

潍柴人为何干事业总是奋不顾身，为何能够"一天当作两天半用"？看一看他们实施的激励的小片段，也许我们能从中找到一部分答案。

2019年7月25日上午，潍柴集团的科技创新奖励大会在潍坊大剧院召

精益战略部署
——构建精益管理的长效机制

开,公开表彰奖励近两年内部涌现的优秀科技创新团队,同时对外宣布集团2020—2030年科技创新战略。大会的高潮来自向科技工作者们颁发的总额高达1亿元的奖金,其中单人获得的最高奖励为1000万元,亿元奖金和千万大奖不仅吸引眼球,更加震撼人心。

表彰大会的发起者,山东重工集团党委书记、董事长,潍柴集团董事长谭旭光阐述道:"潍柴发展到今天,是国家的强大、民族的复兴,让我们从小到大、从弱到强站起来了;是各级党委、政府的关心支持,让我们不忘初心、怀揣梦想闯出来了;更是全体科技工作者不忘初心、牢记使命,'一天当两天半用'奋斗出来的!我们要树立典型、表彰先进,进一步激发全员创新活力,加快科技创新步伐。"

此次表彰大会上,涌现了众多科技创新的明星,其中"潍柴最高科学技术奖"授予研发中心总设计师张纪元同志,奖励1000万元;"潍柴科技进步特等奖"授予郭圣刚团队的WP9H/WP10H平台柴油机开发项目,奖励项目组500万元;"潍柴首席工匠"荣誉称号授予王树军同志,奖励100万元;此外,"科技进步奖""产品创新奖""持续改进奖""创新优秀奖""工人技术革新成果奖"等120多个奖项,在会上一并实施奖励,累计金额高达1亿元。

人力资本是第一资本,人才资源是第一资源,潍柴高度重视人才队伍建设,连续十五年大规模引进优秀毕业生和全球中高端人才,聚集了一批"疯子"科学家,也为各类创新人才在全球量身打造事业平台,"让创造价值的科技人才真正实现价值、名利双收"。[①]

[①] 来源:搜狐新闻《潍柴亿元重奖科技人员,个人最高获千万奖金》。

第六章 目标实现的有效途径：持续改善

> **引 言**

如果把战略落地视为企业战略管理的重头戏，那么压轴节目一定是围绕目标展开的行动计划。我们搭建的通天梯，包括战略分解、组织建设、绩效设计等步骤，其实都是幕后准备工作，当大戏拉开帷幕，呈现给观众的正戏应该是经过千锤百炼的战略执行计划。

准备工作并不能实现战略落地，只有那些攻难关、破瓶颈的工作才是临门一脚，这些写在记分牌上的进球，我们统一称为持续改善。持续改善需要我们运用各种手段，包括工业工程、六西格玛、精益等经典方法，围绕全流程开展实践活动，目标是让流程更高效、工作更精简。

战略落地所采用的持续改善策略类似解放全中国。解放全中国是一个战略目标，实现它需要解放战争的胜利，而解放战争既需要多场战役来支撑，也需要土地改革的基层变革，更需要党中央在各条战线的统筹。可见，持续改善策略既要有战役课题的支撑，也需要基层员工的变革，更需要管理团队的通盘操控。

以战役课题为例。中央军委在解放战争初期判断并识别出几大战役，明确每场战役的主要负责人、参战部队、战场地域、战役范围、战役目标、里程碑计划等，并下发战役任务，成立战役后勤组织，调动资源，高度聚焦，严密策划，以保证战役打赢。可见，课题或战役不同于不期而遇的战斗，它

精益战略部署
——构建精益管理的长效机制

是我们精心策划的有目的的进攻活动。

企业的课题也是如此。课题实施过程是一场精心策划的攻关活动，它围绕计划（P）、实施（D）、检查（C）、固化（A）进行循环。在当前企业现状和战略目标之间，企业要进行差距分析，筛选出当期必须解决的障碍和需要突破的具体任务，通过设定相关责任人，形成集体攻关小组，在企业指定的期限下，形成具体的改进计划，持续进行改进循环，最终达成目标。

当然，企业战略的实现离不开基层变革的支撑。俗话说，地基不牢，地动山摇，因而忽视基层建设是会打败仗的。解放战争中，我党的基层组织建设，通过形式新颖且有效的诉苦大会、战斗英雄报告、火线入党、干部下基层、官兵平等、老兵关爱新兵等，形成了强大的内在凝聚力，人人迸发高昂的战斗热情。

企业基层变革的本质是调动基层人员的主动性和士气，提高基层班组的活力和输出。基层活力增加了，全员改善的热情就会得到提升，八仙过海，各显神通，在基层员工的支持和拥护下，战略落地的改善措施就水到渠成了。基层变革由后勤、人力部门组织推动，通常采用行事历来进行设计。行事历从全局视角围绕员工活动、士气建设、基础能力、例行事项等展开，具体参考后续章节的讲解。

有了课题与行事历的持续改善，企业获得战略的全局胜利就有了保证。为了牵住这个"牛鼻子"，企业应予以高度关注，认真梳理所有改善事项，形成操盘表，也称之为大日程计划。它是企业最重要的工作指南之一，明确了公司每月、每周的重点改善工作计划；它是企业的指挥系统，意味着企业迈上了从人治走向法治的进步台阶。

脱离战术的战略注定无疾而终，脱离战略的战术也只能是一场网红闹剧。战略落地过程中，企业应聚焦于持续改善活动，推动战略落地环节真实有效。我们永远牢记一点，没有制定好执行战术而匆忙上场参赛的球队是无法击败对手的！

第六章 目标实现的有效途径：持续改善

> **导 读**

战略落地就是一个持续改善和攻关的过程，具体来说，就是根据现状和目标之间的差距，进行详细分析，找到瓶颈或难点，并以课题的形式进行攻关，通过解决问题、突破瓶颈，实现目标的达成。在此过程中，也要坚持对日常管理进行优化，推进基层参与改善活动，通过行事历实现日常管理的高效运行，提高企业基层的凝聚力。为了防止企业忽略重要工作，陷入紧急工作中不能自拔，需要将所有课题计划和行事历计划进行整合，形成大日程计划，通过计划带动企业始终坚持目标导向和过程导向。

在第一节"课题：实现目标的重要手段"中，主要论述了何为课题，课题来自哪里，课题如何分级等；同时，重点论述了不同级别的课题有哪些特征，如何对课题过程进行管理；最后，围绕价值流分析进行论述，提出找到影响全局的课题的方法。

在第二节"课题改善的秘密：五阶八步法"中，首先，对比了东西方企业对于课题改善的不同思路，同时明确了课题实施过程中人才培养的重要性；其次，结合众多企业的实践，提出课题实施的五阶八步法 TPSIS，并对每一个步骤的内容进行了详细说明；最后，通过实践案例论述课题的重要性。

在第三节"不传之秘：课题过程管理方法"中，明确了课题有效推进的重要性，探讨了课题呆滞化的现象及根源，本节将重点放在了课题管理的六大步骤，即立项、分工、计划、跟进评价、总结、评比，并逐一进行了解释说明。

在第四节"日常基础管理的重要工具：行事历"中，首先，分析了战略落地过程中基础管理的重要作用；其次，讲述了行事历如何以技能、士气、现场为中心改进基础管理，其背后的逻辑是什么；再次，解读了制作合格的行事历的具体方法；最后，论述了最高管理者通过行事历推动基层现场改进的责任。

在第五节"网络计划和日程表"中，首先，阐述了网络计划和日程表的定义和意义；其次，说明了网络计划如何吸纳课题计划和行事历计划，成为企业的运营综合计划；再次，介绍了网络计划和日程表的具体形式和使用方法；最后，强调了网络计划对于整个公司业务的调度、调控作用。

第一节　课题：实现目标的重要手段

在绩效管理过程中，根据绩效指标的波动所识别的问题通常是偶发问题，解决问题后将会实现绩效指标的受控，这是典型的 SDCA 的过程。SDCA 分为四个阶段，一是对标标准值（Standardization），二是采取纠正措施（Do），三是检查是否有效（Check），四是根据效果进行纠正或者标准化（Action）。但是，企业还需要在设立绩效目标之初就要识别出瓶颈问题并加以改善的过程，这是一种重要的预设目标的改善，对于目标达成意义重大，是实现目标的重要手段，我们称之为课题。

企业分解并树立目标的过程，也要同步对整体流程进行诊断分析，找到关键问题并实施改进。通常来说，对于局部问题采用损失地图的方法识别课题，对于全流程问题采用价值流的方法识别课题，如生产价值流、研发价值流、管理价值流、供应链价值流等，对于工艺质量问题采用六西格玛的方法来识别问题。

确定了问题，就可以确定课题了。课题到底是什么呢？我们认为课题是为了实现目标而进行的自上而下推动的重点改善活动。自主改善常常由一个人短周期完成，但是课题通常都是由一个小组，甚至是跨职能小组，通过较长周期来完成的。在实施精益战略部署的企业中，各级管理者都应该承担课题。当然，由于解决的问题不同，比如有些课题的影响范围较大，有些课题的影响范围较小，有些课题的攻关难度大，有些课题的攻关难度小，因此我们需要对课题实施分级，通常分成公司级、部门级、车间级、班组级。顾名思义，每种级别都是由对应的管理者来推动实施的，其中公司级课题和部门级课题由公司级和部门级领导牵头负责，虽然数量不多，但是效果较大；而车间级和班组级课题由车间主任和班组长牵头负责，数量较多，效果有限。

第六章 目标实现的有效途径：持续改善

有了这些课题，企业就实现了改善活动的全员参与。

公司级课题顾名思义就是公司需要关注和推动的课题。这些课题需要企业调动力量、聚焦资源，一旦课题成功将带来企业战略性改进，比如获取核心竞争力或者补齐短板。一般来说，公司级课题主要解决企业的以下三类问题。第一类是关键性的瓶颈问题。这类问题专指那些对于战略目标实现影响较大的问题，一旦突破能够实现企业质量、规模、技术能力的提升。第二类是关乎全局的顽固问题，特指长期困扰企业的问题。此类问题持续影响企业绩效的提升，需要集中力量攻克难关。第三类是基础性、根源性、未来性的问题。有些基础问题诱发较多的变化和异常，长期持续地影响企业绩效，但是属于"啃骨头"任务，费力不讨好，必须放在公司层面才能引起关注。还有一种是面向未来的任务，在当前并不产生效果，没有人愿意去做，需要形成公司级课题。比如，北方某金属加工企业，在规划公司级课题时，专门设立了针对未来物流运行的课题，一部分干部认为小题大做，但是，当新的智能工厂投产时，大家发现幸亏优化了计划、采购、物流体制，否则工厂根本没有办法运行。公司级课题需要形成跨职能团队，广泛调查研究，利用资源协同来实施改进。

部门级课题是指在部门层面需要重点关注和推动的课题。这些课题常常是为了实现部门更高目标而需要突破的瓶颈，常常分成以下三类。第一类是产品类问题，当部门产品特性持续发现不足或者产品生产过程总是出现某种偏差，就需要通过改进实现更好的质量和产出。第二类是流程类问题，指部门内运行的流程存在冗余，通过改善实现更好的输出结果，即更高的流程效率、更高的输出质量，改善的方式就是消灭非增值环节，实现流程再造。第三类是支持类问题，在部门运营中，人、机、料、法、环等各种要素资源存在不足，长期困扰部门运营，为了能够实现更好的支持一线，需要进行资源协调方面的改进。部门级课题需要内部形成精干小队或多功能小组，围绕问题现状深入调查，采用创新的方法解决问题。

车间级课题是指在车间或者科室层面需要立项改善的课题。这些课题要能够支撑车间目标的达成，由车间层面主导并内部统筹资源予以解决。车间级课题来自日常生产实践，有的是车间日常运营过程的痛点、难点需要进行

精益战略部署
——构建精益管理的长效机制

方法优化，有的是生产要素效率低下需要提升，有的是生产要素流动速度缓慢需要提高，这些课题的解决帮助车间实现产出效率、质量的提升和成本的降低。车间级课题的改善内容通常是对作业现场和方法的持续优化，采取的对策简单直接，能够立竿见影取得有形效果。

班组级课题是以班组成员为主，围绕某些主题进行的改善活动。班组级课题基本以班组目标为中心开展小组活动，多数以员工技能提升为目标。班组改善是公司整体改善的重要一环，通常需要公司建立明确的规范和制度，由各班组自主实施主题性活动，活动主题包括人员设备效率提高、产品质量提升、生产资料投入节约等。班组改善以培养员工的改善意识为主，对于数据收集、逻辑思维能力要求不高，通过员工集体自主创新、反复研讨形成改善灵感来实现问题的解决，在给企业创造财富的同时，实现自身成长。

上述四种不同级别的课题类型共同构成了公司全员改善，其关系可以参考图6-1。

公司级课题	1. 公司领导确定，重大紧急事项； 2. 公司层面汇集资源，限期完成； 3. 课题需要跨职能团队	专项任务书，组建团队； 每日专项例会，每日专项输出改进； 课题达成后，团队激励，并解散
部门级课题	1. 部门重点改善事项，4~6个月解决； 2. 上级领导定期指导； 3. 部门层面组建精干团队解决	课题登录，精益办以目视化方式跟进； 自主汇报，定期例会； 完成后参与评比，小组或挑战更高目标
车间级课题	1. 车间内部流程改善，3个月完成； 2. 科室或车间领导推动，协同资源； 3. 一般管理人员牵头解决	课题登录，部门跟进； 自主汇报进度； 完成后参与评比，更换课题
班组级课题	1. 班组QC活动改善项，每月发表； 2. TPM活动改善项，每月发表； 3. 班组成员参与解决	自主选题，自主跟进，自愿汇报； 定期发表评比； 完成后自主更换选题

图6-1 不同级别课题类型

课题是围绕目标达成而进行的改善活动，是自上而下进行的，带有强烈的公司指令性质，对于实施过程和最终改善成果要建立明确的奖罚机制。课题的确立来源于企业找到了自身不足和短板，为此，需要各级干部对现场进行详细调查、对以往大数据进行细致分析、对更加优秀的企业进行反复对标等，这个过程就是我们前面说过的描绘价值流的方法。

在对公司级价值流描绘时，找到宏观层面不同维度的损失和浪费，我们要选择能够支撑公司目标达成的问题来确立改善机会，这些属于公司级课题。公司级课题必须针对总体目标的提升。通过描绘职能价值流，我们会发现更为详细的损失，这些损失影响了职能部门目标的达成，通过对每一个损失项进行分析，找到改善机会，从而形成部门级和车间级课题。而对工序价值流进行分析（本质是作业分析），将每个工序环节继续分解，直到工步、动作，进而找到更为细致的改善机会，这些点构成了车间级或班组级课题，具体内容如图6-2所示。

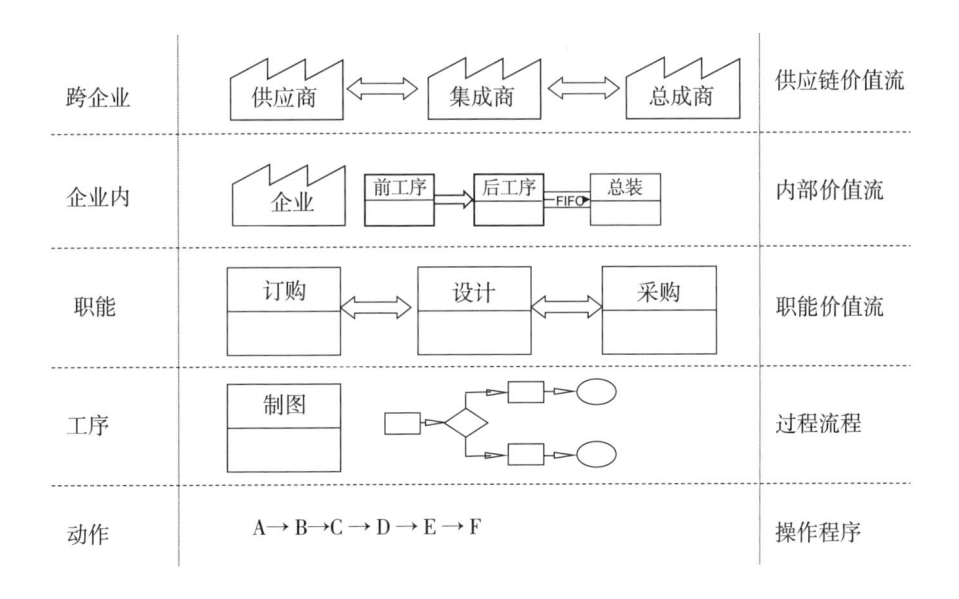

图 6-2 价值流分析识别课题

达成目标是战略部署的目的，而完成课题是目标达成的充分且必要过程，简言之，目标是结果，课题是过程。课题改善本身没有太多意义，支撑战略实现的课题才是其意义所在，因此选择什么课题很关键，因为它决定了"做正确的事"。为此，企业在确立课题时要认真严谨，做好了选题就成功了一半。

精益战略部署
——构建精益管理的长效机制

案例分析

2013年年底，潍柴集团在高层战略分解会结束后，紧接着召开了战略分解成果宣传贯彻大会，集团全球各地的中层以上管理人员及核心骨干全部参会。会上，董事长首先阐述了集团未来五年的战略目标、发展策略，然后明确了集团级课题：2014年要打九场硬仗；紧接着课题负责人分别围绕硬仗内容做了详细阐述，包括这场硬仗是什么，为什么要打这场硬仗，如何衡量课题成果，有什么行动计划作支撑等；最后每位课题负责人都当场签署了课题任务书。

会上发布的战略地图和2014年集团攻关课题让所有参会人员都感觉未来清晰、路径明确、信心倍增，整个集团上下都很清楚未来在哪里，未来要干什么，每一位高管要担负什么责任，每一个部门要承担的攻关课题。

大会之后，潍柴集团通过OA系统把年度集团课题清单及高管课题任务书进行了公示。从此刻开始，集团吹响了冲锋号，所有课题在高管的带动下展开全力冲刺，各个部门以分解的小课题为中心，大家心往一处想、力往一处使，开始了新一年的拼搏。

潍柴的企业文化是一种激情文化，极其重视员工的奋斗精神，而且奖罚分明，这也造就了潍柴干部雷厉风行的务实作风。课题改善是一场检验干部能力的"赛马会"，让所有相关负责人接受着无声的监督，将贡献和价值呈现在"阳光"下，也在企业内部营造出浓厚的"打仗氛围"。[①]

[①] 吕守升. 战略解码：跨越战略与执行的鸿沟[M]. 北京：机械工业出版社，2021.

第二节　课题改善的秘密：五阶八步法

课题是自上而下的改善，当企业围绕目标达成进行详细分析，将发现的不足或瓶颈确立为攻关任务，这就形成了课题。可见，课题对于目标达成是至关重要的，课题的完成决定了目标的实现，这是企业实现战略落地的关键问题。作为课题负责人应该怎么实施课题呢？最重要的一点，一定要运用科学的方法论指导课题的全过程。

当前有两种主流的课题实施方法论。在日韩企业中推崇 PDCA 方法，即通过对课题主题的计划、实施、检查、标准化，实现对主题的改善；在欧美企业中推崇 DMAIC 方法，即定义问题、测量当前水平、分析问题的原因、改善问题、结果的标准化控制等。这两种方法本质上都是改善过程的套路总结，都有可取之处，效率类或者现场的改善课题使用 PDCA 方法更合适，操作步骤简单明了，易于实施；工艺质量类的改善使用 DMAIC 方法更加适用，在实施过程中使用数据进行分析论证，因此统计模型使用较多，改善过程较 PDCA 更加严谨一些。

方法论只有被企业内的员工熟练掌握才能发挥作用。在大多数企业中，具备改善能力的员工并不多，在这种情况下，如果企业负责人急于提高，而确立了大量的改善课题，并制定了较高的目标，那么很容易造成大量课题因改善人才不足而半途而废，还会挫伤参与课题的员工的自信心，甚至会带来后遗症。比如，下属会抱怨领导是存心为难大家，提一些根本无法实现的目标等。于是，大家选择消极对抗，企业不但没有收获改善成果，反而丧失了士气和忠诚度。

有些企业非常重视人才培养，将改善课题当作培养员工能力的手段，这样的企业才会持续收获改善成果。企业设定课题并循序渐进地提高课题目标，不断鼓励大家去尝试、去创新，让员工在逐步解决问题的过程中，提高能力，增加自信，不断挑战极限，不在乎成功或失败，这样的企业在课题活动中会

精益战略部署

——构建精益管理的长效机制

收获更大的业绩和更多的改善人才。

综上所述，企业的改善人才是课题的基础，课题是一种循序渐进培训改善人才的手段。企业追求改善结果往往不能持续有收获，企业追求改善人才的培养，往往获得持续的改善成果，这是精益改善活动中的基本原理，蕴含着深刻的精益哲学。

课题改善应遵循正确的实施步骤，以确保取得好的效果。在长期指导改善的过程中，以 PDCA 和 DMAIC 方法论为基础，我们从实践中总结了课题改善的五阶八步法，供大家参考。五阶八步法算不上方法创新，在长期指导中国企业课题实践的过程中，我们针对当前制造业的情况，提出一种更贴近现实、更具指导性的方法，本质是介于 PDCA 和 DMAIC 之间的一种改进方法。

五阶八步法包括五个阶段，分别是目标与实际的差异分析（Target analysis）、现场写实与流程标准研究（Paint on site，Process stduy）、原理学习与价值识别（Study the laws，Sign the value）、识别改善机会并按计划实施（Identify the chance，Enforce by plan）、标准展开与能力评价（Standerd spread，Capacity assess），简写为 TPSIS。五个阶段中除了第一阶段，其他阶段都包括两个步骤，考虑到第二阶段和第三阶段是并行选择项，因此刚好八个步骤，故称为八步法。如图 6-3 所示。

第一阶段是目标与实际的差异分析。在实施课题改善之前，要明确目标与现状，找到差异。具体实施步骤：首先，要明确改善的背景，要理解本课题对企业战略目标的支撑意义，要识别课题活动对公司目标的影响。其次，要明确课题的改善对象，理解改善的边界条件，不要眉毛胡子一把抓。最后，要对当前水平进行量化评价，要对照目标水平找到需要解决的问题或浪费，明确改善需要做出的努力以及改善的贡献。本步骤是课题改善过程中的第一步，但是至关重要，只有理解了选题背景，明确了改善目标，才能调动课题成员的积极性。

第二阶段是现场写实与流程标准研究。改善最忌讳的是仓促行动，盲动仅仅能完成表层改善，仅仅割了一茬韭菜叶是解决不了问题的，因为问题的根源只要还在，就会源源不断地产生浪费。为了把握清楚现状，就需要课题成员共同进行现场写实，了解实际情况，通过写实记录拿到第一手数据，找到问题存在的根源。写实过程要集体行动,通过共同完成调查形成共识。同时,不能忽视对产生结果的现状过程及标准的研究,要充分了解流程是如何产生浪费的,标准是如何形成的,标准执行中存在哪些障碍等,这些分析都将对新的流程标准的制定提供足够的参考资料。

```
           目标与实际差异
          (Target analysis)
          ↓           ↓
    现场写实        流程标准研究
  (Paint on site) (Process stduy) ←──┐
        ↓              ↓              │
    原理学习         价值识别          │
  (Study the laws) (Sign the value)   │
              ↓                        │
         识别改善机会                   │
      (Identify the chance)            │
              ↓                        │
          按计划实施                    │
       (Enforce by plan)               │
              ↓                        │
       成果确认(Effect      NO          │
    confirm and standardy) ────────────┘
              ↓
             YES
          标准展开
      (Standerd spread)
              ↓
          能力评价
      (Capacity assess)
```

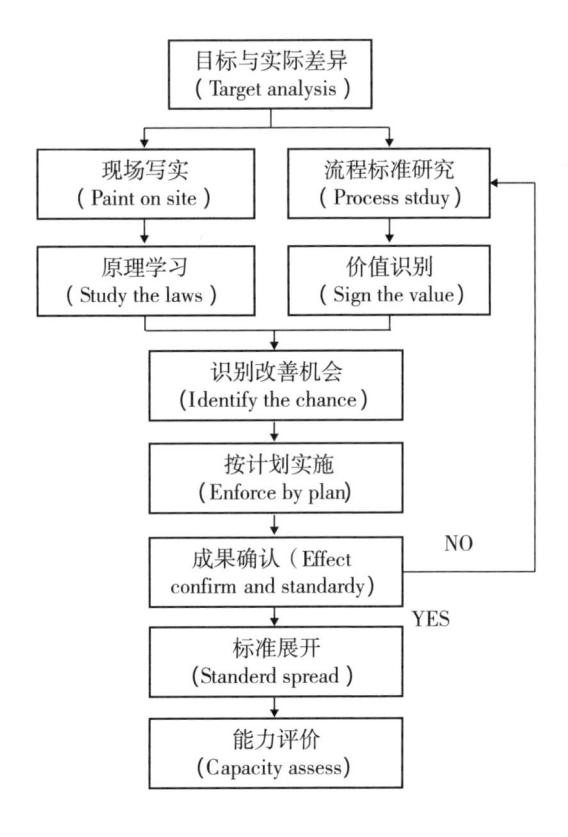

图 6-3 课题改善八步法

第三阶段是原理学习与价值识别。课题推进中,不要急于分析问题,更不要急于实施改善,很多时候,课题成员们对于问题的认知是肤浅的,甚至是错误的,南辕北辙是我们常犯的错误,因此需要深入地学习和思考。课题小组成员要加强对相关理论知识的学习,掌握原理和现象之间的关系,研究如何从当前问题的底层逻辑上进行改进,注意!从底层逻辑上进行的改善才是根本改善。为了能够确保改善活动有效,也不要忘记对整体流程价值进行

精益战略部署
——构建精益管理的长效机制

分析，找到有效的价值点和不增值的环节，更系统和宏观地展开分析。理论学习和价值识别都是一种深度思考，确保改善能够从源头进行，高效并产生新的知识。

第四阶段是识别改善机会并按计划实施。改善机会是指我们围绕一个问题找到的多种改善方案，这些方案数量较多，需要进行真假对策的验证。所谓"真对策"是指能够从根本上解决问题的对策，同时不会产生新的问题；所谓"假对策"是指对策对于问题的解决无益，或者对策的实施会带来新的更大问题，也就是我们常说的"打补丁"。另外，部分企业内部浪费巨大，成本居高不下，看起来大家在改善活动中都很忙碌，本质却是都在做打补丁的改善，越改浪费越大，成本越高。真假改善对策的验证可以通过实验再现的形式进行甄别，也可以通过原理分析的方法进行筛选，由于篇幅的原因，此处不做赘述。

识别了改善对策，需要针对对策制订实施计划，同时不要随机即兴地推进。如果企业找到的对策较多，应以时间、效果为评价维度进行排序，找到少数的关键对策进行落实。有些企业认为改善活动落实的对策越多越好，其实是不正确的，解决问题最重要的是精准，即一招制敌，一股脑儿实施各种对策是对企业资源的浪费，是不经济的，是不可取的！

第五阶段是标准展开与能力评价。当我们发现改善对策是有效的，就要将这种做法标准化，也就是变成工艺、变成制度、变成工作标准。改善所形成的标准流程、规范要在公司内相似环节进行全面推广，也就是常说的"横向展开"。通过全面推广和复制，缩短了其他同类工作的研究摸索进程，帮助同类工厂、产品线解决或预防同类问题，快速地实现更大的改善价值。当然，最重要的是，要对参与改善的员工的能力提升情况进行评价，让员工看到自身成长，同时对未来成长抱有期待，获得自身价值认同，这个步骤的核心目的是将改善过程变成人才培养的手段，非常值得大家深入探讨。

课题改善的五阶八步法是指导课题实施的重要方法论。我们要旗帜鲜明地反对课题改善依赖于少数"强人"的即兴发挥，一定要让课题推进按照改善步骤来执行。有了这个方法论，企业就具备了集中管控课题的能力，就能够以里程碑进行跟踪，实现对课题小组的评价，进而实现对众多课题的过程管理，确保课题如期实现预定目标。

课题改善是需要企业长期坚持的精益活动，每个课题小组在循序渐进的改善中都在快速进步，许多普通员工会成长为改善高手，而当前中国制造业最缺的就是改善人才！高手多了，企业就能够更加深入、系统地发现问题，更加科学合理地思考并进行改善规划，从而走向良性循环的康庄大道！

案例分析

在帮助某乳制品集团实施精益管理的过程中，有一个案例记忆犹新。在集团最陈旧的T工厂中，由于设备陈旧，总是出现鼓胀不良，尤其多见于联杯产品。因此，在年初我们确定了工厂级课题，将联杯鼓胀不良率的降低作为质量处处长的课题。

质量处处长小王是一位女干部，工作风风火火。刚刚上任的她也希望借助这个课题确立自己在质量管理领域的权威，于是，联杯鼓胀课题组迅速行动起来了，小组成员几乎每天在下班后都要开会研讨，对鼓胀产品进行分析，对造成故障的原因进行排查，小组成员非常努力，排查也很细致，最后形成的整改清单让人大吃一惊，找到的问题点高达100多项，大都是小组认为有问题的地方，简直就是"怀疑一切，打倒一切"。顾问老师认为整改工作量太大，需要精准筛选问题，当问到是否可以从中识别出关键问题时，小王面露难色，因为他们无法进行验证，他们也对鼓胀形成的原理不太了解。

怎么办呢？小王认为无须进行原理研究，只要将所有问题点全部改善完，自然解决问题。于是整个小组迅速行动，每日完成3项整改，一个月后，当顾问老师再次来到T工厂时，发现小王情绪低落，原来问题点已解决80多项，可是鼓胀不良率依旧居高不下，没有什么作用。

既然这样那就换一下顾问老师的思路吧，大家从知网下载了关于乳制品鼓胀研究的文献，并对其进行了认真研读，还从公司找到技术专家进行培训，掌握了引起鼓胀的酵母类型，了解了CIP清洗的原理，了解了联杯灌装机的内部构造。大家认真地研究清洗过程中涡流对灌装头内腔的清洗效果，突然发现一个罐装头内腔的T形管道存在清洗死角，经过验证，查明就是这个死角造成酵母的持续生长和带入，课题小组成员欣喜若狂，长期困扰的问题就是这么简单地找到了根本原因。不出意外地，两周后，联杯鼓胀不良率快速地降低了。

从此以后，我们要求所有课题小组在实施改善前，要进行理论知识学习和研究。课题改善是一个跨学科、跨职能解决问题的过程，需要大家抛掉以往经验，以空杯心态学习相关专业的知识，在不断消灭知识盲区的过程中，通过联系实际找到解决问题的好方法，这才是真正的捷径。

第三节　不传之秘：课题过程管理方法

企业围绕战略地图进行战略分解落地，所有部门和岗位都会提出各自的改进课题，一时间，课题如雨后春笋般长了出来。如此之多的课题怎么管理呢？在这种情况下，企业无法通过聚焦资源予以某个课题援助，而全靠课题小组自身能力实施，又很难将课题完成，这就需要企业基于课题过程管理方法，构建课题整体的管控机制。

企业如果没有基于课题的管控手段，很难获得预期课题收益！一般来说，批量课题在缺乏管控的环境里，成功实施的比例不足40%，全靠少数课题负责人的自动自觉，但是这类好同志毕竟是少数啊！构建良好的课题管控机制，课题成功的比例会增加到75%~80%。通过督促、检查、培训、帮扶，企业给所有课题成员激励和赋能，最大限度地提高大多数课题小组的主观能动性，能够有效地防止课题"呆滞化"。

关于课题"呆滞化"是指课题成员在持续改善活动中，越来越没有参与热情，最后大家不再围绕课题思考改进，课题实施缺少了活力，就不会有任何进展，变成了呆滞课题。呆滞课题的产生有着深刻的管理学原理，应该说带有天然性。根据70-20-10管理变革法则，支持改善的人员约占20%，对于改善抱持怀疑和观望态度的人员约占70%，而反对改善唱反调的人员约占10%。那些支持改善的员工会积极主动地完成课题任务，完全不需要公司检

第六章 目标实现的有效途径：持续改善

查监督；那些反对改善的员工一般会对课题任务推托、阻挠、消极对抗，基本不会完成任务；对于中间部分的人员来说，是否能够完成课题是随机的，带有很大不确定性，如果没有良好的课题管控，课题进展情况就看课题核心成员的"心情"了，情绪好了有可能完成，情绪不好就可能陷入呆滞。这并不是我们企业管理者希望看到的，我们需要持续监督课题活动，持续跟进课题进展，持续评价课题小组热情，发现了问题及时进行纠偏，让课题成功，让课题成员找到成功的喜悦！

课题整体推进应管控哪些环节呢？一般来说，应抓好这六个步骤：立项、分工、计划、跟进评价、总结、评比。通过标准化模板让课题小组成员各自对改善主题进行调查，推动小组成员自主积极进行集体讨论，通过评价每一个课题的过程里程碑，带动课题结果的输出。

课题管理的第一步是课题立项。立项的重点是将课题的背景和目标说明并正式登录。所谓登录就是在公司管控系统中登记，登记就是一种正式承诺！通过课题登录，确保课题的目标明确，改善主题的边界清晰，课题输出及改善周期合理，改善小组成员做好分工，并将上述内容填写在"课题登录书"中。"课题登录书"是一种严肃承诺，是课题小组集体决定要完成某个改进或实现某个目标的共同宣言。在许多企业中，甚至要召开大会，公司领导要公开授予任务书，通过上下级签字完成立项登录，目的是强化课题工作的重要性和严肃性，"课题登录书"的具体内容参考表6-1。

课题管理的第二步是课题分工。分工是课题活动中的重要一环。课题改善是团队活动，容易形成集体参与的氛围，但有时也会出现少数组员积极改善，唱着"独角戏"，其他组员围观不干活的现象。使用"课题分工表"就是解决小组成员共同参与问题，当然还有一个隐含的目的就是课题完成后进行奖励分配时，减少因为分配不公造成的内部矛盾。有些企业在推行课题时，由于课题的分工不认真，导致课题管理过程中，课题员工对自己的贡献度没有清晰认知，到了年终对课题进行表彰，出现了一些纷争，企业内部出现了不和谐的声音，"没有奖励一盘和气，一有奖励一堆怨气"，好事变坏事了！因此，在课题管理过程中，特别强调，必须严格执行小组内部分工制度，提前确定参与人的工作，以此确定改善贡献度。

精益战略部署

——构建精益管理的长效机制

表 6-1 课题登录书

课题名称					
负责人		牵头部门			
课题选定背景	课题现况描述		课题目标	现水准	目标水准
	问题点描述				
	改善方向				
			目标水准设定依据		
改善小组建立（含附件）	组长		组员		

"课题分工表"填写方式比较简单，在"团队成员职责明细及贡献度基准"中，明确规定了小组成员扮演的各种角色，以及对应贡献度标准，小组成员可以小组内部讨论各自角色，然后对号入座。大家按照自己在课题中扮演的角色，在"团队成员贡献度评价栏"中，填写自己的角色和贡献度，在课题奖金分配时，严格参考贡献度，这样能够有效消除分配的纷争。"课题分工表"的具体内容参考表 6-2。

课题管理的第三步是课题计划。所谓课题计划是指课题小组在实施改善活动之前要制订宏观的实施计划，具体可以参考课题改善计划书模板。课题计划是课题小组根据时间要求倒排工期，形成的里程碑计划，以确保改善活动能够按照预定周期完成。课题计划包含工作事项、输出内容、完成时间等，详细到每周，需要课题小组仔细分析讨论，自主提报。

有了课题计划，企业就可以对课题的进展进行监督和控制。课题计划既是课题小组内部协同的手段，也是公司课题管理部门对课题所需资源进行协同的重要依据，换句话说，计划是抓手，是对课题的实施过程的管理。课题改善计划不是具体的改善措施，而是课题按照五阶八步法展开的日程安排，要将各个步骤，如差异分析、现场写实与标准研究、原理学习与价值识别、识别改善机会并实施、标准展开与能力评价等，进行安排规划。课题不同于班组内的 QC 改善，QC 改善可以周而复始地分析研究，课题必须策划严谨，截止时间明确，保证如期达成，其中车间级课题完成周期为 12 周，部门级课题完成周期为 18 周，公司级课题完成周期为半年。

表 6-2 课题分工表

课题名称				课题类型					
\multicolumn{10}{c|}{团队成员职责明细及贡献度基准}
No	\multicolumn{2}{c|}{团队成员职责明细}	贡献度基准	No	\multicolumn{4}{c|}{团队成员职责明细}	贡献度基准
1	\multicolumn{2}{c|}{提出改善想法，并组织实施}	20%	5	\multicolumn{4}{c|}{改善对策实施}	10%
2	\multicolumn{2}{c|}{制订整体推进计划}	15%	6	\multicolumn{4}{c|}{项目进度跟进}	10%
3	\multicolumn{2}{c|}{数据采集及整理}	10%	7	\multicolumn{4}{c|}{对策实施后效果确认}	5%
4	\multicolumn{2}{c|}{原因分析并制定改善对策}	20%	8	\multicolumn{4}{c|}{制作总结报告}	10%
\multicolumn{10}{c|}{团队成员贡献度评价栏}
No	姓名	部门	\multicolumn{6}{c|}{具体职责（%）}	贡献度评价	签字确认
			1	2	3	4	5	6	7	8		
1												
2												
3												
4												
5												
6												
7												
8												
9	合计											

说明：

1. 改善团队成员原则上不超过 8 人，成员贡献率根据其在改善过程中应发挥的作用及付出的努力程度进行评价。

2. 此表应在课题立项讨论时制定，并根据评价结果确定课题组长。此表与课题改善资料共同存档。

3. 组长任职条件：①对课题完成的贡献率大于等于 30%；②课题改善范围与其日常职责关联度大于 30%；③日常工作中行政性事务比例小于 30%，可保证充足的改善时间；④具有团队领导能力和课题推动能力，确保改善进度；⑤改善过程遇阻时能够及时进行内外部沟通联络。

精益战略部署
——构建精益管理的长效机制

"课题改善计划书"的具体内容参考表6-3。

表6-3 课题改善计划书

课题名称			课题指标		负责人		编制日期	
完成期限			单位		现状		目标	
改善周期	周次	具体时间	工作计划					
	1		
	2		
	3		
	4		
	5		

　　课题管理的第四步是跟进评价。课题的跟进评价是对课题的过程进行跟进后，给予的绩效打分。课题管理者要了解所有课题的实际情况，发现推进中的不足和停滞情况，输出进度评价，并及时协调解决各种障碍。通过课题跟进，督促各个课题小组能够持续专注课题改善，积极围绕主题开展活动，保持工作的连贯性，同时也督促那些改善动机不强烈甚至是观望的员工积极投身于改善活动中。

　　在课题评价过程中，常常会发现个别课题由于各种小原因，导致课题停滞，这时课题管理者就要拉响警灯，立即帮助课题小组从更高层面上召集会议，协调资源，予以帮助或解决。大约80%的课题停滞都是因为一些鸡毛蒜皮的小问题、芝麻绿豆的小困难造成，稍一疏通就可以继续顺利推进了！如果课题出现了客观困难，无法推进了，就要立即予以取消。

　　课题管理带有很强的行政管理色彩，实际是代表公司对课题的进度进行管理，既要如实呈现当前各个课题的进度情况，又要发现掉队课题，并进行帮扶。因此，课题管理岗位属于精益管理的关键岗位，企业不仅需要设立该岗位，还要赋予足够的权限，以保证企业能够持续改善获益。课题进度遵守率评价表模板，如表6-4所示。

表 6-4 课题进度遵守率评价表

月度	课题责任人	课题名称	本周预计工作	实际目标达成	累计课题目标情况及说明			本周实际达成结论	未完成原因	见证性材料	进度得分计算
					推进排期	N月 1W/2W/3W/4W	N+1月 1W/2W/3W/4W	N+2月 1W/2W/3W/4W			
					计划						
					实际						
					推进排期	N月 1W/2W/3W/4W	N+1月 1W/2W/3W/4W	N+2月 1W/2W/3W/4W			
					计划						
					实际						
					推进排期	N月 1W/2W/3W/4W	N+1月 1W/2W/3W/4W	N+2月 1W/2W/3W/4W			
					计划						
					实际						
					推进排期	N月 1W/2W/3W/4W	N+1月 1W/2W/3W/4W	N+2月 1W/2W/3W/4W			
					计划						
					实际						

（表头：(××部门)课题进度遵守率评价表　■完成　■未启动　■进行中）

课题管理的第五步是课题总结。课题总结就是对整个课题解决问题的过程进行复盘整理，形成可分享的报告。总结内容中要对课题推进过程进行归纳，包括如何分析问题，如何解决问题，碰到哪些瓶颈，做出哪些努力，取得了哪些成果等，最好对课题节省的金额也进行核算。课题总结对于企业来说，是知识的沉淀和最优经验的提炼；对于课题小组来说，是小组努力付出后的成果展示。因此，需要认真细致地完成，总结要图文并茂，方便进行分享！曾有人在网络吐槽"干活的比不过做PPT的"，其实是一种片面理解，所有职场的骨干都需要制作PPT来表达想法，所有会干活的都应该会做PPT，这是一个基本要求。

在精益企业中，在经历了用PPT表述的阶段后，应提倡使用一页纸报告进行总结阐述。一页纸报告又叫A3报告，是一种精益报告方法，简单说就是用一页纸将所有需要表达的内容清晰简练地呈现出来，避免长篇大论浪费时间，这一页纸要把问题的背景、分析、对策、执行、成果等表达出来，因而具有一定难度，需要编写者经过相当严格的训练，此处就不做具体讲解了。A3报告模板，如图6-4所示。

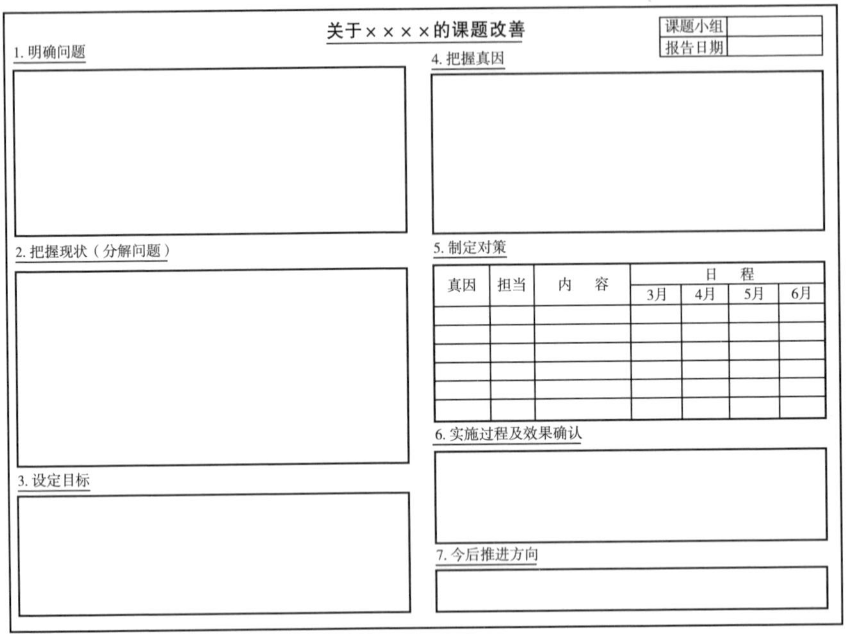

精益战略部署
——构建精益管理的长效机制

图 6-4　A3 报告

课题管理的第六步是课题评比。课题评比是指在公司的组织下，对所有课题的过程和成果进行多维评价，其目的是对各个课题小组的工作进行排名，以便实施激励。企业对不同课题的激励方式各不相同，但可以肯定的是，由于课题改善是小组成员在工作之余完成的，因此需要得到工资之外的额外激励，凡是认为课题改善就是员工的本职工作，并以此为理由拒绝实施激励的企业，无一例外，都亲手将全员改善的大好局面扼杀了。

对于课题的评价，不应仅仅关注于结果，如节省资金等。课题改善节省了成本固然很重要，但是节省成本跟课题有很大关系，跟努力程度关系不大，有些课题就是"吃肉"的，即稍作努力就会产出大量的有形效果，有些课题就是"啃骨头"的，攻坚克难，却没有节省成本。我们要倡导课题小组对于改善主题努力投入，改善过程中积极创新，并通过课题评价来树立这样的价值观，否则，以后吃肉的课题大家抢，啃骨头的课题大家都躲。所以，课题评价一定是综合性的，应从改善选题、过程努力、改善创意、总体效果等方面进行综合评价，突出改善过程中的表现，确保改善活动的可持续。课题评价打分表模板，如表6-5所示。

第六章 目标实现的有效途径：持续改善

表 6-5 课题评价打分表

No	课题名	负责人	课题预定目标	期初目标	当前实际	财务效果（万元）	有形效果（10分）	努力程度（10分）	创新性（10分）	参与度（10分）	总体分数	排名

精益战略部署
——构建精益管理的长效机制

课题的过程管理除上述六项内容之外，还有很多的管理细节，需要企业在实践中针对实际情况建立符合自身特点的管控标准，继续深化管控措施。

企业中课题管理岗位的设立是很重要的，该岗位具有双重作用，不仅能帮助企业提升课题成功率，还能构建课题小组自主运行的管理机制。令人遗憾的是，为数众多的企业中，尽管企业也高度认同精益管理的重要性，但是一旦提议设立课题管理岗位，又变得非常犹豫。同时，精益管理活动的系统性建设是企业领导者需要认真思考的命题。

案例分析

许多企业在推行课题管理时，常常忽视改善收益的激励机制，造成课题小组虽然创造价值，却不能分享价值，结果是员工抵触课题改善，这样的企业是无法让精益扎根的。

2021年，某西北地区新型建材集团启动了精益管理项目，在启动前，企业反复强调精益生产是企业的长期战略，是老板亲自安排的工作，因此要从精益管理体系和精益人才培养角度推动。同时，企业提出为了确保双方尽职尽责，在合同中约定了改善财务收益的金额，但是核心目标是构建精益系统，实现企业的持续改进。

精益活动启动后，企业高层的声音发生了变化，领导们认为花了顾问费，就要产生收益，因此大家把改善财务收益当作重中之重，通过各种途径反复给顾问组施加压力。顾问老师迫于甲方的压迫，只能疲于奔命地识别成本浪费，确立改善课题，推动课题进展，改善收益核算。至于精益人才培养、基层班组建设、试点单位推进，大家都不关心，典型的口惠而实不至！当精益项目变成了购买服务，顾问老师承担了本该由企业承担的目标，就已经陷入了失败的泥沼了。

最令人头疼的是，项目期间，企业从未给予任何改善小组兑现激励，让马儿跑又不给吃草，课题怎么能持续下去呢？在缺少了利益引导的环境下，基层干部职工认为精益就是在给自己添麻烦，就是在挤基层的水分，就是在剥削基层的劳动果实。最后大家将矛头指向了顾问老师，改善收益是为了完成顾问老师的考核任务，对企业、基层班组、员工完全没有任何好处，大家为什么要干？在这种机制下，企业最后的选择不是从内部挖掘潜力，而是与精益顾问老师进行博弈，在课题推进中常会出现这种现象，一部分课题负责人不去调研，不做规划，对老师说，你让我干啥我就干啥，大家都是在帮助老师，就是在给精益的领导们一点面子！

到了终期总结，矛盾更加突出，许多课题从指标改进上看，成果很明显，但是大家核算财务效果时，尽量少算，甚至不算，生怕给企业带来麻烦。最后的局面是，顾问老师据理力争核算收益，集团却对核算数据将信将疑，坚决不同意收益的计算方法，在持续的冲突中，精益咨询的大戏落下了帷幕。

第四节 日常基础管理的重要工具：行事历

最近在调研一个行业领先的注塑企业时，企业老板抱怨道，自己多年来一直学习5S，请咨询公司辅导也有两三次了，但是仍然搞不好基础管理。基础管理较弱直接带来材料损耗、设备故障、制造成本居高不下。我们到现场详细诊断后发现，企业的班组建设、5S管理、进度管理基本都是一团糟，各种浪费层出不穷，而且还在持续恶性循环中。为何中国制造业普遍搞不好基础管理呢？这是困扰着众多的企业管理者的一个难题，而本质是企业缺少日常管理的能力。

基础管理是什么？基础管理是基层一线真正实施的管理活动，是真实落地的班组建设。如果我们企业中，基层班组形成了较为完善的规定、标准，并被一线员工认真执行，在执行中不断优化和提高，这就是好的基础管理；基层缺少完整的执行规范，或者虽然有了规范标准，但是并没有得到认真的执行，在一线管理中更多的是随意的、经验式的管理，这就是差的基础管理。

基础管理就像企业的筛网，管理越好筛网越小，管理越差筛网越大，企业的成本损失就是通过筛网网眼进行逃逸和浪费的，筛网越大，漏掉的就越

精益战略部署
——构建精益管理的长效机制

多！如果基础管理较差，势必在班组和执行层面，由于企业的资源和效益被浪费，进而造成企业的战略目标和收益无法达成。因此，基础管理决定了企业管理的下限。

在战略地图中，专门有一项是规划基层管理的机制建设和员工能力的提升，这是从企业层面对基础管理予以额外关注，而在绩效合约分解和改善课题确立之后，我们也会识别出迫切需要提升的基础管理事项，这两个方面的要求就形成了战略角度的基础管理提升。那么，如何编写基础管理提升计划呢？我们通常使用的工具是行事历。

行事历是一个策划的模板，在时间轴上规划了如何开展各项基础管理活动，同时规划了每项基础管理活动的里程碑输出。从形式上说，行事历就是一个甘特图，是从战略地图引申出来的一系列基础工作的分解计划。年度行事历的内容，如图6-5所示。

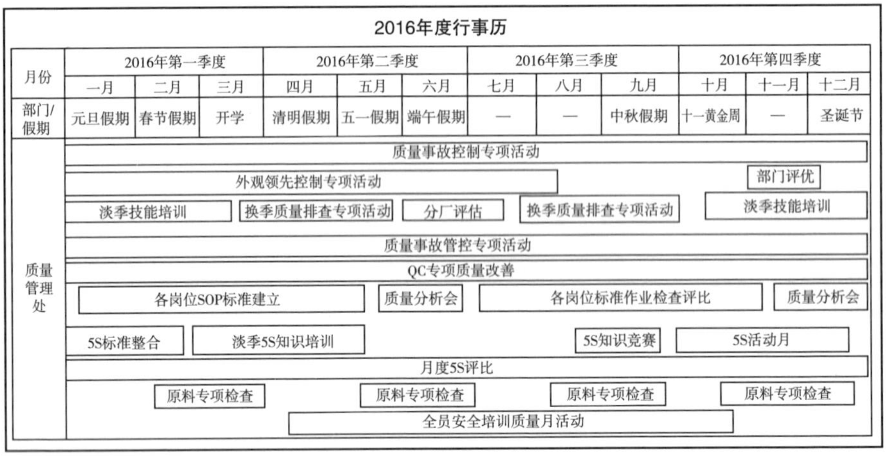

图6-5 年度行事历

从上图可见，行事历纵向罗列了需要规划的关键事项或者部门，横向是每年的十二个月以及关键节假日。每一个关键事项都要分解为若干个重点步骤，并结合月份进行规划设计。行事历规划的基础管理内容主要围绕技能、士气、现场展开，包括班组建设、员工培养、全员改进、会议设计、能力提升、员工关爱、现场管理等方面。班组建设围绕班组日常管理工作展开，包括班组例行工作、班组异常管理等内容；员工培养包括员工技能规划、员工技能评定、员工技能训练等内容；全员改进包括 QC 活动及全员提案改善；会议设计包括公司内规定的会议类型、会议方式、会议时间、参与人员等内容，确保会议的设计围绕战略目标需要开展；能力提升是指围绕各个岗位建立能力素质模型，并通过对员工能力的识别，找到需要提升的方面，并构建提升能力的系统，包括管理能力和改善能力；员工关爱是指针对基层员工的不满意或者潜在需求，从工作和生活等各个角度进行贴心改进，增强员工归属感和幸福感；现场管理是指围绕现场 5S 进行系统设计和提高，推动现场规范化，最终实现更高的员工素养。

行事历工具详细分解了基础管理，并将每个计划节点分配到每周及每天，这样就形成了详细的可执行岗位计划，进而实现了岗位行动的一致性。可见，行事历是帮助企业持续提高日常管理水平的重要工具。

基础管理和日常管理应该由谁负责呢？许多企业认为，基础管理顾名思义就是由基层干部完成的管理工作，因此没有做好就是基层干部的责任！其实不然，基础管理是一个企业综合管理能力在现场的最终表现，因此基础管理不佳是企业总体管理水平差的体现，如果非要找个背锅侠，那么主要责任在总经理！基础管理包含各级干部分工、规范流程的适配、基层活动的支持、职能部门秩序的构建等方面，哪一方面没有做好都会导致基础管理劣化。例如，一个生产企业中，由于市场端订单信息缺少预测，造成生产计划常常无法实施，在这种情况下，车间生产难以协同各种生产资料，于是，能生产什么就生产什么，车间内到处都是半成品、呆滞品、完成品，标识混乱，效率低下。

搞好基础管理，最重要的是提高认识，那些认为只要用点功夫就能搞好基础管理的观念，都是大错特错。基础管理需要企业运营秩序的持续优化、需要提高各项生产要素的供应稳定性、需要现场管理者持续得到培训、需要通过各种活动提高基层素养等，就上述几点而言，基础管理绝非短期之功，也绝非容易之事，唯有使用行事历的方法，进行企业视角的系统规划，形成基础管理一盘棋推进，将众多工作规划好、落实好，这样才能形成整体提升！

精益战略部署
——构建精益管理的长效机制

案例分析

在某自来水集团实施精益管理的过程中，针对基础管理，咨询老师创造性地提出了"主题季"活动，即针对每年四个季节的水质变化，有针对性地确定水厂的季度管理重点，针对季度管理重点制订本季度的基础管理和日常管理计划，这样既实现了日常管理的持续提高，也兼顾了制水行业的特点。

我们以2015年第四季度某下属水厂的总结为例进行说明。

2015年第四季度是某水厂开展"主题季"活动的第二个季度，本季度主要围绕"防寒冻、稳运转"的活动主题，从防寒防冻、预防维护、5S精进、对标学习等多个方面入手，确立基层执行计划，实现日常管理持续精进。

2015年10月初，公司精益办公室会同维护部以"防寒冻、稳运转"为主题召开启动会，公司领导会上提出"不冻坏一座产水构筑物、一台设备、一部车辆、一个闸门、一米管线"的目标，并要求以维护部为主，相关部门全力配合制订年度防寒冻实施计划，不但要提前完成年度防寒冻工作，还要制定水厂防寒冻执行标准。

在维护部统一调度下，以老抢修组、设施维护组为骨干，发扬连续奋战的精神，终于在2015年11月15日前完成全厂闸井盖板、水射器、投加管道、构筑物等处的防寒防冻工作。同月，水厂领导班子进行了全线防寒冻检查，共发现46项隐患，整改完成42项，整改率达到91.3%。2015年12月初，在上级单位防寒冻检查评审中，水厂取得各项工程、管线、设备防寒措施均达标的好成绩。防寒冻自检记录，如表6-6所示；防寒冻现场自检图，如图6-6所示。与此同时，在精益办公室的帮助下，维护部制定了防寒防冻操作规程和工作标准，使防寒防冻工作再上台阶。

表6-6 防寒冻自检记录

类别 时间	防寒冻		安全	
	发现项	整改项	发现项	整改项
10月	9	7	10	8
11月	7	7	10	10
12月	5	5	5	5

图 6-6　防寒冻现场自检图

第五节　网络计划和日程表

部分中国制造型企业内部到处是金矿，可挖掘的改进空间很大，其中一个重要的方面就是内部失调和混乱。

有些企业由于领导难以协同部门之间的工作，于是召开大量会议，各级管理者们上班时间基本奔忙于各个会议之中，连一些基本的例行业务处理时间都没有，只能通过加班来完成，这种用会议代替计划，就叫作失调。有些企业内部缺少规则，全靠经验和直觉进行管理，于是异常频发，管理者们忙于处理异常，结果导致企业效益低、反应慢、质量差，整体低效运行，异常代替正常，就叫作混乱。

精益战略部署
——构建精益管理的长效机制

当前制造企业是怎么应对失调和混乱的呢？有些企业采取996、007的上班方式，完全靠剥夺员工的休息时间，依靠不人性化的员工的辛苦付出来解决，大量的人力资源和社会资源被浪费，结果是当前年轻人纷纷逃离制造业。一切恶果来自制造企业自己瞎干、蛮干、盲目干，效率低且不创造价值。怎么解决混乱和失调这个罪魁祸首呢？我们的答案是网络计划和日程表。

中国企业会议多的原因是什么？除外部环境变化需要迅速调整之外，相当一部分是企业管理活动缺乏策划和协同造成的。

中国企业通常不注重计划和协同，也不注重事前的准备和策划，因此很多工作都要临时调度，常常是一个问题的解决带来了下一个问题，比如，企业平时不注重物料齐套管理，一个产品交付出现了问题，领导就要组织大家开批判大会，结果是产品交付速度变快了，产品质量投诉却增加了，周而复始，这么多问题本质上都是协同和策划不足导致的，背后掺杂了个人英雄主义、权力欲、官僚作风、派系斗争等复杂因素，但最核心的是企业缺少了一开始就充分策划的工作习惯。

当然，这类企业可能缺乏策划和协同的文化，因为策划和协同是事前工作，往往投入较多精力，却没有显示度，就类似扁鹊的哥哥，由于擅长治疗未病导致没有名气，如果企业文化认为业绩就是解决病痛，管理人员就会热衷于扮演扁鹊的角色。如果企业将管理人员的临时表现作为评价标准，大家自然会愿意组织开会；如果企业偏重对管理者工作的有效性进行评价，大家自然就不愿意组织开会，而是愿意投入实实在在的工作中。

如何协同才能让整个公司完美协同而无须开会呢？精益中一个重要的工具就是网络计划和日程表。

网络计划和日程表来自日本人的工作方式。在日本企业中，各级员工特别重视事前规划，在行动之前一定会进行联络商讨，并形成统一的行动计划，然后写入各自的日程表中，严格按照日程表执行，形成组织合力。对比单个中国员工和单个日本员工，日本员工的灵活度和效率远不如中国员工，但是如果对比中国企业和日本企业的效率，我们会发现，中国企业是远远不如的！可见，一个小小的网络计划和日程表带来的是企业截然不同的效率表现！

网络计划，顾名思义，就是将所有工作任务，按照相关性和先后顺序分解成为计划，计划中要体现与相关部门联动的内容，因此称之为网络计划。网络计划是以组织为单位的，如部门、科室、小组等，目的是完成组织内分工；网络计划跨度广、周期长，以最终目标为导向，约定了相关岗位的工作进度，很方便地实现了协同工作。

日程表，顾名思义，就是安排每个员工的日常工作的计划。各个岗位根据职责从网络计划中拆分出本岗位相关的内容，这就变成了工作的月度或周度日程表，用日程表指导具体岗位员工工作，无形中建立了彼此协同。

通常公司层面的网络计划，通常以年为单位，称之为大日程计划；部门层面的网络计划来自公司网络计划的分解，通常以月或季为单位，称之为中日程计划；小组层面的网络计划来自部门网络计划，通常以月或周为单位，称之为小日程计划。

一个合格的网络计划来自前期对整体工作的细致策划。企业负责人如果没有期初策划的习惯，那么必然带来大量临时安排的工作，谈何整体效率？优秀的企业负责人往往将主要精力放在前瞻性的未来设计上，通过预判形势提前形成战略部署，推动战略分解形成整体可执行计划，并监控可执行计划的执行。有了这样的顶层策划，其他细节管控过程就有据可依，将公司网络计划进一步分解，直到变成具体的个人工作执行网络计划。网络计划的主要内容有量化月度目标、改进项目、工作步骤顺序、责任部门、完成时间等，其制作过程与我们前面讲过的公司战略设计规划、战略地图共识与分解等内容是一致的。大日程计划模板参考表6-7。

精益战略部署
——构建精益管理的长效机制

表 6-7　工厂年度大日程计划表

精益	项目/现状	月份 从8%提升至94%	责任部门	目标值	第一季度 一月 元旦假期 88%	第一季度 二月 春节假期 88.5%	第一季度 三月 开季 90.0%	第一季度 四月 清明假期 91.0%	第二季度 五月 五一假期 91.5%	第二季度 六月 端午假期 91.5%	第三季度 七月 — 92.0%	第三季度 八月 — 92.0%	第三季度 九月 中秋假期 92.5%	第四季度 十月 十一黄金周 92.5%	第四季度 十一月 — 93.0%	第四季度 十二月 圣诞节 94.0%
质量	直通率	客户退货不良A2.3下降至1.3	1.客户投诉，客诉字首评价标准化	质管中心	—	0.0%											
			2.客户字首能力分合格率达到100%	检验处	1.0%												
	过程质量能力提升	制程配料分合格率从95%提升至97%	1.多产品客主能力对关系SPC，降低过程不良	质管中心	0.5%												
			2.关键员工作关系统不达到B类，冷失误	过程事务处	0.5%												
			3.防老失踪设计，降低失误率	工艺处	1.0%												
	生产过程改善，成品免失度从83%提升至85%		1.修订分厂客户处理规则，增加考核激励措施	总经办	0.5%												
			2.成品免失度分解过程设计标准	质管处	0.0%												
			3.全过程流程分析，推进成品免失度改善活动	车间	1.5%												
	原材料来厂审查部	物料不合格率低于50%	1.来源检验原材料物料来人点出使用，清除零期物料	采购处	0.5%												
			2.新物料第一次使用分合格率损失，推进人来检验快速进行小样实验确认	工艺处	1.0%												
			3.色材人库检验各字形响应迅速，实现分合格	质管处	1.5%												
	作业标准化维护	质量改善，产品合格率从3%提升，实现重要产品3%提升	1.红毛头长、老毛头长不持续能力下降优先，实现全检	质管处·车间	废产品 0.8%↑												
			2.红老额长不长、配料添加过程优化	质管处·车间	废产品 1.2%↑												
			3.衬仓使用时标准细化	质管处·检验处·车间	0.5%												
			4.乐科、乐无度产品关键控制点	质管处·车间	0.3%												
			5.SLX-13品流激冷端温料标准化	质管处·车间	0.4%												
			6.高温通气量变化健康样研究，形成质量标准	工艺处	0.2%												
			7.配料失误补救措施研究	质管处·车间	0.3%												
	作业标准执行监管		8.操作人员质量关键健康流执行检查激励标准化	车间	0.3%												
			9.质管变化率质变化活动	车间	0.3%												
			10.现场检验标准优化														

162

网络计划是一种多维度合作、多流程并行或串行的计划形式,具有一定的复杂性,需要企业内进行集体思考和讨论将整体工作澄清、理顺。在制作初期要充分沟通,确保相关部门能够充分表达意见,并在执行过程中不断修订完善,在本组织内部充分共识所有任务细节,要将所有过程中协同的关键节点识别出来,每个节点都要有时间要求和输出质量标准。

网络计划的制订,反对领导一言堂,鼓励集体参与,鼓励形成共识。一旦网络计划确定,就要严格遵守时间节点,每一个节点都关系到其他计划的执行,一个节点拖后可能影响整体,因此要严格把控,企业也要慢慢培养遵守时间节点的文化。

网络计划的执行需要日程表的配合。网络计划通过更详细的分解,变成各个岗位的执行计划,为了便于自我督促检查,员工应将工作计划填写到自己的日程表中,并每日按照日程表来管理自己的时间,如同日本企业所说,日程表才是大脑,要根据日程表来指挥每个岗位的工作。个人日程表把网络计划内容和节点进行更为细致的分解,把个体与整体紧紧联系在一起,保证了整体网络计划的落地。日程表模板参考表6-8。

网络计划和日程表是战略落地的最关键一环,它将宏观的企业战略规划转化为微观的全员的日常固定动作,实现了个体动作的目标导向,可以说,有了网络计划和日程表才能期待目标实现!

当前中国企业都应补上"计划管理"这一课,养成用网络计划和日程表安排工作的习惯,避免临时调度,减少运营混乱,消灭大量会议带来的人力浪费,让企业能够实施舞蹈节拍般的工作,进而实现高效率。

精益战略部署
——构建精益管理的长效机制

表 6-8 网络计划日程表

案例分析

君乐宝乳业集团股份有限公司的高速发展与它的精细化管理密不可分，而其管理的内在动力来自它的文化。在2013年至2016年，集团一直将"至诚、至信、至爱"作为企业的文化内核。"至诚"要求整个企业从董事长到员工都要讲诚信，禁止违规、腐败、报假数、做假账；"至信"要求企业内部要互相信任、互相协同，目标一旦确定，就要全力以赴达成，说到做到；"至爱"要求工厂关爱员工，上级关爱下级，让大家心无旁骛于岗位工作，确保内部团结一致。

在这种优秀文化的指引下，企业实施精益管理过程非常顺畅。各个工厂对于围绕战略地图的分解非常积极，工厂、部门、班组形成了各级网络计划，并从小组级网络计划中拆解出各个岗位的月度乃至周度计划，形成周度工作日程表，并以日程表为中心，安排各自工作和定期汇报。

网络计划和日程表的具体执行过程并不复杂。工厂各个岗位在月初会在上级指导下，制定岗位工作日程，内部称之为"工作台账"。工作台账是以职责工作为中心，参考了整个工厂当月的所有重点事项。岗位月度工作台账完成后，下级要提报给上级进行审批，上级根据自己掌握的网络计划进行核对，防止事项遗漏和时间超期，审批合格后的"台账"就成为岗位的月度工作日程表。需要注意的是，工作台账实现了各部门之间的连接和协作，将上下级工作都进行了承接和细化。

每周各个岗位都要结合工作台账的内容，将自己本周工作完成情况进行总结，并层层汇总上报。上级要核对本月网络计划的内容是否完成，并对下属进行月度评价，这是对工作台账设计及完成情况的监控。工作台账完成了，意味着工厂推动的课题有了进展，行事历规定的任务得以完成。

网络计划和日程表在企业的应用，使企业内形成了内部客户机制。各个岗位之间彼此形成了工作上下游的关系，每个岗位的输出都成为另一个岗位的输入，每个衔接点都在拉动其他岗位的进度，如果在既定时间内没有完成，会被后工序提醒、催促，甚至投诉，这就建立了工厂内的"准时化"思想。

第七章 战略执行控制手段：过程监控

> **引言**

战略落地是一个长期的过程，通常会历时一年，最后验证战略目标达成与否。战略落地既需要全体人员埋头苦干、奋力划船，也需要随时在茫茫大海上抬头看路，发现偏离航线时迅速进行纠正。对于企业来说，战略落地中真正困难的是一丝不苟地执行战略，并对执行进行长期监控。谁都知道坚持跑步对身体有益，也都能坚持跑步十天、八天，但是能够长年累月坚持跑步的少之又少，关键是毅力不够坚定。

对落地过程进行有效的监控，企业需要借助精益管理工具。战略执行过程中，有多种精益方法，如目视化管理、层级会议、方针点检、异常管理等。这些方法从不同角度出发，识别存在的问题，调动各级员工的积极性，把精力聚焦于目标实现，让目标管理变得简单，让持续改善成为本能。企业之间的差异由运行效率决定，而运行效率由企业应用的工具决定，可以说，工具加持才是王道。徒手攀岩是少数天赋异禀者的专利，我们登上高山可以乘坐缆车，谁能更快到达终点一目了然，能用智商的地方一定要节省体力！

过程监控首要推崇的方法是目视化。何为目视化，就是对责任和过程进行广泛的宣传，用透明化带动努力，带动企业发力的方向，具体说来就是将目标和任务的责任人广而告之，将目标和任务的执行表现昭告天下。当前企业内的传播媒体越来越发达，通过邮件、微信、QQ、信息化屏幕、网站等，都能进行目视化传播。目视化的本质是强化责任,敦促进步,改变思维。企业通过目视化带动关注点和思考点,带动工作主题和话题,企业汇集一种声音,修炼一股内力,一根火柴就可以点燃荒原,甚至可以煮沸整个大海!

过程监控有一个大家都熟悉的套路就是层级会议。层级会议是各级管理者针对目标的定期检讨会议,核心是观察重点指标的走势,对目标和实际的偏差进行分析、纠偏和总结。层级会议目的有两个,第一个是通过反复关注目标,提醒大家要干什么,不干什么。学会取舍是一门学问,企业管理者常常眉毛胡子一起抓,要学会抛开非关键任务,断舍离也是一种智慧,所以离就离,早离早省心。第二个是通过回顾过去,发现问题,解决问题,给未来的行动以正确指引,提供成功的保证。一个善于总结的士兵经过几场战斗就能迅速成长为一个优秀的基层指挥员,他的成长是飞速的,当然前提是没有在战斗中牺牲。

过程监控不能忽略一个重要的形式:方针点检会议。方针点检会议是企业的顶级例会,是对战略执行情况的一次扫描,也是高层管理者针对公司运营结果进行的一次复盘。在会议上,要围绕战略实施进行梳理,回顾过去,审视环境,对重点课题进展进行督促,对新环境下重点课题进行增补,对整体执行步骤进行干预,类似接力赛跑中交接棒的过程,有减速,也有加速,最重要的是终点在哪里。

过程监控有两个小细节需要关注。第一个是异常问题的处理。如何从根本上治理它,减少发生频次,降低发生影响,需要按照标准步骤去操作。第二个是最佳实践的展开。企业中不时会产生一些优秀解决方案或者关键作业诀窍,如果没有成为公司标准,没有全面展开学习,是非常可惜的。因此,要按照精益管理的要求推广实践成果。

没有检查就没有管理,企业扎实做好过程监控方可实现战略,这是必要不充分条件。而过程监控不可能是一项措施就能一招制敌,抑或是一个部门单打独斗就能搞定,它需要多部门、多措施齐抓并举,通过协作完成一场交响乐演奏。监控过程需要锲而不舍,需要心理强大,前者解决的是自身惰性问题,后者让我们始终积极乐观,面对层出不穷的问题,我们应视问题为财富,才是战略落地的真谛。

精益战略部署
——构建精益管理的长效机制

导读

本章聚焦于精益战略部署的过程监控,从实践的角度,回答了以下几个大家关心的问题,包括如何将战略落地转化为目视化管理,如何搭建高效的层级会议,怎样开好方针点检会,出现指标异常该怎么办,如何将最佳实践进行横向展开等。

在第一节"战略部署的目视化管理"中,主要论述了目视化管理在战略部署中的重要性;同时,深入分析了目视化管理的底层逻辑,对于如何实施目视化管理进行了较为详细的说明,对于如何使用目视化管理板做了分享;最后展示了一些公司、部门的战略部署看板的实例,供大家参考。

在第二节"简洁有效的层级会议"中,首先对于层级会议的定义进行了解释,并将层级会议的分类进行了说明;其次对于层级会议的召开方法进行了阐述,列举了层级会议的注意事项;最后对于其他支撑战略落地的例会进行了梳理,明确了会议内容、目的以及要点。

在第三节"战略落地大招:方针点检会议"中,主要介绍了方针点检的概念及其重要作用;同时,明确该会议通过高层参与实现方针的修正,以及如何挖掘重点问题,并实施闭环管理;最后对该会议的议程进行了简要说明,并附带一些企业实例。

在第四节"指标异常的管理"中,主要介绍了异常的定义,也解释了为什么企业要关注异常,异常是如何影响战略目标的达成;在文中,通过对异常发生机制和类别进行分析,提出了减少并消灭异常的方法论,尤其对异常追溯、异常分析、异常改善、异常教育、防止再发生等步骤进行了详细说明;最后,对企业异常管理的体系做了初步探讨。

在第五节"最佳实践的横向展开"中,首先说明了何为最佳实践,何为横向展开;其次强调了最佳实践对于企业的重要意义;再次对于最佳实践总结的重要工具A3报告和一点经验进行了详细说明;最后对于横向展开的几种方法进行了探讨。

第一节　战略部署的目视化管理

企业战略部署的落地是企业全体人员心无杂念、目标统一、不懈努力的过程。有些优秀企业总能实现内部员工的齐心协力，因此，战略目标一旦制定，基本都能达成，这些企业普遍会高速发展。而有些企业内部思想不统一、行动不统一，也不会用战略来引导和鞭策员工，所以处于风雨飘摇的境地也不足为奇。

毋庸置疑，企业战略落地的真谛来自内部的协同与统一，潍柴动力董事长谭旭光在经营最困难的2012年，仍然下定决心全集团启动为期一年共12批次的高级领导干部训练营。在训练营启动会上，他着重强调了训练营要达成的目标，"潍柴要形成三个统一，思想统一、步调统一、行动统一，打造一支具备国际竞争力的干部队伍"。事实证明，这一年的训练统一了各级干部的文化价值观、工作思考模式。从此，潍柴集团高歌猛进，每年年初制定的挑战性目标都能超额完成，企业从当时的数百亿元销售额，连续跨越发展成为数千亿元的巨无霸。

目标的落地除了需要企业内部思想、步调、行动的统一，还需要将一些精益战略部署的工具实施到位。当前精益战略部署的工具，如大房间、目视化、五个Why、层级会议等，都值得企业认真学习，这些工具可以帮助每一个员工都采取正确、高效的方法，让企业员工的行动都能产生价值。

需要提醒的是，精益战略部署的工具知易行难，将上述工具用好是一个复杂而又漫长的过程，需要企业长期不懈地坚持，直到养成习惯。有些企业，对于精益落地缺少认知，稍微学习了一些精益方法，有了一点粗浅的认知，就认为落地是很简单的事情，这是非常错误的！

战略部署的落地过程中，最重要的工作是实现目标管理的目视化。

目视化要怎么做呢？企业要将各级目标和指标的实际情况进行展示，张贴出来，以尽可能短的周期进行跟踪，通过对比目标和实绩，将问题和异常

精益战略部署
——构建精益管理的长效机制

呈现出来，让管理者利用碎片时间实施有效管理，即立即发现问题予以解决。可以说，目视化就是将管理者的注意力从低价值的琐事中拉回到目标管理过程中，关注目标、关注差距、发现问题、实施改进。

在实践过程中，我们发现目视化本身就是一种简单有效地实现目标的方式，因为目视化能够让管理者注意力聚焦，所谓"念念不忘，必有回响"！思考的积累必然带来有效的行动，推动管理者们以目标为导向采取行动，行动的结果带来了目标的改善。由此可见，目视化的本质是提升"人"的工作的有效性，让思考和行动更加准确、快速。

即使在智能制造的条件下，过程指标和监控数据能够随时通过信息系统查询，甚至能够自主分析，我们依然需要目视化管理。通过更加直观的方式来呈现出正常和异常，敦促所有人员聚焦于问题和改进。很多企业投入巨资实现了数字化，但是把数据存储在服务器上，呈现在巨型屏幕上，并没有通过数据驱动问题的改进，也没有提高"人"的工作的有效性，此时的智能制造系统没有发挥应有的作用。

在战略部署下的目视化管理，要求公司在不同层面上建立目标和课题的展示与跟踪，将目标达成情况和课题进展情况向员工开放，形成透明化管理。目视化构建的顺序应该采取自上而下的原则。

首先，建立公司级目标管理板，将公司主要管理目标以点线图的方式进行动态跟踪，同时也跟踪主要目标分解的子目标的达成情况，并将匹配目标的公司主要课题以甘特图的方式进行进度展示，通过对目标和课题的目视化管理将公司重点工作一目了然地陈列出来，让相关部门和同事了解进展情况以便配合。同时，课题目视化也是展示所有人员的工作成果，便于形成客观的工作评价。

其次，目视化管理也要求下属单位形成自己的指标跟踪和课题跟踪展示，进行内部分解，形成协同。二级单位或部门的目视化管理带有绩效评价的意义，要将本单位的职责和承接目标进行展示，标注清楚责任人，并对主要骨干的绩效进行打分，我们常常称之为"第一责任制"，要求所有骨干必须承担关键任务，每个人都要"拉车"，绝不允许有管理者"坐车"！透明管理杜绝了放水现象，比如某些管理者由于总是很好地完成领导安排的临时任务，但是核心指标完成较差，如果上级领导主观评价，常常会"吹偏哨"，影响了内部公平。目标跟踪和成果展示是一种公平公开的外部评价，容易形成自我督促，形成内驱力。具体参考图7-1。

图 7-1 目视化看板实例

目视化管理除了用于目标和课题展示，还是一个对管理人员能力提升的闭环系统。目视化管理过程中，通过对看板定期更新和点检确保时时关注，实现了管理者对指标的跟踪、对改善的跟踪、对下属能力提升的跟踪。这些目视化内容包括关键指标的跟踪看板、课题进展展示看板、针对指标异常的分析展示、下属的绩效评价展示、下属围绕自身不足所进行的改进和培训记录等。

无论何种情况下，管理的原点都是人。目视化管理不仅仅是一种目标达成的过程控制手段，或是以目标为中心的预防纠正措施，其本质是通过该过程提升管理者的领导力。一旦发现指标出现异常，管理者要第一时间进行分析和改进，如果指标恶化，要对异常问题进行分析并纠正，形成5Why报告；如果指标优化，要详细分析挖掘出优秀经验，形成一点经验，并横向展开。实际上，对于目标恶化的分析包括事前管理和事后管理两种方式。事前管理是指通过指标曲线趋势的拟合识别出指标逐步恶化趋势，并进行指标全方位诊断，找到影响指标的变化点，提前予以改进。无论哪种情况，如果由于岗位工作失误影响了目标达成，要追溯到个人绩效评价中，并敦促岗位进行一点改善，形成闭环。事后管理是指当出现目标未达情况时，要对未达的真正原因进行查找，如果是偶发异常要建立举一反三的异常预防机制，如果是顽

精益战略部署
——构建精益管理的长效机制

固性异常要从根源上进行改善,防止再发。

通常,我们要求公司、部门、工厂、车间、班组建立自己的目标课题绩效管理板,还要按照不同的频次进行点检,公司应每月跟踪一次,工厂、部门应每周跟踪一次,车间应每日跟踪一次,班组长应每班跟踪一次。目视化管理板,如图7-2所示。

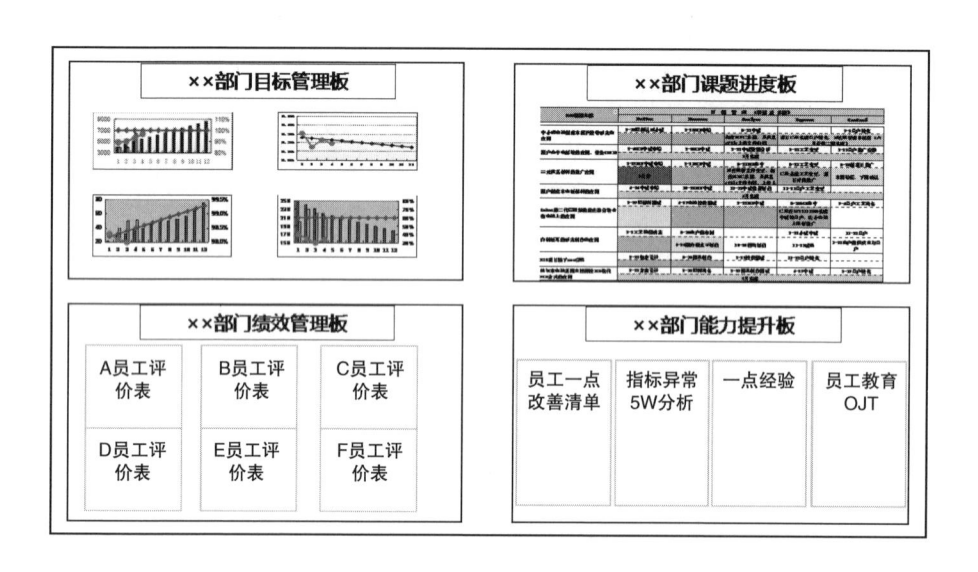

图7-2 目视化管理板

企业进行目标课题分解构建了初期的整体策划,紧接着就要进入真正落地的环节,即围绕工作计划的实施、检查和纠正开展工作,这是一个琐碎且周期较长的过程,企业应建立完整的"套路"。目视化目标作为众多手段之一,在呈现当前工作进展的同时,也在解决内部员工思想一致、步调一致的问题。目视化工作不是万能的,群策群力整体推动还需要企业动用权力和分配杠杆,两者互相促进,公司才能最大限度地实现战略目标。

第七章 战略执行控制手段：过程监控

案例分析

2008年6月，在天津力神电池股份有限公司华苑园区的管理办公楼中，有一间神秘的会议室，即使在夜里也灯火通明，经营革新部的同事们进进出出，异常忙碌，会议室内禁止其他部门同事进入，平时都被厚厚的窗帘遮挡，里面到底是什么呢？原来这是公司级战略目标分解的目视化点检室，同时公司的电池战略目标管理会议也将在此举行。

战略目标点检室内一面临窗，另外三面是墙。墙上按顺序张贴着硕大的公司战略地图，紧接着是公司经营四大关键指标的目标和走势图，这四大指标分别是销售额、客户投诉率、直通率和成本售价比，监控着公司市场份额、客户满意度、内部质量成本和利润率水平，每一个指标都由一个副总裁负责。

在四大指标之后，是从事业一部到事业五部的目标达成情况监控。事业一部从极片的直通率、计划交付率、后续投诉率、设备综合效率、产品创新等几个总体目标的监控图开始，延伸到制浆、涂敷、碾压、剪切、贴胶带等工序目标分解的监控，对每个指标的走势都要与目标进行对比，出现未达目标，本单位第一负责人要将分析和对策张贴到监控图对应位置。在事业一部的目标监控的最下方，是一块改善课题区域，里面张贴着所有关键课题的进展计划，需要在会前将课题进展进行标注。每个事业部都按照这个思路将研发、制造的各个目标及下级分解目标进行张贴并监控，并将改善课题进展目视化。

在最后，质量部要对各个部门的最终质量表现进行张贴，尤其是电池安全不良进行目标分解并监控抽样检测的结果；安环部对各个部门安全事件数量进行监控；财务部门对各个部门的制造成本情况进行张贴监控。

会议室内张贴了企业最真实的各项核心数据，通过目标与实际的对比，持续不断地发现关键问题并推动管理者们聚焦改进，使整个公司形成了上下同心的局面。

第二节 简洁有效的层级会议

战略落地是一个执行过程，需要全员思想统一、步调统一。为此，在过程中持续进行方针点检的会议是必不可少的，通过会议，各级管理者随时校正行动方向，及时纠偏。管理者们要围绕方针目标管理建立相关的激励机制和执行制度，做好目视化管理，创造出良好的落地条件，让管控更加便捷，内部更加聚焦，也让方针会议能够更加高效地发挥作用。

方针会议是不同层级管理者以目标为中心的检讨及改进的各种会议的总称。这类会议以战略目标为中心，需要定期举行，在会议中，要对上一个执行期间进行复盘，并对之后的工作进度进行滚动调整，并部署相关任务，其中最主要的就是层级会议。

层级会议是根据每个层级专门设计的以方针目标为中心的管理性例会。按照层级会议组织层级不同，一般分为班组级层级会议、车间级层级会议、工厂级层级会议、企业级层级会议。层级会议，如表7-1所示。

表7-1 层级会议

序号	会议名称	会议目的	会议周期	主持人	参会人员	会议内容
1	班组级层级会议	促进班组目标达成，协同班组工作	每班一次	班组长	班组成员	检讨班组目标，指明问题，并安排改善和培训
2	车间级层级会议	促进车间目标达成，解决班组上报问题，协同车间工作	每日一次	车间主任	班组长、车间内主管	检讨车间目标，对异常进行处理，跟进改善课题

续表

序号	会议名称	会议目的	会议周期	主持人	参会人员	会议内容
3	工厂级层级会议	促进工厂目标达成,解决车间上报问题,协同工厂各职能部门工作	每周一次	厂长	车间主任、相关主管	检讨工厂目标,对异常进行处理;检讨改善课题进展,建立纠正措施
4	公司级层级会议	促进公司目标达成,协同下级部门工作,识别并解决重点事项	每月一次	总经理	公司主管以上干部	检讨公司关键指标达成情况,检讨整体课题的进展,解决重点事项

层级会议特点鲜明,没有开场白,没有长篇大论,要求直奔主题,言简意赅,禁止"以会代培",参会人员全部站立式开会,面对目视化内容,直奔主题,发言者根据会前做好的功课,对数据、问题、对策逐一说明、检讨,整个过程以问题是什么、改善思路是什么、需要哪些资源支持等问题为中心,确保会而有议,议而有决,决而有效,是一种非常高效的会议形式。有人说,中国企业最大的浪费是会议的浪费。这句话说中了中国企业当前的管理痛点,也揭露了一种普遍现象,企业内会议多如牛毛,会议中无效环节繁多而冗长,众多被绑架的参会人员昏昏欲睡,会议没有结果和决议,效率低,浪费大,希望能借鉴上述会议要求进行改进。

各层级会议都是以数据为基础进行开展的,因此对于数据的要求非常高,不仅要求数据完整、准确,更要求数据之间逻辑清晰、关联紧密、口径统一,防止数据"打架"。具备这样的数据管理能力绝非一日之功,需要企业花大力气构建完整的数据统计体系。由于基础性的数据统计工作没有显示度,在企业内高层看不到,基层不愿意做,常常被故意忽视了,当然,这也与企业经营者的管理思路密不可分。数据建设不到位,就会出现各种问题,有些关键数据没有采集,有些数据统计口径不一,有些数据来源不同,导致数据无法代表事实,给层级会议带来巨大的困扰。在一家改制企业中,我们曾经碰到这样的问题,每次上级单位要求进行阶段汇报,该企业都会组织上百人共同

精益战略部署
——构建精益管理的长效机制

写报告,并且通常连续一周满负荷加班才能将报告写完,大家极度疲劳于这些无效工作上!为什么写个报告这么艰难呢?问题很简单,数据对不上,整体数据与各车间、各职能部门的数据不一致,干部们需要反复核对,查证修复数据,还要编写出与数据不一致的原因来,工作量呈指数级增加。解决这个问题也很简单,规范指标说明,规范数据统计路径。

班组级层级会议每个班次都要进行,通常与早会合并,是班组长组织员工在班组目标管理板前召开的。主要会议内容为,围绕上一班次目标未达成情况进行检讨,对本班次工作达成目标做安排,对接班异常情况进行解决,对于班组无法解决的异常问题上报车间。

车间级层级会议每日一次,由车间主任组织各班组长及相关职能部门的主管,如物流、主管、设备、工艺等主管人员,在车间目标管理板前召开,主要围绕交付、质量、成本等指标在前一日的表现进行达标与否的确认,对重点改善课题进行进度跟踪,保证目标和改善以每日一次的频率进行检查。参加会议者要充分了解前一日白班或夜班的具体情况,这项工作是有挑战的,要求各岗位对重点工作都要时时掌握动态,建立良好的工作习惯。车间级层级会议不仅要解决班组提交的待解决异常问题,还要对每一项指标的异常详细分析,要采取"四不放过"的原则,即原因未查明、员工未教育、对策未实施、效果未跟踪均不放过,如果车间出现无法解决的异常问题要提交给工厂。

工厂级层级会议每周一次,通常视工厂数据统计分析的速度,放到每周一或周二,由厂长组织各职能、各车间主管在工厂目标点检室中进行。会议围绕主要指标达成情况、工厂级课题的进展、发现及提报的异常问题解决进度等进行盘点。工厂级层级会议对数据的要求更高,因此管理者需要提前对数据进行汇总分析,对于问题和改进工作清晰明了,确保会议简短有效。对于改善资源不足的课题或者难以解决的异常要提交给公司。

公司级层级会议每月召开一次,由总经理召集副总经理、各部门、各工厂主管在公司方针点检室中举行,总经理要讲解公司主要目标的达成情况,主管副总经理和各职能部门负责人讲解分指标的达成情况,解读目标未达的真实情况以及相应对策,介绍公司级、部门级课题的进展。会议上,允许所有与会管理者各抒己见进行讨论,总经理确认后形成公司级会议决议,由总经理办公室跟进督导。

除了上述层级会议,方针会议还包括一些定期召开的专项改善推动类会议,包括员工提案发表会、基础管理现场点检会、课题点检及辅导会、班组QC改善发表会等。

员工提案发表会是对参与提案活动并实施改进的员工个体进行的评价及表彰会议。该会议通常一个月一次,由高层管理者组织,通过公开表扬和激励,使更多员工参与改善活动,识别出更多问题和提报出更好的解决方案。

基础管理现场点检会是高层管理团队以月度为单位,分别按照既定路线,根据一定的标准,到生产班组现场进行检查,并听取基层管理者的组内员工的改进报告。通过高管在现场点检和实施激励,实现了上下级沟通,也确认了改善成果,敦促了现场班组持续改进,增强了基础管理的内功。

课题点检及辅导会是由公司每月组织一次的,对所有重点课题进度进行检查并对落后课题进行辅导的例会。有些企业将该会议拆分成两个会议:点检会和辅导会。课题点检及辅导会需要公司高层全部参加,由课题负责人汇报当前工作进展,听取公司技术专家和高层管理者的意见,并围绕障碍问题和瓶颈问题寻求公司高层的支持和协助,借此,实现双方信息的对称,也确保课题的顺利推进。对于进度滞后的课题要协助分析原因并加快进度,对于处于停滞状态的课题要根据原因进行人员调整,如更换课题负责人或整体课题团队,或者取消该课题。

班组QC改善发表会是班组重点改善的分享和激励盛会。既然是盛会就要求该会议由公司组织,以班组为单位开展,形式上要丰富多彩,吸引员工的注意力。该会议需要总经理参加,还需要组织专家组对参会的课题进行点评、打分,并对最终优胜者予以较大的物质激励,促进改善文化的形成。许多跨国企业非常重视QC改善发表会,对于会议组织、发表策划、激励方式等都投入较大的精力,配以较高预算,成为激发企业员工热情的年度特色活动。

专题改善推进会议,如表7-2所示。

精益战略部署
——构建精益管理的长效机制

表 7-2　专题改善推进会议

序号	会议名称	会议目的	会议周期	主持人	参会人员	会议内容
1	员工提案发表会	激励员工发现本岗位问题并自主改善	每月一次	高管团队	员工代表、各级主管、厂长	入围优秀提案在现场进行发表并评选，对优秀改善现场进行奖励
2	基础管理现场点检会	通过高管到现场，实现内部沟通，持续提高基础管理水平	每月一次	高管团队	班组成员	高管带队逐一现场检查班组的改善活动，指出不足，提出整改要求
3	课题点检及辅导会	推动课题顺利开展，所有课题都能按时完成	每月一次	总经理	课题负责人、技术专家委员会	课题按类别逐一汇报当前工作进展，由技术专家进行指导，由管理者协助其推进
4	班组 QC 改善发表会	激发班组改善文化，确保班组内改善持续进行	每年一次	总经理	班组 QC 骨干成员、专家组	各个班组汇报年度改善活动和成果，通过评比，进行表彰

会议既是企业成本，也是企业创造价值的活动。企业作为市场经济的主体，应减少非价值性需求的会议，比如那些用于满足领导偏好、满足政治要求等，应以战略为导向设计价值类会议，要明确一点，价值创造与否是决定是否召开会议的先决条件！方针会议的价值重要性不言而喻，企业应认真坚持这类会议，形成战略落地的规定动作，建立良好的管理习惯，以精益的手段推动战略目标的落地。

案例分析

2022 年 10 月中旬的一个下午，潍柴雷沃的精益负责人小朱正忙得团团转，刚刚结束的上级单位 WOS 评级考核中，雷沃农机评级不高，失分较多，

第七章 战略执行控制手段：过程监控

评审组对公司精益管理的过程细节提出了不少问题。小朱刚刚将结果汇报给主管生产的韩总，并期望得到这位来自潍柴本部的领导给予进一步的指导。此刻，他快速地走向拖拉机分厂，因为他已经理解了关于"层级会议"这一项的扣分原因，也明白了如何去做，他需要去拖拉机分厂给班组长们进行培训，该分厂在本项中扣分最多。

晚上六点，培训正式开始了，小朱站在培训室的讲台上，指着投影幕布上的"层级会议"几个字，对着下面端坐的基层管理者们娓娓道来。

什么是层级会议，就是公司建立的快速解决问题的会议机制，确保经营目标有效落实，层级会议的要求是精简、高效、透明，按照从下到上的顺序逐级召开，问题要逐级反馈，要以解决问题为目标。从会议层级上来说，我公司分成三层，分别为班组级层级会议、部门/车间级层级会议、公司级层级会议。

"为什么我们会被扣分呢？我们哪些细节没有做好呢？"小朱提出一个大家都关心的问题，看着大家思索了一会儿，他抛出了答案。

层级会议，尤其是班组级层级会议，要求主持人要用饱满的热情进行主持，要对员工的出勤及精神面貌进行关注，会议中与员工做好互动交流。对班前会的召开时间、召开地点、召开流程都要进行详细规定，比如，站姿要整齐统一，场所要安静，问答声音要响亮等；班组所有人员准时参加，不得迟到、早退等；会议开始和结束要鼓舞士气，要喊班呼，体现精神面貌，进入工作状态。

"而对于班组级层级会议的内容，评审组更加关注！"小朱补充道，班会内容要讲任务，总结昨天或上一班的工作情况，对应安排好当日重点工作，传达公司的指示或要求；要讲安全，佩戴好劳保用品，注意安全规范和工位5S事项，并遵守相关劳动纪律；要讲标准，明确今日工作所需注意事项，组织员工背诵作业要领，防止员工精神不集中；要讲改善，讲解正在进行的改善项目状况，督促员工提出改善建议，请高技能员工讲解一点工作窍门……

层级会议培训完成，天已经快黑了，小朱在返回办公室的路上，心里还在盘算着，如何对拖拉机厂的班组级层级会议进行检查和考核，他心里的目标很明确，一定不能在下次的评审中再失分了！他不知道的是，在潍柴甚至山东重工的工厂中,无数个跟他一样的精益干事们,都在围绕 WOS 的评级打分而努力地改进。

第三节 战略落地大招:方针点检会议

在层级会议中,公司层面或部门层面的会议也称为方针点检会议,该会议是企业中高层管理者们共同对阶段战略目标达成情况的总结回顾,通过及时纠偏,形成下一步应对措施。方针点检会及通过会议形成的相关措施都是企业中最重要的工作,通过定时召开会议,让企业所有管理者始终关注重要的任务,防止被其他紧急任务分心。

管理者们聚焦于重要工作,而非被紧急任务牵着鼻子走,是区分优秀企业和平庸企业的重要判定标准。一般企业中,管理者们没有经过教育和训练,难以正确地在紧急任务和重要工作中分配精力。紧急任务由于时间限制,需要立即处理,重要工作往往不紧急,反而容易被忽视,这就造成了一个怪现象,企业内管理者忙于紧急任务,忽视预防工作,因此越忙越乱,造成恶性循环,类似的管理者多了,就会出现一个又忙又乱且效率低下的企业。通过方针点检会,企业让所有管理者重新回到重要工作中来,围绕重要项(如目标、课题、绩效管理等)进行检查和修正!

"点检"一词源于日本,本义是针对设备进行周期性的详细检查,通过识别和消除缺陷来预防故障,后来引申为专门人员按照一定的周期,围绕某些主题,按照固定的顺序和标准,进行详细检查和质询以及评价。日本企业中将点检作为一个非常重要的管理环节,各级管理人员均有点检任务,点检的执行一丝不苟,针对点检发现的问题认真整改,而中国企业中常常将点检作为例行公事,走走过场就算了,这是管理理念的差异。

方针点检就是围绕各单位的战略落地工作进行定期巡回检查,发现管理活动的缺陷,提出改善建议,确保管理者围绕目标、课题、绩效、改善等持

第七章 战略执行控制手段：过程监控

续开展有效活动。方针点检同时也是对整体运行系统的监控，注重对过程的诊断、分析和指导，是事中的纠正和预防活动。

方针点检敦促了各单位方针管理机制的固化，围绕目标（Target）、课题（Subject）、绩效（Performance）、改进（Improvement）（简称为TSPI）进行点检确认，主要工作包括对关键目标和实际的随时跟进，对子目标达成情况的掌握，定期审视课题改善工作的进展，观察内部的绩效评价的开展方向，关注下属的成长等。具体的方针点检的步骤，我们根据以往实践经验，进行了总结，如图7-3所示。

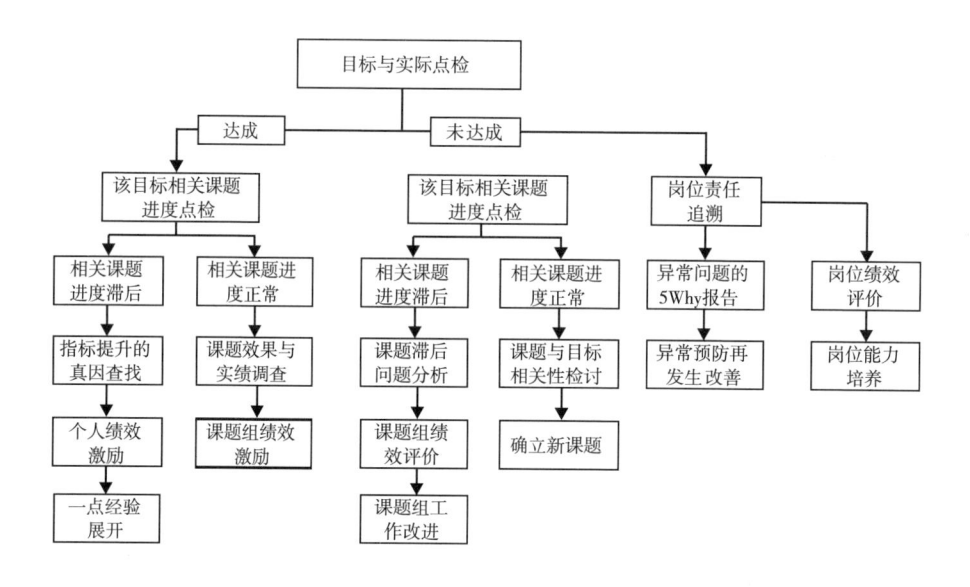

图7-3 方针点检图

首先，要对所有关键指标的实际值与目标值之间的差异进行检查确认。目标的检查确认通常从大目标出发，再检查小目标，这是一个从上到下的过程。如果实际值超过目标，要清楚有利因素是什么，并总结相应的优秀经验；如果目标值没有达成，要找出该差异的真正原因，并形成分析报告。

其次，要对照课题计划，对改善课题的实际进展情况进行检查。课题小组按照计划进度如期完成工作，改善活动卓有成效，要对课题小组予以表扬；课题小组没有按期完成工作，要了解推进中碰到的瓶颈是什么，若需要外部

精益战略部署
　　——构建精益管理的长效机制

资源，要立即调度资源，若改善方法不对，要立即指导方法。同时，利用课题点检，上级管理者也在敦促下级管理者们关注课题进展，分配资源。在点检中需要注意的是，课题进度要匹配关键指标的走势，若课题取得了实质改进，改进效果应与指标提升的幅度一致，否则，证明改善课题与目标达成的支撑关系不成立，或者课题并未真正实施有效的改进。

　　再次，要对单位内部绩效评价进行点检。各单位进行绩效评价的目的是帮助下属识别不足，改进成长，不建议进行过高比例的工资奖金考核，当前中国企业普遍面临劳动力危机，若想留住骨干员工，就需要营造一种家文化，要提倡爱护、培养、宽容，完全照搬欧美企业的契约和职业导向的做法是不合适的。点检部门内的绩效评价，是督促各级管理者"勤政"，作为管理者每日要坚持对下属当日工作情况进行详细了解并评价，不是为了"挑毛病"，而是帮助下属找到工作方面存在的不足、能力上的缺陷，敦促下属改正不足，提升能力。

　　最后，要对改进提升情况进行点检。精益战略部署落地点始终围绕战略目标的实现和人员能力的提升。通过前面点检中发现的目标未达、课题进度滞后、绩效评价发现的问题，以及解决上述问题的改进，都要体现在管理板上。对于课题小组的推进能力、员工的工作方法等都要进行在岗培训，改进员工的习惯和绩效，也要体现在管理板上。最终的成效是，我们识别了大量的工作缺陷，纠正了很多不良作业习惯，改善了大量现场不足，培训了大量技能人员，等等。改进提升点检管理板，如图7-4所示。

　　方针点检会是对战略目标达成过程的持续监督和优化，那么谁来执行点检呢？从实践经验来看，由单位负责人或者第三方专家代表负责人来执行最合适。因为点检需要完成优化和评价两个目的，点检结果需要具备权威性和公正性，而上级和外部专家天然带有这两种属性。点检应定期进行，比如每月度或每季度进行一次。点检的方式有两种，第一种是将所有公司各级目标集中在一个大房间中，集中点检，优点是效率较高，部门相互之间可以协同，也可以进行比较，缺点是距离现场较远，数据更新困难；第二种是将各单位目标分解，各自在工作场所中设定目标、绩效、课题管理板，点检在各个工作场所进行，优点是距离现场近，数据准确，更新及时，并且随时可以到现

第七章 战略执行控制手段：过程监控

场确认，缺点是目标分散，不能形成部门间的互动。

部门目标管理板　　　　　　部门人员绩效管理板

铜冶奶源每日一点改善汇总表

序号	改善部门	课题名称	提出人	分类（项目/一点）	解决方案	完成效果描述
1	奶源处	三号楼提供复印机一台	梁晓宇	一点	建议三号楼添加复印机	
2	奶源处	宿舍热水器除垢	梁晓宇	一点	每星期除一次水垢，保障住宿人员的供水	
3	奶源处	三号楼供暖问题	梁晓宇	一点	保障三号楼供自早上8点至下午6点	
4	奶源处	组织春季郊游	王宝琪	一点	建议举办春季踏青就近旅游活动	
5	奶源处	拓展训练的添加	刘永智	一点	为提高员工工作专业化的积极性，建议举办拓展训练，费用可报销	
6	奶源处	宿舍健身设施的添加	张保飞	一点	建议宿舍区配置简单健身器材，如乒乓球台等	
7	奶源处	食堂添加新菜品	梁晓宇	一点	建议添加新菜品	
8	奶源处	停车位的规划	刘伟涛	一点	建议规划厂区行车道路，方便奶车和送货车的通行，车位规范停放，一车一位	
9	奶源处	男厕卫生问题	任铁山	一点	建议更换管路，提供优良环境，并且减轻保洁师傅的工作量	
10	奶源处	定位洗车区域	刘永智	一点	建议厂区设立洗车区域，每周不定时现场检查，若发现问题现场整改（注意排水问题）	
11	奶源处	减少牧场奶等待时间	王宝琪	一点	化验室上班后及时开启FC65，对牧场奶进行细菌检测，避免牧场奶长时间等待影响车间生产	
12	奶源处	降低牧场奶损耗	王宝琪	一点	利乐前处理、化验室、奶源、牧场奶合理调配，每日早上车间与奶源及时沟通、化验室及时出票，对牧场奶进行合理进仓	
13	奶源处	缩短牧场奶协调时间	王宝琪	一点	化验室对牧场奶优先检测，化验室在收到牧场奶样后第一时间检测，及时与奶源对接，防止因牧场奶不合格导致协调时间过长影响车间生产	
14	奶源处	食堂橱柜整顿	梁晓宇	一点	建议彻底整顿食堂橱柜，分部门使用，方便管理，为橱柜加锁，贴标签，防止有人乱从，防止丢失	
15	奶源处	班车明晰化	梁晓宇	一点	将最新的班车线路、车辆号、停站地点、停站时间（正常情况），以及周六日班车情况、车辆号、停站地点明细，下发各个部门内勤，减少询问，节约时间	

一点改善清单

图 7-4　改进提升点检管理板

方针点检中，如果是第三方专家组织点检，需要对各单位的目标管理情

183

精益战略部署
——构建精益管理的长效机制

况进行评分,该评价可以通过横向不同单位的对比,建立竞争,督促各单位目标管理机制不断优化。

方针点检的逻辑和步骤比较简单,但是能够长期的较少。精益管理中讲求"凡事彻底",即将简单的管理常识扎扎实实地贯彻,以构建牢固的管理基础,它要求企业管理者能沉下心来认真贯彻,直到全体人员养成习惯。当前在相当多的企业中,由于各种问题困扰,战略落地与方针点检等这些简单的管理逻辑仅仅停留在口头上或书面上,并没有深入和彻底地实施。企业总会给自己找各种借口,如市场变化、资本市场的压力、组织变更等,其实归根结底,是崇尚人治的文化占了上风,缺少科学管理的强烈动机,精益管理的路还很漫长啊!

案例分析

2017年的夏天格外炎热,在天津市滨海新区的一栋略显陈旧的大楼内,某保险集团天津分公司正在召开第一次战略目标点检会。在公司总经理程总的带领下,在顾问老师的指导下,数十名总监、经理和高级主管济济一堂,随着大会议室内的壁灯开启,大家发现墙上张贴着各种目标走势图,此刻这些图表熠熠生辉。大家对这种站立式、走动式的目标点检感觉很新鲜、很有趣,也略显紧张,有些干部在偷偷地看向自己部门的指标区,目标达成较好的部门总监长舒了一口气,达成不佳的部门总监心里很忐忑。

随着顾问老师的一句"大家下午好",天津分公司的干部们下意识地齐声回答"好极了",目标点检会正式拉开了序幕。首先,总经理陈述公司战略地图,以及当前各项经营指标总体达成情况。然后,分管理赔、农险、信保、客服、电商的副总经理分别汇报各自板块的业务达成情况。电商、信保、农险的业绩指标达成较好,汇报还算顺利,但是到了理赔指标时,出了问题。由于理赔费用率目标没有达成,即理赔支出占车险保费的比例过高,分管理赔的副总经理汇报的时候,自己感觉很尴尬,汇报过程磕磕巴巴,在总经理的询问中,汗如雨下。最后,各个部门总监分别汇报了本部门的收入增长情况和支出比例优化情况,还汇报了本部门围绕目标所做的各项改进,每个部门总监的汇报都会受到总经理和顾问老师的质询，刨根问底于目标未达的原因和对策。

在闷热的夏天的下午，在密闭的大会议室中，每位管理者都大汗淋漓，湿透了白衬衫，但是每个人都在聚精会神地倾听汇报以及总经理和各个副总的点评和下一步安排。目标点检会上，领导班子围绕经营方针，不断提出关于机制建设、激励政策、主要业务方向、资源分配等具体措施，这些措施跟大家利益息息相关，大家恨不得全部记到脑子里，最后当大家了解到，所有会议决议都将形成会议纪要并发给大家，才心中释然。

"大家辛苦了，散会！"随着顾问老师的一声结束语，公司第一次目标点检会结束了。一次会议，围绕数十个目标做了监督评价，前后十几名领导干部进行了汇报讲解，一共导出十几条重要的改进措施，这一切仅仅用了一个半小时。这种高效的会议形式中没有空话和套话，字字聚焦主题，让大家对目标点检会有了新的认识。会议结束了，但是会议带来的各级干部的内心震撼还在持续，许多部门总监回到部门后，立即召开了内部会议，研究部署下一步的任务和行动方案，达成目标的信念在各级干部心中再一次被强化！

第四节　指标异常的管理

无论战略设计得多么完美，也必须通过日常每一个战术的完美执行才能落地。这些战术就是企业日常经营的过程，而日常经营过程常常是不完美的，常常被日常出现的各类异常所干扰，因此企业要格外关注异常的管理。

所谓异常，是指在规定的过程之外发生的意料之外的情况，比如或大或小的问题或事故，有时候会造成流程效率变低，有时候会造成流程中断，总之是指非正常情况的出现。企业内异常有多种，如设备故障、原料批次不良、过程不良品增多、工艺错误、动力能源断供等，这些异常事件直接影响了产出，带来各种成本、质量、交付的损失，使目标恶化，甚至无法达成，可以

精益战略部署
——构建精益管理的长效机制

说，异常是战略落地的大敌，围绕异常的管理就是在推动战略目标的落地。

在方针点检中，常会出现目标没有达成的情况，也会出现课题改善贡献值较高而指标提升值较低的情况（改善提升的实际效果没有出来），这两种情况一旦出现都要拉响警报，管理者们需要深究指标背后的异常事件，到底发生了什么！通过了解异常事件，我们可以追溯异常发生的背景和原因，举一反三地解决并预防。对于日常经营过程中发现的失职行为，要对责任人进行教育；对于日常经营过程中发现的流程缺陷，要提高企业流程可靠度，降低出错概率；对于日常经营过程中发现的机制失调，要审视整个系统的稳健性，从根本上进行机制再造。

就整个异常管理来说，管理范围应包括事前管理、事中管理和事后管理。方针点检中发现的异常属于典型的事后管理，发现的时候异常事件已经发生。异常管理从影响目标达成的缺陷出发，以该类异常不再发生作为准绳，目标是持续削减异常损失。异常损失减少了，指标变动过程中，向下的波动就会减少，整体指标的平均值就会持续提升。事后管理包含异常追溯、异常分析、异常改善、异常教育、防止再发生五个部分内容。指标的异常管理，如图7-5所示。

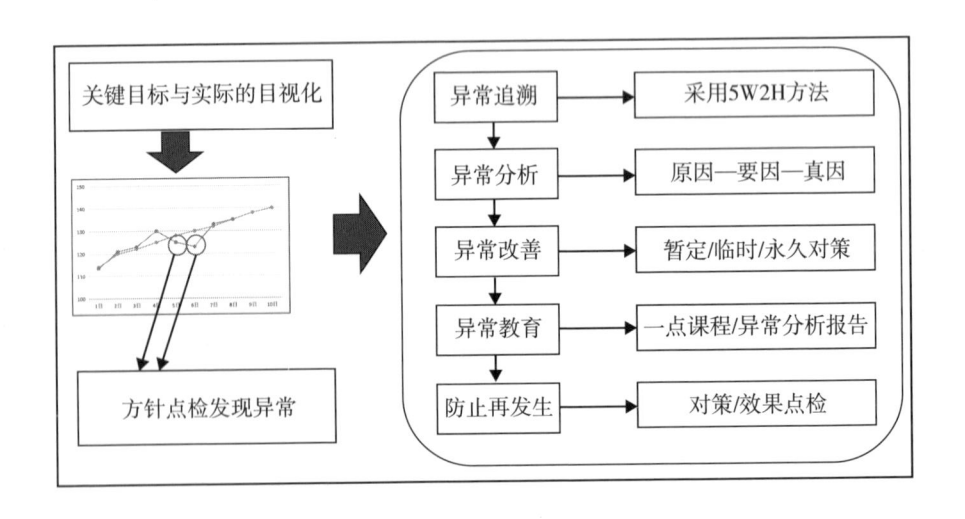

图 7-5　指标的异常管理

异常追溯是发现异常的过程。在目标课题点检中,当我们认为指标没有达到理想的状态时,就要追溯是否发生了异常。追溯的方法是围绕出现异常的指标使用分层法进行排查,比如按照产品、车间班组、工段设备等进行分层,检查分层后的细分指标是否出现问题,锁定具体细分目标之后再进行分层,以此类推,通过持续数据解读及追查,找到具体发生异常的工序。有些企业建立了完整的异常事件记录,追溯过程就会变得简单很多。找到了异常事件,就要对该事件进行还原,建议用5W2H的方法进行描绘,包括发生的事故过程(What)、时间(When)、地点(Where)、当事人(Who)、初步判定原因(Why)、事故影响(How)、损失数量(How much)等,这些内容将异常事件完整地进行描绘,为后续解决提供了充分的条件。异常过程中,我们要本着一种"打破砂锅问到底"的思维,识别真正影响目标达成的异常事件是最为关键的一环!实际上,由于企业内基层管理者担心问题暴露会影响自己的评价,常常避重就轻,将一些不痛不痒的难以落实责任的异常事件报上去"顶包",因此要严格采用5W2H的方法对异常进行溯源。

异常分析就是要找到异常发生的真正原因。确定了异常事件就要对事件根源进行分析查找,通常采用原因—要因—真因的筛选方法,配合5Why的提问技术。首先,要对异常发生的全流程进行分析,找到各种可能的原因。其次,对各种可能原因进行排除,留下最可能的影响因素,简称"要因"。再次,要对"要因"进行现场观察和理论分析,找到唯一解"真因"。最后,对真因发生的根源进行反复思考,一般提倡问五次为什么,找到根源性的问题,以便制定出永久性的改善对策。

异常改善是针对异常发生的原因,实施改进,从源头上消灭异常的过程。从控制住异常的恶化、消灭异常现象、消除异常的源头等几个角度,我们可以将异常改善分成三种类型,分别是暂定对策、临时对策、永久对策。暂定对策是在异常事故发生之后,为了杜绝异常恶化而需要做的对策,这类对策要求控制住局势,及时止损,包括重新启动设备、封存当批次材料、更换新的工装、让步接收等,最重要的是快速恢复到正常。临时对策是指围绕异常发生的表面原因进行的改善,常常是在问五次为什么的过程中,发现的过程性原因所进行的改善对策,虽然"治标不治本",但是也是有效果的。永久对

精益战略部署
——构建精益管理的长效机制

策是针对异常的根源性原因所实施的改善对策，这类对策通常从机制、设计、硬件设施等方面入手，实施完毕后，会让该类问题彻底不会再发生，一般来说根源性原因是问了五次为什么之后得到的。上述三类对策是解决异常问题时通常采取的措施，实施的时机不同，但是消灭异常的目的是一样的，缺一不可，不可偏废。

异常教育是指完成了异常的调查、分析、改善后，企业结合发现的问题和实施的改善措施，形成一点课程或者异常分析报告，然后面向全员进行的培训。异常教育的目的是形成异常的横向展开，针对异常改善造成的变化点进行提前培训，提高员工的职业素养。异常教育是异常处理过程中的重要一环。

防止再发生是对异常处理全过程进行的有效性验证。在本环节中要对异常对策和教育成果重新审视，对改善措施的落实和效果进行反复检查和确认，直到证明异常已经被彻底整改，并且不会再次发生。通常防止再发生的确认要经历较长周期，比如连续三个月的点检，第一个月每周确认一次，第二个月每两周确认一次，第三个月仅确认一次。通过了本环节的验证，异常事故就关闭了，如果没有通过，要将本流程重新走一遍。

对异常进行管理，通常要考虑三个层面的工作。首先，统一异常处理的思路方向。整个公司要明确异常定义、明确异常分级、建立处理流程和相关模板，还要定期对异常次数和损失进行统计分析。其次，企业通过对现场的控制，识别出各类异常，同时明确责任。无论是通过事后追查实现改进，并防止再发，还是通过事中的安东系统实现快速处理和快速信息展开，其核心都是到底是哪里的问题？到底由谁来负责？最后，要通过异常发生后的反省，对有缺失的制造条件进行弥补，对有缺陷的制造能力进行修正，对有漏洞的标准作业进行完善，对有疏忽的变化管理进行强化，具体的管理过程可以参考图7-6。

在企业战略实现过程中，要坚持对结果和过程指标的目视化和点检，随时掌握异常的波动，关注其隐形损失。企业管理者们要对异常问题进行深究，从表象到根源实施彻底改善，彻底杜绝异常的再次发生，这就是精益管理中特别强调的"凡事彻底"。围绕异常的管理工作是企业精益战略部署的一部

第七章 战略执行控制手段：过程监控

分，异常减少了，目标就会不断进步！

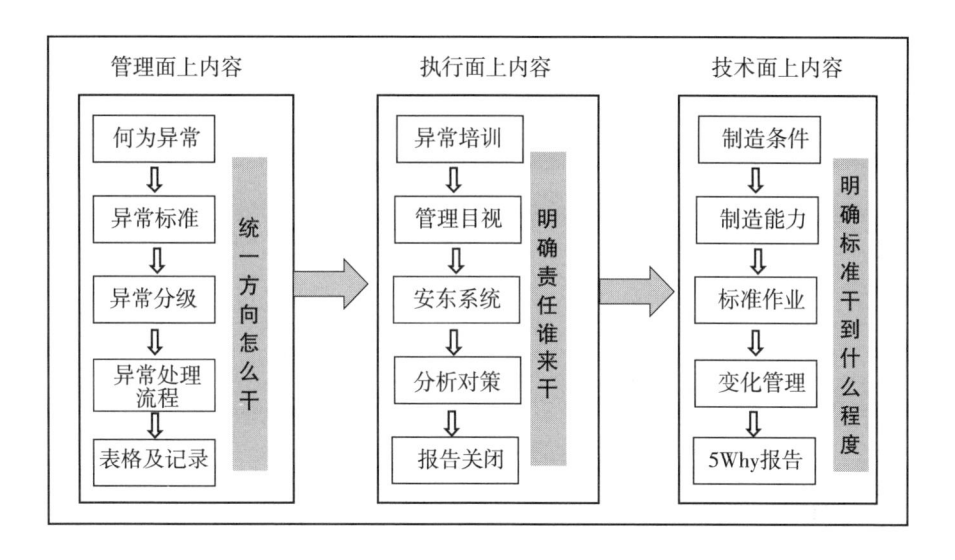

图 7-6 异常管理过程

案例分析

某乳制品企业在实施精益管理的过程中，发现内部异常层出不穷，反复发生，损失较大。在顾问老师的帮助下，企业开始认真学习和应用异常分析报告。异常分析报告来自日本企业，是一种对重要异常的根治方法，通过反复分析问题，制定防止再发生的措施，从源头进行改善，核心环节是反复问五次为什么。整个报告分成七个部分，环环相扣，规范了问题描述、问题分析、问题对策、防止再发的步骤和顺序，帮助管理人员有条不紊且高效地完成异常处理，并实现异常减少的目的。该企业要求班组长及以上人员必须掌握异常的分析处理的技巧，所有干部都必须经过顾问老师的达标评价。我们选择某个案例，如图 7-7 所示，供大家参考。

精益战略部署
——构建精益管理的长效机制

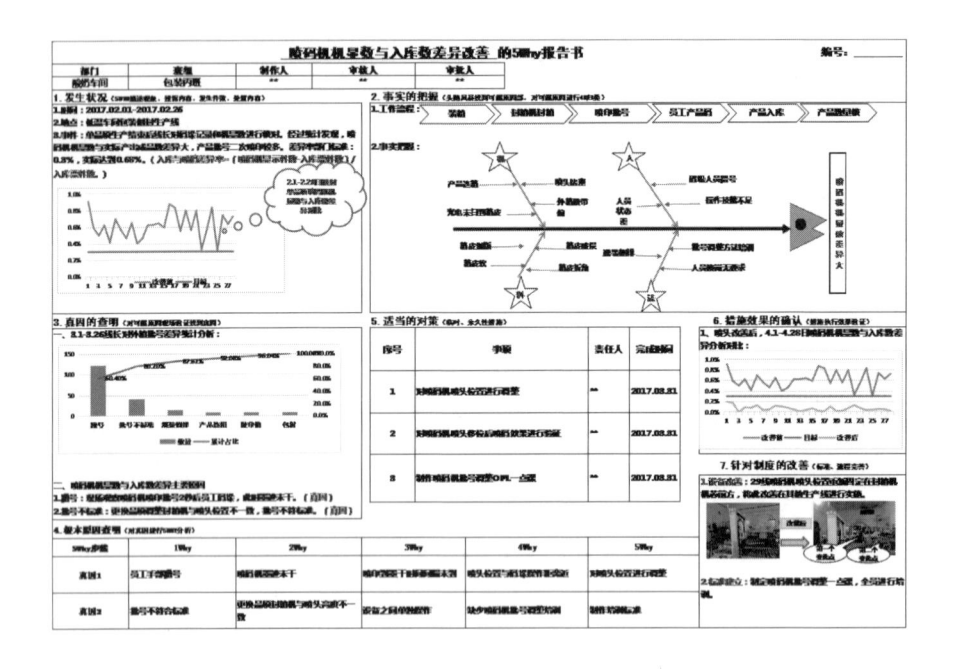

图 7-7　某乳制品企业的 5Why 报告书

第五节　最佳实践的横向展开

　　学习推动着人类进步，它让我们通过借鉴别人的经验获得成长，而非全部要靠自身实践获得。企业战略落地是一个对企业自身能力挑战的过程，企业能力的提升除了需要员工本身能力的提升，还需要借鉴优秀经验，持续内部学习，这样才能快速进步，我们称之为最佳实践的横向展开。

　　最佳实践是企业创造出来的优秀知识，有一部分来源于创新性实践。当然所谓最佳实践是不存在的，因为随着环境、组织的变化，所有的企业实践活动都会滞后于形势，需要调整和修订，这种变化时刻都在发生，因此当前的方法永远都是较差的，但我们可以通过改善或创新得到相对于昨天更好的实践方法，这个新方法姑且叫最佳实践。

如果认真观察，我们会发现持续改善的本质是企业持续应对外部环境变化，保持竞争力和生命力的过程，要对现实的不匹配进行认真观察，对改善创新措施的适配性进行反复权衡和验证，然后对老方法进行修改，并考察是否在修改后实现了更好的结果。可见，改善过程就是在追求最佳的实践过程。

一次改善或创新完成后，再进行最佳实践总结，价值大吗？单就一次改善而言，改善完成就意味着改变发生，总结的价值并不大，但是考虑到企业还有很多类似的改善对象，它们需要借鉴同样的实践方法或者借鉴类似的改善方法，那么总结最佳实践就变得非常有意义了！因为通过对改善过程中形成的新方法进行固化，形成可复制的最佳实践标准，就会方便其他相同线体、车间、工厂进行同步学习。

横向展开的效果取决于对本次改善过程的总结。总结是为了知识扩散，需要将过程进行详细说明，将寻找最佳实践的思路、步骤、验证方法等进行总结，以便于兄弟单位进行模仿和借鉴，这种总结模板我们称为"A3报告"。一些跨国企业由于工厂遍布全球，企业总部每年都要从各地工厂收集最佳改善活动，对改善总结的要求细致入微，其目的就是在其他工厂中进行推广。即便是在一个规模不大的企业中，最佳实践的标准化和过程总结也是非常必要的，因为企业内的信息常常因为跨职能壁垒的存在而沟通受限，通过最佳实践总结，很多优秀改善能让大家了解，推行改善的人才能够被重视，杜绝明珠投暗。企业要关注最佳实践总结活动，及时形成典型案例，分享经验、发掘人才、营造氛围，一举三得！图7-8是一个完整的A3报告，供大家参考。

还有一些最佳实践来源于经验。企业内部一些工人长期从事一些相对固定的工作，从实践中摸索出一些工作方法或者诀窍，诀窍如同绝招，数量往往不多，通常仅占工作方法的5%，而这些微量隐性知识却能帮助拥有者在工作中"一招鲜，吃遍天"，具备明显的职场竞争优势。比如，某些员工在具体工作中的效率或质量表现远高于其他员工，甚至会高出50%左右，所以毫无疑问这些经验是企业所需要的最佳实践。难办的是，这些最佳实践是隐形的，需要我们想尽办法进行收集整理，"一点经验"活动就是其中之一。

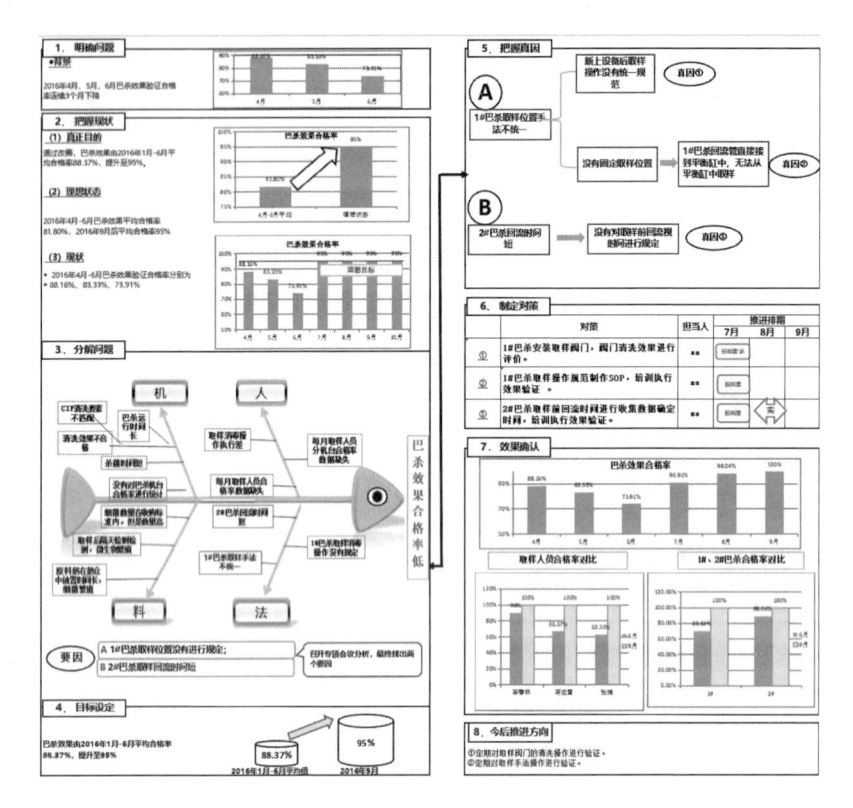

精益战略部署
——构建精益管理的长效机制

图 7-8　A3 报告实例

所谓"一点经验"就是通过公司的激励政策,让员工将自己多年积累的优秀工作经验贡献出来,转化为可以测量、可以重复的细节作业标准。若想让员工主动贡献出自己的"绝招",需要几个先决条件。首先,企业要重视作业诀窍,尊重那些掌握一点经验的员工。其次,要认同诀窍的价值。由于诀窍来源于个人的长期摸索,并具有隐蔽性,需要企业建立激励机制,比如物质奖励,来促使员工积极贡献自己的诀窍。再次,企业要将那些凭感觉、无法言传、难以掌握的诀窍转化为图文标准、变成作业标准、作业指导书、培训手册等,这样才能让每个人都掌握并执行。最后,通过持续不断的教育训练,将每一个员工变成多岗位技能高手。

有些历史悠久的企业中,推动一点经验活动往往效果突出,比如某国企中一年收集整理了 90 余项优秀的操作方法,部分方法是某些老员工的不传之秘。通过该项活动,丰富完善了企业的作业标准手册,许多即将伴随员工退

第七章 战略执行控制手段：过程监控

休而消失的诀窍，重新成为企业的知识，因此该项活动给企业带来的效益怎么评价都不过分。关于一点经验活动的开展方法，详见杨福东、荆树伟、牛占文所著的《精益水到渠成：城市供水企业精益之道》[①] 一书。一点经验呈现形式示例，如图7-9所示。

题 目	利用堰口井液位计判断正压加氨调整时间	授课人	陈××
分 类	●个人实践　○优秀做法　○个人心得	部 门	运行部
授课人简介	陈××，1992年到水厂工作，从事供水调度工作23年，现为运行部调度组组长，具有供水调度工高级工资格，对于生产运行中出现问题的解决及生产中的合理调度具有丰富的经验			
一、课程总体描述			
当净水工况变化时，利用堰口井安装的液位计，掌握正压加氨投量调整的精确时间			
二、采取步骤及示意图			
（一）堰口井液位计24小时曲线变化分析如图： （1）图中1表示22日20:45停进水4#泵组。 （2）图中1和2之间表示115泵组和215泵组滤池反冲洗时堰口井的水位变化，同时也表示其水量变化规律。 （3）图中2表示23:40停进水5#泵组，至此进水泵组只有两台运行。 （4）图中2和3之间表示夜间0点和4点滤池自动运行情况，在此期间滤池运行稳定，但也明显看到滤池运行到3点钟以后堰口井的水位略微上涨，表明此时滤池因池内水位上涨，滤水闸开启，堰口井过水量加大。	（二）反映滤池滤水量的变化规律，帮助正确认识在线氨氮仪不稳定的成因，为加氨微量调整提供依据。图中8为堰口井液不稳定波动的原因分析。堰口井不稳定波动分为两个阶段，第一个阶段为波动逐渐向上，第二个阶段为波动逐渐向下。 （1）第一个阶段为波动逐渐向上，图中5开始到最高点约2小时，波峰到波谷15分钟，这个阶段波动成因为二滤站的滤池刚洗完，二滤站内所有滤水闸开启后，滤池内水位开始下降，反映在堰口井液位上是不稳定的波谷向波峰运动；反之，当滤池内水位开始上升时，堰口井液位开始从波峰向波谷运动。在这个阶段因滤池有足够的过滤能力，所以表现为每次滤水闸开启，过滤水量比上一次有所加大。 （2）第二个阶段为堰口井液位波动逐渐向下，简而言之，就是涨池过滤能力开始衰减，滤水闸每次开启的过滤水量比上一次逐渐减小。 （3）通过以上波动，进一步解释了在线氨氮仪在水量和投量稳定的情况下波动的原因，为消毒人员如何处理这样波动提供依据			
公司评价	这是个人多年工作的经验总结，具有重要意义		
适用培训对象	净水组、调度组		

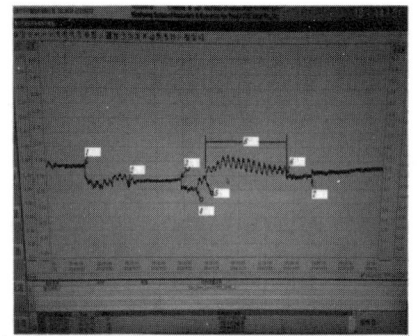

图7-9　一点经验呈现形式示例

[①] 杨福东，荆树伟，牛占文. 精益水到渠成：城市供水企业精益之道 [M]. 北京：中国商业出版社，2020.

精益战略部署
——构建精益管理的长效机制

有了一点改善、一点经验以及前文说的异常案例的总结，企业就可以在内部进行横向展开，这是改善和经验发挥乘法效应的决定性一步！异常案例的横向展开是品质管理的一部分。发生异常的信息不但要在产品流程环节向前向后传递，从源头控制或者杜绝流到客户端，同时也要在同类产线中进行教育，防止类似事件的发生。例如，工厂内某设备生产了某种缺陷产品，品质部门立即执行横向展开的流程，向前通知物流、仓库、采购冻结有问题的批次材料，向后通知成品库、成品物流冻结清盘所有批次产品，防止出现客户投诉，与此同时，向所有使用类似设备或材料的工厂车间发出预警，防止出现类似问题。

一点改善和一点经验的横向展开是将最佳实践标准在内部向相关领域进行扩散，企业应从更宏观的角度来推动横向展开。首先，要建立专门推动横向展开的部门，通过组织来实现展开职能。其次，要建立有利于横向学习的模板，用于总结改善活动和优秀经验，好的模板简洁明了、重点突出，在推广学习中，可以节省很多沟通成本，如 A3 报告、事后复盘（AAR）、5Why 报告、一点课程（OPL）等，都是非常好的标准化的模板。再次，企业内要定期召开学习推广会、改善分享会，定期推广各种学习手册，通过这些手段，推动各级人员学习和进步，实现最佳实践标准的流动。再次，要明确最佳实践落地的主体责任，明确由各单位一把手负责最佳实践的横向展开。最佳实践在其他单位的横向展开是有一定困难的，因为没有经过问题暴露和研讨，内部缺少共识基础，这时就要靠一把手运用权力来推动，调动整个单位的资源为最佳实践落地保驾护航。最后，企业要定期组织回头看，进行落地情况检查。没有检查就没有管理，要检查各单位的学习方式、掌握程度、横展组织、落地变化等，确保横向展开活动受控。

横向展开意义非凡。例如，国内某著名电动车生产企业长期推行精益管理，该企业成立了精益部门，定期将各个生产基地的改善成果进行收集整理，并将其中能够在其他基地展开的改善成果通过行政手段进行强力推广。从成果上来看，推广带来的收益远远大于改善本身带来的收益。

我们喜欢倾听企业战略家们高谈阔论于产品创新、成功要素、商业模式，但不应忘记俯身而下那块脚下的地基，不应忘记内功的修炼和持续的优化。

一点改善、一点经验、一点课程、一点培训，这些点滴活动是精益之本，它将来自基层的最佳实践发掘出来，通过横向展开让基层的智慧被放大，一点突破，处处开花，让源源不断的员工智慧的涓涓细流汇聚成大江大河，帮助企业吸收能量迸发新的力量，促进战略部署落地。

案例分析

2014年，某水厂在精益管理项目开展"一点经验"专题活动，将精益管理与企业管理、企业文化、班组建设、水厂安全工作、思想政治工作、工会工作进行深入有机融合，为老水厂注入了新活力，实现了管理再造和提升。

一点经验课程挖掘了优秀员工的"独门秘籍"，让员工贡献知识、分享知识、收获成就，提升了员工的班组凝聚力，提升了岗位技能。"一点经验"专题活动在职工中取得较好的反响，员工的精益参与度越来越高，可以说，该活动的推进帮助企业营造了积极向上的良好氛围，培育了良性的精益改善文化。

本次"一点经验"专题活动的成果可以总结为以下三点。

1. 汇编整理一点经验培训教材

从2014年开始推进"一点经验"专题活动开始，平均每年征集60个一点经验，连续4年共约汇集了240个一点经验。2015年经过多次的汇编、修改和校对，编辑第一批百点经验，汇编成册《2015年一点经验培训教材》，收集编制了100点经验，其中产水工艺方面8个，设备维护方面57个，质量安全方面9个，工作技巧方面26个，并且在公司内连续进行经验的培训，把好的方法进行了推广，后续每年都进行了内容的增补。

2. 调动了员工参与"一点经验"专题活动的积极性

优秀经验的传承是对优秀员工技能价值的认可，是对制水过程优秀技艺的一次梳理和传承，满足了各级员工的期待，激发了水厂中老师傅的积极性，得到了各级干部职工的热情拥护，许多公司老员工自觉地把自己多年工作心得和诀窍无私地奉献出来，亲自演示，亲自书写，认真传授。同时，公司也给予了许多激励政策的支持，让付出知识的员工得到了回报，让分享的员工

精益战略部署
——构建精益管理的长效机制

得到了荣誉，这也促使了活动能够持续地开展，也使活动有了超乎意料的圆满结局。

3. 将优秀的一点经验转化为作业标准

推行"一点经验"专题活动的过程，也是一个不断提升对工作优化和标准化的重视程度的过程，一点经验本身就是最优的作业方法，而将最优作业方法发挥最大效用的唯一手段就是进行固化和传播，通过转化为作业标准，形成全体员工在今后作业的参考依据，促使全体人员不断提升工作质量和效率。

通过开展"一点经验"专题活动，不断将各个生产环节的好经验、好方法和业务技巧进行总结汇总，并将优秀的一点经验转化为公司的作业标准，推动基层员工学习并按照标准进行作业，这就成为公司安全供水过程的主要抓手，对推动公司业绩不断提升起到了重要作用。

第八章 战略部署的关键要素：人才

> **引 言**

　　战略落地中最关键的要素是什么？答案只有一个，就是"人"。战略实现需要的是企业能力的提升，这个能力是由所有"人"的能力构成的，人的能力没有进步，企业何来进步？平庸的员工形成平庸的企业，奋进的员工形成优秀的企业。何谓人才，就是能够持续进步，并帮助企业实现战略目标的那些人。这些人具有以下几个特征，首先是能够自觉地按照企业文化的要求工作，其次是具备高度的职业技能和职业素养，最后是善于借助工具完成任务，能用科学的方法论指导工作。企业有了一大批这样的人，战略落地指日可待；反之，缺少人才的企业，所有的战略和目标都会落空。

　　能人前面有能人，熊人背后有熊人！人才培养战略始终是企业一把手最重要的工作，企业一把手要坚持人才第一的原则，不但要网罗更优秀的人才，也要培养更多人才。优秀的企业总是将人才培养当作第一要务，日本经营之神松下幸之助说，松下就是个培养人才的工厂，副产品才是电器产品。所以，一个不断涌现"战斗英雄"和"名将名帅"的企业一定能够蓬勃发展。

　　企业对基层员工的培养也是至关重要的。企业培养员工的操作技能和精益技能，帮助员工成长的同时也给企业创造更多价值，这是一条企业循环增长之路。需要注意的是，当员工已经创造了价值，就要匹配地给予员工足够的报酬，以此提高员工的积极性。员工能力提升带来报酬的增加，这是一条

精益战略部署
——构建精益管理的长效机制

员工循环增长之路。当个体与企业双循环都是良性的,就会帮助企业实现一个又一个战略目标,保持长期的增长。反之,因为担心培养了人才会离职,而拒绝培养员工,势必会造成企业停滞不前,这种观点也会造成企业战略目标难以实现,需要反复再来。世界上最远的路不是漫长曲折的路,而是回头路,少走回头路就是走捷径。

基层班组是企业战略执行过程中最重要的组织。所有的战略措施都需要在基层班组落地,所有的战略效果都需要在基层班组验证,缺少了基层班组的认真落实和反馈,企业就是瞎子、聋子。基层班组是战略执行的最后一公里,将直接导致战略成功或落空!我们企业希望基层班组干部训练有素、主动负责,就要认认真真地抓基层工作,培育基层班组长,这项工作需要企业投入资源和时间,慢慢雕琢且无法取巧,市面上有许多速成的培养办法,大家一定要警惕,包治百病的仙丹只有在骗子那里有!

战略落地是靠持续改善实现的,如果企业有一批精益改善高手,就会攻克一个又一个瓶颈,取得令人瞩目的业绩,所以改善人才的培养至关重要。改善人才的培养要从改善平台的搭建做起,改善平台的作用是内心深处驱动员工参与改善,持续激发改善动机,通过示范带动全员体验改善活动。战略落地也对企业中高管的能力提出更高要求,尤其是管理者的领导力。领导能力是管理者的高维系统管理能力,要抛弃"乱拳打死老师傅"的观念,建立管理者的能力素质模型,有步骤、有针对性地因材施教,持续提高。同时,中高层管理者要以学为用,带动下属正确且高效地完成工作,绝不当战略落地的旁观者。

培养人才是个漫长的过程,不能急于求成,春天播种要等到秋天才能收获,急不来,也求不得。培养人才也需要企业建立完整的培养机制,要将培训和行动联系起来,要将行动与成果关联起来,要将成果与收获匹配起来,这样才能实现企业人才济济,将星云集!

第八章 战略部署的关键要素：人才

导 读

本章聚焦于精益战略部署的核心要素——"人"进行解读。穿越百年企业光影，我们发现驱动企业发展的是人，改变企业命运的是人，决定企业生死的也是人。围绕这个大家都很关心的问题，本章论述了如何对人的能力进行培养，如何让基层班组更具战斗力，如何通过简政选拔精兵，如何提高各级管理者的领导力等。

在第一节"人员能力的教育与训练"中，首先，阐述了员工技能对于企业的重要性，总结了世界级企业中员工技能训练的方法；其次，强调了企业内改善人才培养对于战略目标达成的重要意义，并对比了东西方企业在改善人才培养机制上的差异，总结提炼出企业人才培养的相关方法。

在第二节"夯实基础管理必须推进基层管理"中，首先介绍了基础管理和基层管理的定义和相互关系，强调了细节性持续失血对企业的危害；其次，对于基层管理的内容进行了介绍，尤其对于几个重要工作分别做了详细的阐述；最后对于基层管理的长期性和艰巨性进行了补充说明。

在第三节"精益人才培养简政精兵之一"中，首先介绍了何为简政，"繁政"有哪些危害；其次，围绕如何简政，如何更高效地完成企业管理工作，进行了分析和说明；最后，重点介绍了两个简政的精益工具：会议地图和会议卡片。

在第四节"精益人才培养简政精兵之二"中，首先，说明了何为精兵，精兵为何如此重要；其次，重点解读了精兵的五大特征，即具备精益意识、精益思维、精益能力、精益技能、精益知识；最后，从数字化视角，对于精兵的学习能力和知识储备，提出建设性的意见。

在第五节"全员改善平台的建设"中，重点强调了何为改善平台，改善平台对于战略落地有哪些支撑作用；然后，阐述了点、线、面、体四类改善平台如何搭建；最后，论述了改善平台对于激发员工英雄基因的重要作用。

在第六节"文化层面的战略领导力"中，从战略领导力的含义出发，明确战略领导力对于企业战略执行的指引作用，然后从文化层面上将战略领导力分解为五个方面的内容,包括长期主义、尊重人性、凝聚团结、大公无私、追求极致,并逐一说明。

第七节"技能层面的战略领导力"承接第六节的内容,将技能层面的战略领导力分成"事"和"人"两个方面,并解构为三现主义、价值与浪费、价值设计及流动、目的和目标、教练育人、套路范式六大内容,在本文中逐一进行了解释和说明,最后提出未来企业的样貌:从一个专制机构转变为促进人成长的学校。

第一节 人员能力的教育与训练

战略目标的实现靠的是企业全员持续的工作效能提升,背后是企业能力的持续提升。企业能力是指企业对战略任务的整体策划能力和具体分解执行能力,最终表现为内在核心竞争力持续增强。企业能力由全体员工的能力组成,员工能力的提高就会带来企业能力的持续进步,因此,很多优秀企业在战略部署中将各级员工教育训练当作首位任务来执行[1]。

员工训练教育是一个宽泛的概念,由多个维度的内容组成,我们选取了最主要的两个方面进行讨论,一个是员工的操作技能的提升,另一个是员工改善能力的提升。前者是产出好的产品和服务的基础,后者是实现企业持续进步的基础。

员工的技能是效率和质量之源。技能优秀的员工,我们称为工匠,当前我们社会都在提倡工匠精神,旨在激发制造员工爱岗敬业和钻研技术的积极性,企业通过不断培养出更多的技术工匠,实现产品和服务的精益求精,进而形成更好的竞争力。当然这是一种提倡,也恰好说明当前制造业很缺少工匠精神。

在当前,许多企业不要说工匠了,就连精通操作技能的员工都奇缺。培

---

[1] 彼得·德鲁克. 卓有成效的管理者 [M]. 许是祥, 译. 北京: 机械工业出版社, 2019.

养一个精通技能的员工需要较长的周期，许多企业舍不得资源来关注这些"底层人士"，企业需要的是产品产出，而非培养人才，一旦有需要，就寄希望于招聘。更有甚者，有些企业为了降低人工成本，采用与劳务公司合作的方式，招聘大量临时劳务派遣工人上线生产，结果不要说精通操作技能，就是能够掌握操作技能都是一种奢望。

每到年末岁初，中国制造业会出现一个生产高峰期。为此，全国各个企业都要招聘工人，加班加点，扩大产能。于是，各地劳务公司从全国各地找到闲置人员，给够工钱，然后送入企业中。此时的企业被订单砸晕，被客户催促，劳务派遣人员一旦出现，如同久旱逢甘露，立即被送到生产线上去干活，悲哀的是，能够拿出一两天进行职业技能培训的企业绝对是凤毛麟角！在这种情况下，稍有常识的人都明白，怎么可能会做出好的产品？有些企业也很痛苦，我们也希望好好培养劳务工人，可是没有其他办法，时间不允许啊！其实，在这种客观环境下，其中的一个解决方法是，企业必须建立快速提升技能的机制。

世界级企业都会在每一个制造基地内建立技能培训中心，甚至在日韩企业中有这样的说法，即每个车间要拿出总体面积的 1/20 作为技能训练场，通过系统的技能实操训练，快速提升员工技能，确保员工快速上岗。技能训练场是员工的集中训练场所，在教官的指导下，员工在技能训练场中运用标准方法反复训练，实现肌肉记忆，能通过下意识来执行正确的操作，总之是用最短的时间达到合格的操作技能。这种训练方法对于操作技能提升或者学习多岗位操作技能都非常有效。从实验数据看，实操训练的作业速度提升水平大约是普通以老带新的 3~5 倍，我们专门在企业内将 32 名新员工分成 4 组对比作业速度，进行效率提升试验，结果如图 8-1 所示。

技能训练场不能仅仅为了提升技能而存在，它还是企业文化的一种体现。通过建立健全技能教育机制，让员工感受到企业对于一线操作工作的重视，让员工更有价值感和归属感。同时，技能训练是最优工作方法的普及，通过训练统一了员工的操作方法，形成员工按照标准作业的习惯，也构建了一切按照标准和制度来进行管理的文化，标准管理才是真正的执行力。当然，技能训练场只是技能培养系统的一部分，还应包括员工技能提升计划、培训教材、培训考核方案、教官队伍、训练手段等。

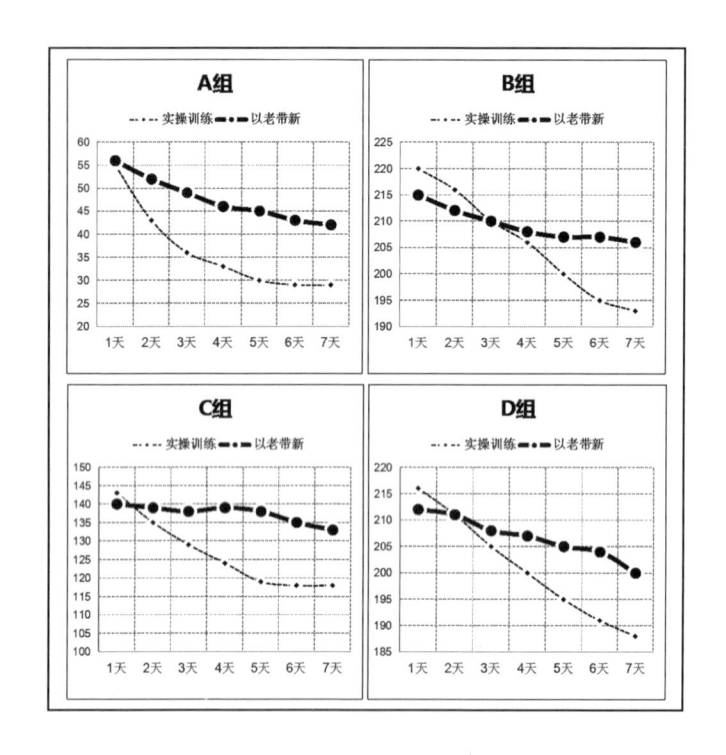

图 8-1 效率提升对比实验结果图

各级骨干员工的改善能力也是实现战略目标的根本保障。改善能力对于企业战略落地的重要性不言而喻，如果所有支撑目标达成的课题，都因为课题团队的改善能力差而导致失败，总体目标怎么会实现呢？在一些企业中，由于历史或者行业特性等原因，企业内缺少改善文化，要么对改变抵制，要么有了一点改善，却远远不足以让企业快速进步，这一切问题的根源就是企业内改善人才的缺乏。企业改善能力的提升绝非易事，它依赖于企业内部建立改善人才的培养机制，用训练的方式统一思想、统一认知，让各级管理者快速掌握改善工具和方法。

欧美企业和日韩企业围绕改善人才培养走了两条不同的道路。日韩企业偏重通过改善实操训练实现人才培养，通过职工参与实操练习，实现自悟和体悟，进而提升改善能力；欧美企业偏重通过黄绿黑带评价认证机制来促进员工的自我提升，两者各有千秋。

改善实操训练机制是日韩企业的看家本领，它包括了训练场、练习道具、培训课程、培训师、改善 PK 机制等几个内容。学员在课堂上学习精益工具，然后分组在训练场上利用道具进行实践，要在固定时间内最大限度完成改善目标。在训练结束后，要进行改善总结并发表。学员们通过学习、练习、总结、发表、互学等过程，牢固地掌握了改善工具。

精益黄绿黑带机制是欧美企业中培养精益六西格玛人才的方法。企业将初级改善人才定义为黄带，中级改善人才定义为绿带，高级改善人才定义为黑带，各个不同的带级都对应着不同的额外津贴。黄带所做的现场改善称为黄带课题，绿带所承担的车间或者部门关注的改善项目称为绿带课题，黑带承担的工厂级重点项目称为黑带课题，人才分级和改善课题紧密结合。带级人才培养过程较为系统，包括承担指定的课题、各级改善课程、课题方法实践、课题总结评审、带级晋升评价、薪酬激励机制等方面的内容。

实施方法：首先企业要对全体管理骨干进行扫盲，将初级改善意识和改善方法进行全员培训，通过考试后，统一认证为黄带。在此基础上，各单位组织核心骨干组成绿带学习班。绿带学员们结合本单位的经营实际，选择改善课题并登录，并由企业黑带或黑带大师系统培训绿带工具方法，课程按照改善步骤分阶段进行，一边学习方法，一边实践改善，最终课题完成后，经过考试和课题发表，确认绿带合格，并享受绿带的薪酬待遇。绿带课题连续完成三个，就可以承担更加重大的黑带课题，如果黑带课题完成较好，经过理论知识考试和黑带课题结项答辩后，就可以评选为黑带。

不同带级选择的课题不同，但是都与公司战略紧密相关。企业围绕战略目标分解出公司级课题，并授权公司内的改善总教练——黑带大师，将公司级课题分解为工厂级课题（黑带课题），再将工厂级课题继续分解成车间或部门级课题（绿带课题），这样黑带、绿带等人才培养的过程就有不同类型的课题，乃至战略目标匹配起来了。欧美企业通过带级管理，各级干部主动承担课题，逐步建立有序的改善文化。上述两种改善培训机制说明，如图 8-2 所示。

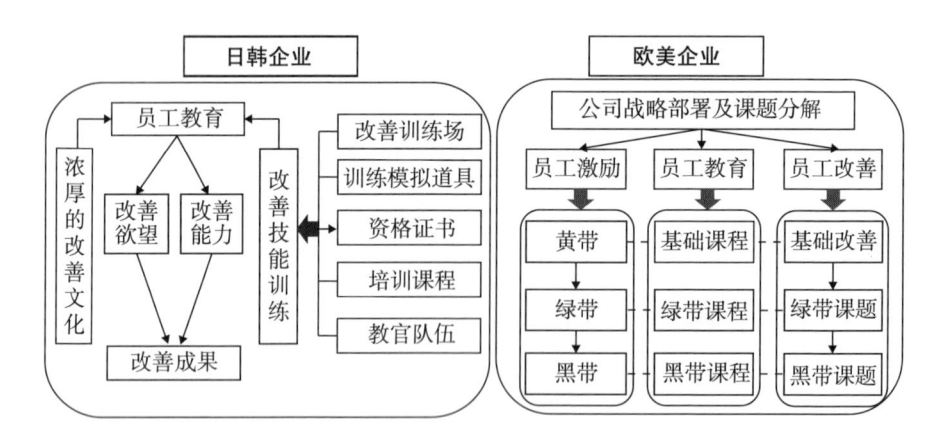

精益战略部署
——构建精益管理的长效机制

图 8-2 改善培训机制对比图

他山之石，可以攻玉，优秀企业的持续改进能力是其战略落地的重要条件，这一切源于其优秀的人才培养机制。企业有了充足的人才，自然会有令人满意的业绩，《中庸》中提到"人存政举，人亡政息"，这是对人才和业绩的辩证关系的精辟总结。人才是稀缺资源，人才培养是百年之功，更是百年之基，企业唯有投入人力和资金，不断研究培养方式，不断选择更有效的培训手段，才能实现这一点。

案例分析

2011年潍柴动力与天津大学合作构建四级培训体系项目，选取了潍柴动力最先进的二号工厂作为试点。当时确立的目标是，通过模拟操作的方式，培养具备工匠精神和工匠技能的员工，培养具备精益管理能力的骨干。

模拟实操的培训方式来源于丰田，用于在全球范围内培养技术工人，对于这种模拟操作训练场所我们称之为道场。结合丰田训练道场的设计思想和二号工厂的生产实际，我们创新地设计了多种关键操作技能的训练道具，涵盖了品质关键作业、重点瓶颈作业、易错作业等关键岗位，建立了诸如易混物料识别、重点设备换型调试、连接打紧作业、箱体装配顺序等模拟环节，既帮助企业解决了问题，又提高了员工训练的兴趣。

一年后，我们构建的四级培训体系，在集团层面上形成了很大的影响。在班组层面上，我们建立了班组内多能工和岗位技能的训练标准；在车间层面上，建立了车间的模拟训练道场，建立了关键易错作业的模拟道具；在工厂层面上，我们建立了基础岗位作业训练科目，基础训练道场用于培养员工基础的工作习惯；在公司层面上，我们同时构建了精益知识的培训课程和精益方法的初级模拟训练方法，让每一个员工能够体验到精益的魅力。

四级培训体系得到了潍柴动力高层管理者的高度重视，专门组织集团各个工厂的管理者前来学习，听取项目实施的经验，在企业内部形成了学习技能、提高操作水平的制造工匠文化。

第二节　夯实基础管理必须推进基层管理

通过战略部署，企业识别出重点、有效的工作任务，通过聚焦资源实现瓶颈突破和改善，帮助目标得以顺利实现，这是一幅非常清晰的战略落地路线图。但是仅靠这些工作是不足以支撑战略的，在取得重大改善成果的同时，我们还要特别关注过程细节中的持续性"失血"，即基础性管理带来的浪费，因此必须要关注和推进基层管理。

由于企业管理者做不到事无巨细，因此采取二八原则，抓大放小，对于落地细节和基础性工作常常是忽视的，把这部分的主体责任交给了基层管理者，而企业的基层管理者能力不足，导致许多企业基础工作异常薄弱，进而影响了重要关键事项的完成度，削减了改善的成果。

历史也证明，往往细节会影响宏观战略。英国约克王朝最后一任国王理查三世于1485年在博斯沃思战役中被击败并导致其逊位，其原因就在少了一个马蹄钉，此役诞生了一个著名的"一马失社稷"管理学逻辑，即"少了一个铁钉，丢了一只马掌；少了一只马掌，丢了一匹战马；少了一匹战马，败了一场战役；败了一场战役，失了一个国家"。这一战役永载管理学史册，让后人铭记细节的重要性。

精益战略部署
——构建精益管理的长效机制

基础管理一般包括班组管理和员工管理，指向的是企业最小经营细胞，即班组的活力。企业中，基础管理的概念有些模糊和宽泛，它包罗万象，所有经营关注不到的内容都会归于基础管理，基层管理者往往不知从何入手。于是，出现这样的现象，基础管理总是不到位，按下葫芦起来瓢，上上下下都伤透了脑筋，印证了那句话，"让我们疲惫的不是远处的高山，而是鞋里的沙子"。

从精益管理的角度来看，"基础管理"一词是不准确的，应该是公司各项管理手段落地到基层执行的管理，即基层管理。从这个角度说，基层管理的责任不是基层管理者，企业最高管理者应为此负责，多深入一线调查，并采取行动措施。

基层管理尽管内容较多，但是万变不离其宗，都是对人、机、料、法、环的现场控制。员工方面包括员工关爱、绩效管理和技能训练，设备方面包括班组自主设备维护（TPM）和5S活动，工作方法方面包括员工改善、班组改善活动、班组长工作标准化和自我培训等，环境方面包括目视化、变化点管理等内容。许多优秀的世界级企业围绕上述内容建立固定套路，确保工作能够持续开展，比如，日本企业推行班组的五大任务，韩国企业推行五星班组，等等。

如前文所说，基层管理的推行是以行事历为载体的，行事历中体现的是基层管理的关键里程碑事件，换句话说，都是基层管理的重点大事，小事自动忽略了。编制行事历之前，企业要对基层管理现状进行摸底，设定未来基层管理的目标，每项基层管理都要编制计划，并设定关键节点，根据关键节点编制行事历，实现高层对基层管理活动的监管，每项内容的策划都要以长期持续为着眼点，不贪多求大，坚持"凡事彻底"的指导思想，要扎实落地，确保渗透到员工的工作习惯中。

基层管理提升的路径设计要循序渐进。

首先，基层管理要有很好的现场改善氛围。基层管理应优先推行5S和TPM/TQM管理，而且必须长期持续。5S就是整理、整顿、清扫、清洁、素养，这个工作简单又复杂，实际上许多企业都曾经反复推行5S，但是效果各异，重点是长期坚持。以5S为基础，就可以实施现场小组改善活动。现场小

第八章 战略部署的关键要素：人才

组改善活动的主题依据企业管理难点而定，可以是 TPM，也可以是 TQM，有了这种机制，就能确保现场管理水平持续提升。基层管理如逆水行舟，不进则退，企业只有用持续改善的方法才能保证现场管理水平的持续进步。

其次，基层管理要对生产要素进行控制。所谓控制，就是看这些生产要素是否处于要求的状态中，具体到生产现场，要素点（人、机、料、法、环、测、信息）会很多，每个生产要素都是正常生产的必要条件，因此需要逐项检查，这样的检查确认也称为生产条件完备性管理，简称"条件管理"。如果生产条件发现了变化，就要针对变化进行重点管控。

再次，基层管理中对日常班组工作要进行管控，我们称为日常管理。日常管理包括日报的制作，管理板的更新，管辖范围内的重点区域巡视，下属员工的点检执行情况，以及下属员工的技能训练等，这部分工作需要形成"管理者一天"来进行监督控制。在日常管理中，还有一个范畴，就是持续提升员工的素养，通过对岗位作业标准化以及日常行为的规范管理，让员工理解、执行乃至习惯。

最后，基层管理包含现场生产过程中的异常管理，这部分内容前文已经讲过。班组层面的异常管理包括异常的及时发现和异常的分析处理，要围绕管理板的指标追踪、问题发生的安灯报警、问题的持续改进等方面展开，也是一个以现场为中心的 PDCA 改善全过程。基层管理结构图，如图 8-3 所示。

有些企业很轻敌，认为基层管理是非常简单的工作，只要一抓就灵！结果发现截然相反。为何如此？因为基层管理工作具有"雪地假象"的属性，即表面现象很容易清除，就如同降雪一样，迅速将问题掩盖起来，但是根源没有改掉，问题依然存在；天气一旦转暖，白雪融化，就会又重新露出事物的真实面貌了。基层管理要实现本质改进，最重要的是要进行根治，要不急不躁地持续推进，要有马拉松的精神，通过雕琢培育员工和班组，最终实现自动自发的自我管理。

基层管理是战略落地的基石，是实现目标的土壤。没有坚实的基层管理基础，企业无法构建出优秀的管理体制高楼，结果一定是事倍功半，因此企业要把管理重心放在现场，一把手要多到现场检查工作，这样才能提升企业的执行力。

精益战略部署

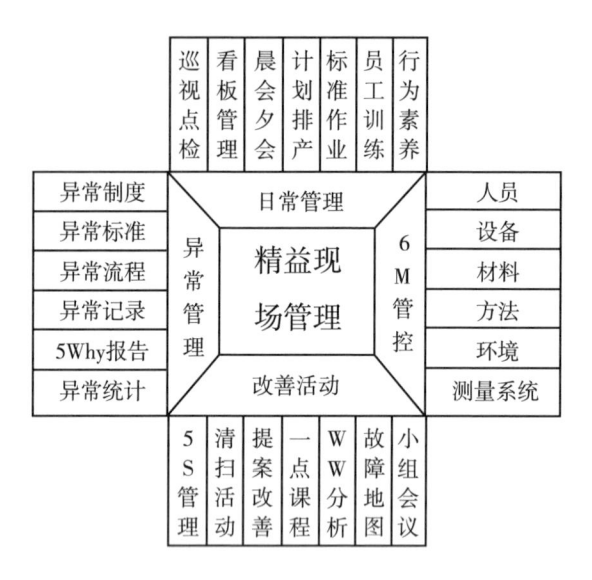

——构建精益管理的长效机制

图 8-3　基层管理结构图

案例分析

2004年是中国汽车产业飞速发展的一年，汽车产销量以20%的速度持续增长，整车及零部件市场高烧不退，所有相关工厂都在全力以赴地提产以保证交付，而在天津的住友线束工厂里，刚刚过完年的管理者们却在集体忧虑另外一件事，如何在PK活动中实现80分达标。

PK活动，也称闪闪发光活动，是住友集团本社组织的工厂达标活动。它要求所有工厂在内部管理上合规完善，在制造过程中对品质精益求精，在现场管理上追求极致彻底。由于"闪闪发光"在日语的音译中，有"P"和"K"，因此称之为PK活动。PK活动策划已久，住友电装是世界五百强企业，仅其汽车线束产业就占据世界线束份额的15%以上，全球有四十几家工厂，为了让全球工厂都以统一的规范、统一的能力给客户提供服务，因此本社决定采用PK活动作为主要抓手，推进各地工厂的统一化、标准化。

PK活动的评价非常严肃和认真，住友电装聘请十几位一流的现场管理专家，采用飞行检查的方式，即不定时间、不打招呼、不用接待突然进入工厂进行现场检查评价。评审专家根据发现的问题进行打分，打分结果决定了工厂的级别，也决定了本社分配给工厂的产品种类、产量份额等，对于工厂来说生死攸关。

PK活动专家的评审过程极其严格，严格程度超出想象。关于现场5S，专家会佩戴白手套，然后在通道地面进行擦拭，如果白手套上有黑色粉末，就要扣分，要求地面任何时候都一尘不染；关于设备管理，专家会仔细排查设备内外，要求地面和设备内不能有金属碎屑，发现一个就要扣分；关于工具管理，要求每台设备的全套工具都要目视化，并建立交接管理，缺少过程点检就要扣分；关于班组管理，要求每次班前班后会都要有会议记录，缺少一天就要扣分；关于产品防护、关于作业标准、关于上岗培训等，诸如此类，每一个都建立异常苛刻的打分标准。

为了在PK活动中达标，天津住友的每一名管理者都废寝忘食地努力工作着，挑战着自己的智慧极限，从某种意义上来说，这是一种精神折磨，在大家绞尽脑汁想办法改进的过程中，基层管理得到了极大的重视和加强。到了2006年，仅仅两年的时间，整个制造过程、制造现场、制造人员完全变了一个样，天津住友终于在PK活动的最终审核中获得80分的好成绩。这时，大家突然发现，不知不觉中整个工厂已经脱胎换骨，干部团队的能力有了质的飞跃。

第三节 精益人才培养简政精兵之一

战略落地的过程也是一个管理者效能不断提升的过程，即管理者们在固定的时间内创造更多的价值。效能提升需要大家学会利用时间，减少时间的浪费，建立良好的日常管理习惯，在例行工作之外，完成更多的战略落地工作。前面已经讲过，战略分解为课题，课题要成为各个组织的主要改善活动，改善活动需要投入额外的时间、精力，组织各级成员在改善方面做的增量投入，就必须在日常管理上减量投入，因此需要企业做好"简政"。

"简政"要简的内容很多，其中一个重要方面就是会议简政。

许多中国企业都以"会多"而闻名，有些企业用"文山会海"来形容一

精益战略部署
——构建精益管理的长效机制

点不为过，国有企业如此，民营企业亦然。曾经在一家著名的装备制造型企业中，我们约一个车间主任沟通改善方案，结果从周一开始就约不上，每天不是开会就是在开会的路上，直到周五才抽出点时间来完成沟通。而在一家建筑行业的民营企业中，老板喜欢在开会时随心所欲地发言，常常从预算说起，跑题到部门建设，再扯到工作具体方法，又聊到外部竞争对手的情况，直到人事考核和战略方向才结束，预定三个小时的内部述职会从下午两点开到了晚上十二点，述职的目的没有达到，仅满足了老板的讲话欲望，干部们极度疲劳。会议简直是中国企业管理中的"毒瘤"，有些企业的中层管理者无奈地说，大会小会都要求部门一把手参加，有些会议就是旁听、点卯，有些会议就是宣贯、摆拍，但是如果不去就可能被上纲上线，可能还会被冠以"不积极，不重视"或"认识不足，政治错误"，部门一把手常常是用于开会的，部门副职才是真正干活的；会议的组织者们也是抱怨连天，与会人员打电话、刷手机、开小会、迟到早退等不良行为屡禁不止，会风不佳导致会议质量不高。

为何企业总将会议作为布置工作、统一思想的形式呢？首先是"定调、定性"的思维习惯。我们习惯了只要开了会，就算高度重视了，就算完成信息传达的标志性动作，这种思维根深蒂固，总是觉得其他方式力度不够、显示度不足。其次是"以会代培"。有些时候，企业希望通过开会除了进行检查、汇报、通报、讨论，还要进行全体人员的培训，也就是以开会之名，行培训教育之实。再次是"刷存在感"。有些管理者对于自身位置有危机感，或者希望借助会议树立权威，对于会议这种"发声"形式来说，是非常合适的选择，既能体现自己的作为，又能稳固自身的地位，当然这是自以为的。因此，一旦发现了正当开会的理由，这些管理者绝不放过这样的机会。最后是企业"波动过多"。有些管理者本身也是被会议困扰，也希望将会议减少，但是企业内运营过程的异常太多，为了解决问题，只好一次又一次召开会议，通过会议来解决问题。从精益生产的角度，真正想解决问题，就要到现场去！开会解决问题是典型的办公室经理（Office Manager），不仅异常无法解决，还会越来越多。

解决会议过多的问题，优秀企业都有自己的一套办法。有些企业中，明确规定了"无会日"，每周都会确定下周日程，其中某几天不许安排任何会议。有些企业提倡开短会，如日本著名的经营管理实战专家，被尊称为"合理化先生"的土光敏夫有一个著名的"五提倡会议律"，其中两条是：一是提倡开短会，所有会议的时间都不应超过一小时；二是站立开会，保证与会人员不要长篇大论，会议短平快，有产出。有些企业注重会议的有效性，要求会议要提前通知准时开始，对迟到者进行惩罚，组织开会的人一定要提前明确议程，与会人员提前做好准备，等等。精益管理中，将上述优秀的会议管理方法集成，专门提出了一个工具，称为"会议地图"和"会议卡片"，帮助企业优化会议管理，提高管理效率。

会议地图是企业采用精益思想进行会议设计的一种工具，解决"开哪些会"的问题。

在企业制定了战略地图之后，不同的系统如研发、质量、生产、销售等，为了实现目标，需要建立层级会议制度，逐级点检并汇报问题，这些会议都与目标达成紧密相关，因此是必要的会议。在企业日常运营过程中，围绕成本、计划、能力平衡、技术、交付等方面，各职能部门为了确保信息同步，往往要牵头召开例会；围绕不同的产品线的新产品的投产，往往产品项目组要牵头召开例会。这些从企业层面上必须召开的会议列在一张表格上，就构成了会议地图，如图 8-4 所示。

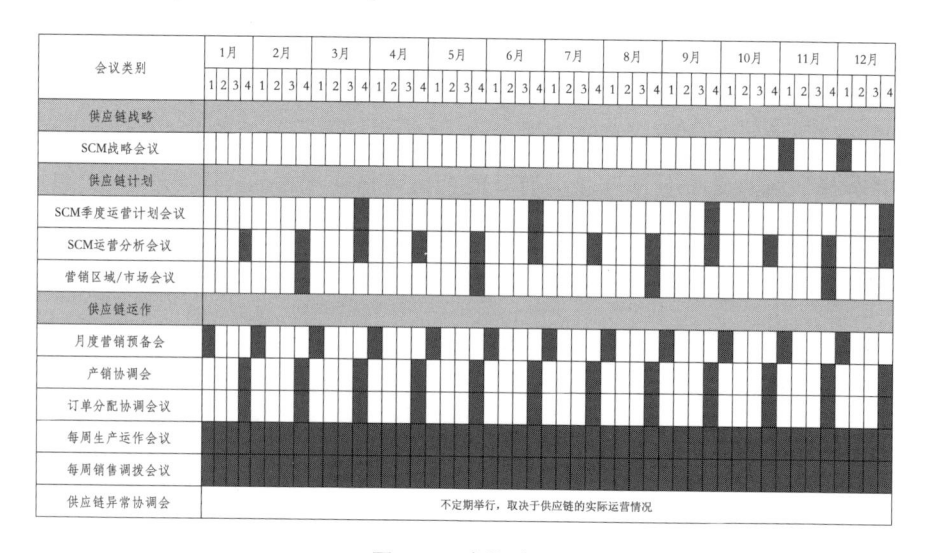

图 8-4 会议地图

精益战略部署
——构建精益管理的长效机制

会议地图不仅是对当前会议的展示，还要甄别出哪些会议需要召开，哪些会议没有必要。这时，企业就要建立会议成本的概念，不仅仅是与会人员的时间成本，还要包括与会人员的机会成本，即假定这些人员没有参加会议而是完成各项工作能为企业创造的价值。通常来说，我们认为管理者在同等时间内创造的价值是其本身时间成本的 7 倍（假定 1 个管理者对应 7 个下属），因此会议成本的核算公式为：

$$(7+1)\left[\sum_{i=1}^{n}(参会人员单位时间人工成本 \times 会议时间)\right]$$

日本企业中，为了确保大家了解会议成本，常常会在会议室中放置会议时钟，输入与会人数后，时钟开始计时，并显示跳动成本金额数字，也就是说，时钟展示的不是时间，而是金钱。随着会议召开的时间不断增加，金钱的数字不断累加，其在提醒与会人员，会议是一种时间成本，越早结束越好。

测量了会议成本，我们还要定量评测会议的价值，所谓会议价值是指通过会议能够完成的某项功能，该项功能能为企业带来的收益。企业要保留价值大于成本的会议，取消那些价值小于成本的会议。由于会议的功能通常都可以替代，并且有些功能的收益很难评估，因此我们通常要对需要召开的会议进行定性。通常，统一企业文化（思想宣贯学习）、统一工作步调（计划平衡会、重大新品节点会议、质量例会）、实现战略目标（各层级会议）、实现企业治理（党委会、董事会、总经理办公会等）这四类会议是有必要的，其他的会议价值不大，要尽量取消或者采取其他方式召开。企业中要尽量避免临时会议，解决某个具体问题而召开的会议应该在现场。

会议地图制定后要反复审核，在不同阶段的企业对于某些会议的需求会比较强烈，要尽量兼顾，根据自己企业的情况增加或者删减某些会议，确保会议地图中的会议是必需的，必需的会议都在会议地图上。

用会议地图规范了会议的种类，还需要通过会议卡片实现各会议的高效组织。会议卡片顾名思义就是通过一个小卡片明确会议如何准备和召开，确保会议有效果、有价值。当前，许多企业的会议缺少规范，于是企业内的会议时间无限拉长，会议有效性无限降低，变成了扯皮会、闲聊会、睡觉会。对于每一个会议地图上面的会议，都要建立会议卡片，作为作业指导书，明确会议规范。会议卡片的制作并不复杂，就是围绕卡片模板将会议过程进行填写，重点是体现了几个重要的会议原则。

1. 明确会议目的

开会前一定要明确会议的主题，围绕主题有的放矢做准备。

2. 最少化与会人员

尽量控制会议的规模，减少参加人员的数量，选取能够提供有效建议、有效执行的人员参加。

3. 会前要做准备

会议之前要明确会议议程，在会前发给与会人员，使他们了解会议的目的并做充分的准备，包括收集信息、准备资料。

4. 会议要准时

开会一定要准时，要对每个议程进行时间限制，如讨论议题未能得出结论可暂放，避免影响下一议题。

5. 明确会议输出

必须形成一个准确完整的会议记录，会议决议要有具体执行人员及完成期限，如决议事项需要多方资源，要明确说明，避免会后推诿扯皮。

6. 决议跟进

建立一个会议事后追踪的流程，每项决议都要有跟踪，确保各项决议有效落地。会议卡片示例，如图8-5所示。

有一个潜在的真相是，真正重要的会议常常私下沟通，解决问题的会议永远都不需要会议卡片。在达成共识的各种渠道中，私下沟通效率最高，在解决问题的方法中，现场解决最直接和高效，围绕现地现物观察讨论，在现场碰头分析，都能快速解决问题，无须开会。

会议地图和会议卡片都是目视化工具，背后是企业运用精益思想简化会议、实现会议更加高效的改善思维。企业提高会议管理水平，就是提高了管理人员的时间效率，让管理人员更加聚焦于目标实现，更加高效地投入企业战略落地的具体工作中去，这是"简政精兵"的重要一环。

精益战略部署
——构建精益管理的长效机制

（铜冶分厂）工厂周会会议卡片				
会议目标	1.各部门一周工作检讨；2.确认下周工作重点			
会议时间	每周一13:30—15:30		会议地点	1#会议室
主持人	厂长		会议形式	站立报告
参会人	厂长、各部门负责人（副厂长、厂办主任、酸奶车间主任、常温车间主任、设备处长、安全科长、财务处长、质量管理处长、检验管理处长）共10人		会议周期	120分钟
会议规则	会前：各部门每周一10:00前报表，发给相应部门查看 会中：部门负责人报告讲解（聚焦重点，未完成工作及目标的问题及整改措施，无须全面展开），并回答领导及其他部门的质询问题 质询：各负责人需提前对可能质询的问题进行充分准备			
会议议程	时间	对应议程的上会资料		资料提交人
发表上期会议决议事项达成情况	10分钟	考核报告		厂办考核员
发表各部门目标达成情况	80分钟	各部门月报		各部门统计员
对未达成项目进行分析	20分钟			
确定本次会议决策	10分钟			
会议输出/后续活动	会议输出：周会会议纪要。 后续活动：根据质询意见修改下周工作计划			
会议组织部门	厂办	会议决议跟进人	厂办考核员	会议纪要人	厂办考核员
备注				

图 8-5　某工厂周会会议卡片示例

案例分析

"简政"就是精简和优化，其目的是将企业资源聚焦于价值活动，消灭浪费，实现低成本运营。在"失去的20年"中，日本企业为了生存将简政降本运用到了极致，通过持续改进，做到了极限成本运营和极致产品成本，最终渡过了危机。

在1985年"广场协定"签订之后，由于日元兑美元汇率持续上升，日本企业的产品出口价格大幅攀升，其产品在国际市场的竞争力不断下降。为了重新获得价格优势，日本企业开展了极限降本活动，不仅在产品制造环节进行成本控制，而且在整个供应链上进行成本改进，通过大量运用价值工程、工业工程等降本方法，取得了令人惊叹的成果。比如，丰田汽车的CCC21计划和代号为"Ⅵ"的价值创新计划，通过全链条协同降本，在5年时间里为企业节省了 100 亿美元，给其他日本企业树立了标杆，并形成了积极的示范效应。

如今，日本制造企业普遍建立了低成本运行的机制，有两个特征很鲜明。首先，极少进行生产设备的更新。许多日本企业现如今仍然大量使用 20 世纪生产的设备，为了满足当下客户的更高需求，企业自主进行设备的低成本改造，通过技艺精湛的技术工人的不断改进和优化，完成了高质量产品的生产。其次，制造企业的职能人员极少。对于大多数中国企业来说，管理人员的数量占比往往在 20% 以上，而日本企业通过采用看板、目视化、多能工等手段，简化了管理过程，管理人员占比为 5%~10%，因此极大地降低了管理成本。当然，还有一些其他的控制成本的措施，此处就不一一赘述了。

第四节　精益人才培养简政精兵之二

"简政"就是简化管理，"精兵"就是具备精益能力的员工，"简政"完成了，就要开始培养"精兵"，两者不能分家。企业实现战略目标更是离不开精益人才，离不开员工个人能力和素质的提高，脱离了人才谈目标，都是不切实际的。中国的明星企业家很多，他们功成名就，令人钦佩，但不管企业领导人如何英明神武，其实真正令人钦佩的都是其企业中那些默默无闻、埋头苦干、最终实现目标的干部和职工，企业有了这样一批肯干事、干成事的人才队伍，才有了领导人在聚光灯下的高谈阔论。因此，我们常说，企业真正的竞争力来源于内部精益人才，即创新型人才的培养。

精益人才，我们有时称为"精兵"，主要指企业中熟练应用精益方法的基层管理者、技术工程师。在前面章节中，我们已经讨论过关于员工的操作技能训练和改善技能训练，掌握了技能的员工算不算精兵呢？不能算，因为还不够！真正的精兵如同解放战争时我党领导的军队，具有解放全中国的信念、奋不顾身的牺牲精神、良好的战术动作、娴熟地运用各种武器的技能，这样

精益战略部署
——构建精益管理的长效机制

的军队作风优良,既能小单元独立作战,又能凝聚成大部队协同作战。总结起来,精兵具备以下几个特征,即具备精益意识、精益思维、精益能力、精益技能和精益知识。

1. 精兵要有勇于进取、精益求精的心态

具体点说,就是具备充满激情、责任第一、敢于挑战的意识。员工的意识是在成长和生活过程中形成的,具有一定的社会和家庭背景,因此具有顽固性和多元性。企业统一员工的精益意识,就需要对一部分员工进行思想改造。思想改造是一个长期的且复杂的工程。首先,企业对上述意识找典型、找案例,也就是说识别出在不同环境下的表现,然后进行详细解读,让员工容易体会、接受并模仿;其次,要对这种理性认知进行反复强化,在企业制度上予以鼓励,文化宣传上予以歌颂,让员工有共鸣,有良性反馈,最后变成潜意识。优秀的企业对于员工的思想改造不遗余力,时常要进行意识形态的统一,比如,潍柴的企业文化宣讲、华为任正非的讲话学习,甚至许多企业职工的入职培训或者定期组织的户外拓展,本质都是如此。意识是员工所有行为的根本,也是企业行动的根本动力。上述意识的培养过程,如图8-6所示。

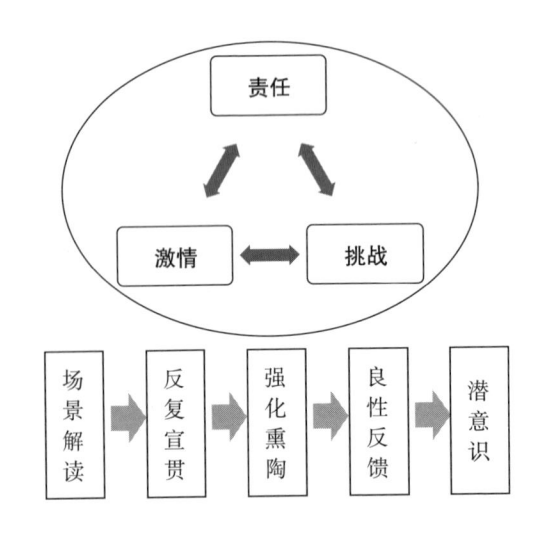

图 8-6 员工意识培养过程

2. 精兵要有精密严谨的思维方式

思维方式来源于意识，它决定了员工的工作方法，是员工面对具体工作场景的自然反应。精益思维包括"四向两维"，即问题导向、目标导向、过程导向、结果导向，以及逻辑思维、逆向思维。

"四向"是围绕工作的四种思维习惯，问题导向是指员工愿意并敢于揭露问题，敢于质疑，管理人员要表扬发现问题者，视问题为财富；目标导向是指员工做工作之前要建立一个目标，以目标拉动行动，实现自我约束、自我评价，防止工作平庸化；过程导向是指员工在追求结果时更关注达成结果的过程，建立过程与结果的因果关系，确保过程可控、合规、科学；结果导向是指员工以结果论英雄，紧盯结果达成，用结果反推过程，通过结果证明工作的有效性。

"两维"是对创新性工作的两种思考方式。逻辑思维是指理解事物之间合乎自然规律的关系，在此基础上的判断、推理等思维能动方式。员工在围绕问题、目标、结果、过程进行思考时，需要学习原理、传导机制，建立因果链思维习惯，这样的思维能够帮助员工进行细致的策划，建立严谨的可执行计划。逆向思维是一种创造性思维，一种从事物的反面去思考问题的思维方法，即按照事物的原理或特点从它的相反或否定的方面去进行思考。企业员工在碰到新的问题，无法用以往经验解决时，就需要从结果反推过程，从失败中识别成功因子，在面对公司目标的挑战时，积极进行反面思考，从异常中找到正常条件，从风险中找到规避办法，确保能够在失败中不断学习、不断进步，上述两种思维之间的关系，如图8-7所示。

3. 精兵要有强大的工作能力

工作能力是在具体工作中展现的处理问题的效率和质量，是精兵的综合素质的体现。工作能力与勤奋、好学、沟通习惯、思维方式等息息相关。我们可以将工作能力区分为五大能力，包括日常业务处理能力、异常解决能力、培养下属能力、改善推动能力、沟通和协调能力。

日常业务处理能力是指员工处理本岗位例行业务的能力，有条不紊地处理例行公事是能力的一种体现，需要员工科学合理并高效地安排业务，娴熟地掌握各项业务的处理技巧。

精益战略部署
——构建精益管理的长效机制

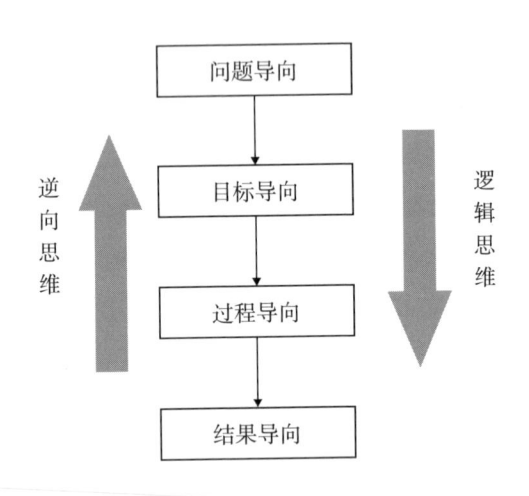

```
        问题导向
           ↓
  ↑     目标导向      ↓
 逆向                 逻辑
 思维    过程导向     思维
  ↑                   ↓
         结果导向
```

图 8-7　逆向思维与逻辑思维之间的关系

异常解决能力是指员工针对本岗位出现的各种异常事件，能够快速且高效地解决，既要防止异常的损失放大，又能逐步降低异常发生的概率，让过程趋于平准和稳健。

培养下属能力是指管理者在完成各项工作的同时，能够持续且有效地帮助下属成长，包括指导下属的工作方法和思考习惯，培养下属的职业能力和工作技巧，让下属不断成长，实现整个团队能力的提高。

改善推动能力是指员工围绕本岗位的工作，通过对标发现不足，自主改进和提高，同时培养下属的改善兴趣，推动下属持续自主改善，提高团队效率。

沟通与协调能力是指在工作中以沟通带动下属进行协同，与周围同事达成共识，形成团队的配合。沟通包括向上沟通、平级沟通、向下沟通。好的沟通习惯要对沟通方式、时机、话术等进行选择，需要员工不断优化提高。

上述五种能力的相互关系，如图 8-8 所示。

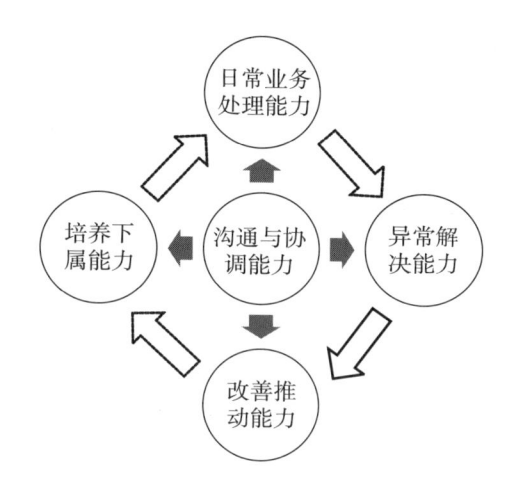

图 8-8　五大工作能力的相互关系

4. 精兵要具备高超的技能，掌握大量的科学管理的方法、工具、技巧

管理者能力的提高，除极少数人无师自通之外，通常依赖于工具和方法的学习和应用。中基层管理者通过工作成果和工作效率来体现工作能力，为了高效实现结果，就必须借助这些"捷径"。通常技能分为操作技能、解决问题技能、培养技能、系统改善技能、项目管理技能、目标管理技能。

操作技能是指例行业务的具体操作技巧和能力，要"能干活""会干活"，需要精兵骨干了解各种作业指导或作业标准。

解决问题技能包括发现问题、分析问题、解决问题的工具和方法，要求精益骨干能够利用现场或数据进行分析，从而发现问题并找到对策。围绕现场发现问题的方法有：5W1H、检查表、流程分析等；针对问题找到根源的方法有：鱼骨图分析、实验设计、5Why 分析等；通过源头改善实现根本解决的方法有：甘特图、失效分析、控制计划等。

培养技能是指帮助下属提升技能或者培养下属工作能力的各项技能，包括 OJT、TWI、多能工、比武达标活动等。

系统改善技能是指围绕跨职能的综合性问题的解决，管理者调动团队，持续改进所使用的各类工具，包括工业工程类工具、精益生产类工具、六西格玛类工具、约束理论类工具、TRIZ 类工具等。

精益战略部署
——构建精益管理的长效机制

项目管理技能是指承接外部或内部安排的任务后,能够快速且高效地完成任务所需掌握的工作技能,包括任务分解法、甘特图、大日程计划、PDCA、PDPC等。

目标管理技能是指围绕目标的达成,需要精益骨干掌握的具体管理方法,包括目标分解法、目视化、损失地图、课题管理、行事历等。

经过一百多年的发展,新的管理技能和方法不断出现,种类繁多,对于精益技能的分类总结也很细致,笔者所著的《精益管理的理论方法、体系及实践研究》一书也对精益技能进行了较为完整的总结。上述内容,整理总结如图8-9所示。

操作技能
作业指导、作业标准

项目管理技能
任务分解法、甘特图、大日程计划、PDCA

解决问题技能
统计流程分析、5W1H、鱼骨图、实验设计、5Why分析、失效分析

目标管理技能
目标分解法、目视化、损失地图、课题管理、行事历

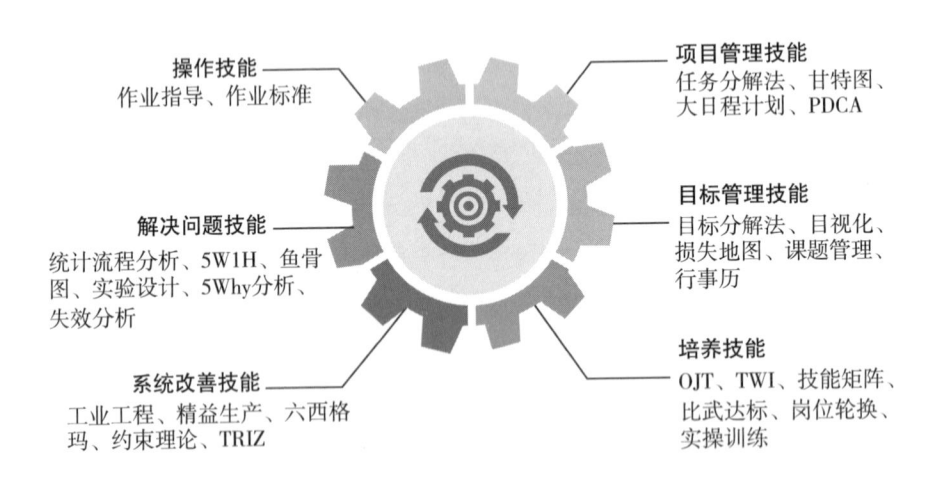

系统改善技能
工业工程、精益生产、六西格玛、约束理论、TRIZ

培养技能
OJT、TWI、技能矩阵、比武达标、岗位轮换、实操训练

图 8-9 精益骨干六项工作技能

5. 精兵要储备海量的知识

不同的行业、不同的企业甚至企业发展的不同阶段需要各级管理者掌握的知识各不相同,唯一相同的是,都要求管理者掌握的知识越多越好。企业不仅仅是一个工作场所,更是一个学校,员工日常工作更应该是一种行动学习,而员工的岗位升职等同于升学。总的来说,企业的中基层管理者应该学习哪些知识呢?我们初步整理包括以下几个方面:业务知识、产品知识、现场知识、管理知识、精益知识。所有跟日常管理业务相关的知识都归为业务知识,所有给客户提供的产品或者服务相关的技术理论或技术工艺知识都归

为产品知识,所有跟下属执行相关的规则、要求、原理都归为现场知识,所有跟本岗位或者上级相关的管理活动涉及的理论都归为管理知识,所有跟企业经营如财务类、成本类、过程类的原理、机制都归为精益知识。在当前这个知识爆炸的时代,许多企业面对未来都提出了打造学习型组织的要求,这就要求管理者们要不断更新自己的知识地图,掌握更多行业经验和标准,提升自己在业务知识、产品知识、现场知识上的储备,同时,多从外部汲取知识,学习管理知识和精益知识,满足未来智能时代的要求。中基层管理者应学习的知识,如图8-10所示。

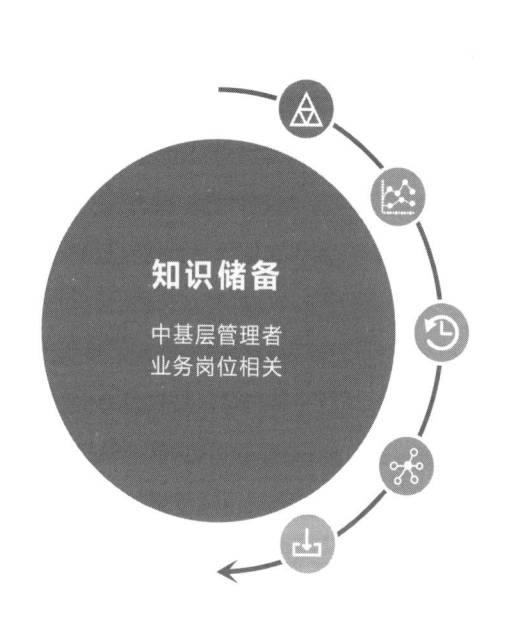

业务知识
管理流程、流程设计、行业业务、外部环境、竞争对手……

产品知识
产品原理、生产流程、结构构成、服务方式、服务过程……

现场知识
作业方法、异常解决、业务流程、工作输出、人员技能、软硬件的特点……

管理知识
基础管理原理、沟通与激励、业绩管理、内部客户、内部竞争、组织设计、文化氛围……

精益知识
利润与成本、财务指标与过程指标、成本构成、成本动因改善、效率测定、效率提升……

知识储备 中基层管理者业务岗位相关

图 8-10 中基层管理者五项知识储备

从潜在思维(意识)到显性认知(知识),我们的知识如同树根、树干和树叶一样,是一个互相关联的有机整体,忽略了树根(意识)谈树叶(知识和技能)是一叶障目,忽略了树叶(知识技能)仅关注树根(意识)是无本之木。精益人才的培养一定是从意识锤炼到知识培训的完整过程,这样的

精益战略部署
——构建精益管理的长效机制

培养，才能打造出真正的精益人才来，如图8-11所示。

精兵培养的逻辑链中，知识的储备会演化为技能，技能的积累会演化为能力，能力的发挥有赖于思维，思维的形成来源于意识，意识是行动的基础，行动必然会拉动技能和知识，这是一系列的传递。越是靠近内核越难以测量和干预，越需要企业投入更多的精力进行反复强化。意识的培养要构建沉浸式的环境，进行思维的洗涤；思维的培养要建立进阶式重复强化，能力的培养要进行定期考核和考评，技能的培养要通过具体技能实施的评定；知识类的培养主要通过课堂式宣讲、记录、考试。精兵是许多企业的梦想，只有那些用心培养人才的企业才会获得，我们付出在哪里，收获就会在哪里。

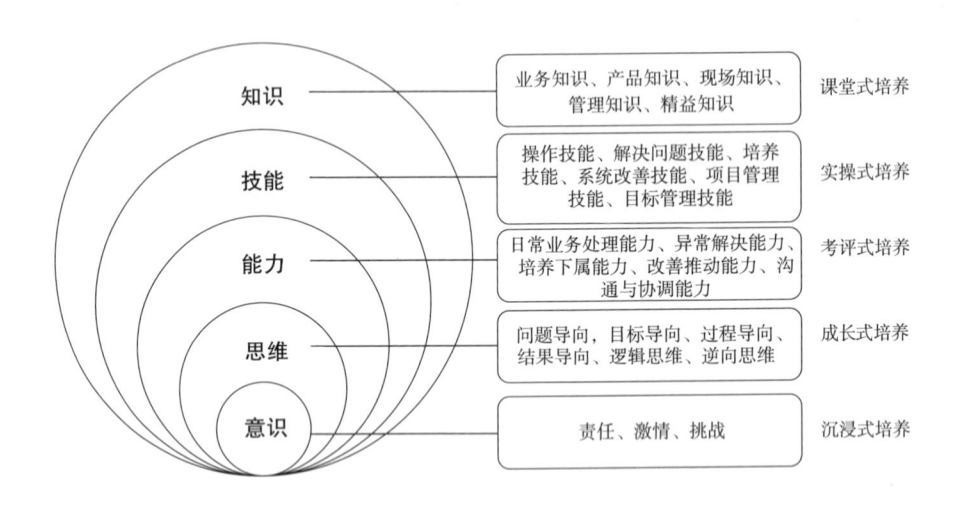

知识	业务知识、产品知识、现场知识、管理知识、精益知识	课堂式培养
技能	操作技能、解决问题技能、培养技能、系统改善技能、项目管理技能、目标管理技能	实操式培养
能力	日常业务处理能力、异常解决能力、培养下属能力、改善推动能力、沟通与协调能力	考评式培养
思维	问题导向、目标导向、过程导向、结果导向、逻辑思维、逆向思维	成长式培养
意识	责任、激情、挑战	沉浸式培养

图8-11 精益人才培养过程

案例分析

某药业集团是一家以中药配方颗粒为基础产品，以大健康为主要业务范围的集团化企业，自1996年成立以来，经历过艰苦创业、快速发展、成功上市及集团化扩张等多个阶段，业务规模一直保持高速健康的增长。时至今日，该药业集团已经进入中国中成药企业百强前二十名。

在2022年集团战略研讨会上，从集团到二级单位，大家共同提出了一个问题：在业务高速发展形势下，人才供给该如何匹配？而这一问题的解决也成为2023年度集团人才战略的重点。经过层层的沟通与筛选，该药业集团于2023年4月与天津大学管理创新研究院精益数字化研究中心（以下简称"研究中心"）签署战略合作协议，共同完成在战略指引下青年干部的加速培养。

研究中心通过战略研究、中高管访谈、工作坊研讨等方式，充分理解集团的总体战略，并由战略推导出人才发展的深层次需求，这些需求既包含认知、能力方面，也包含素质与价值观等维度。在此基础上，研究中心以冰山模型为理论基础，建立了适合药业集团的人才标准体系与测评体系，并基于此对集团青年干部开展了系统的人才测评工作，识别出青年干部团队与个人的优势与短板。

针对这些优势与短板，研究中心依托天津大学丰富的师资力量与课程资源，对青年干部团队开展了系统的人才培养工作，共性课程与个性化辅导并行推动。经过为期六个月的高强度人才培养工作，药业集团的青年干部在认知、能力、素质等各个方面均有了显著的提升，这些青年干部也成为药业集团未来五至十年持续增长的重要梯队，为企业中长期战略规划的达成提供了管理人才的供给与保障。

第五节　全员改善平台的建设

围绕战略规划及落地，我们已经做了较多的探讨，总结一下，战略落地的过程是驱动企业员工改变习惯，更高效地服务客户的"干法"。这个"干法"包括两个部分，一个称之为"改善"，另一个称之为"监控"，通常我们定义改善过程为PDCA，定义监控过程为SDCA。这两个循环驱动所有管理者从系统层面不断发现问题、解决问题，尤其是解决重要但不紧急的问题，对此，企业首先要做的是建设好员工参与改善和监控的平台。

有些企业在日常经营中，也基本按照这个"干法"，但常常是过程监控发

精益战略部署
——构建精益管理的长效机制

现很多问题，但是改善能力却跟不上。提出问题的人多，能够解决问题的人少，改善能力跟不上，发现了问题也没用，正是"企业未建改善环，发现问题也枉然"，久而久之，大家也就不提了。从战略落地的角度看，企业改善能力的建设才是重中之重！

精益战略落地是企业的一次管理创新，通过全员参与取得的大量改善活动实现挑战性目标，从而实现经营体制的蜕变。完成这一点，企业必须构建出全员参与改善的氛围，形成持续参与，这才是企业经营的真谛。我们从国际汽车企业的竞争力分析数据中可以看到这一点，如表8-1。

表8-1 国际汽车企业竞争力分析①

对比项目	日本本土企业	其他		
		北美的日本企业	北美的美国企业	整个欧洲
库存 （代表性零件天数）	0.2	1.6	2.9	2.0
品质缺陷 （装配缺陷/百辆车）	60.0	65.0	82.3	97.0
生产率 （小时/车）	16.8	21.2	25.1	36.2
人均提案数	61.6	1.4	0.4	0.4

从表8-1可见，精益企业（以日本本土企业为代表）的库存天数、品质缺陷率、单位产品工时均远低于其他企业，这么优秀的成果来源哪里？来源于令人惊叹的人均改善数量。正是因为精益企业孜孜不倦地推动全员参与改善，才能不断消灭生产过程中涌现的缺陷和不合理，实现制造过程的更加完美，最终演化出优秀的企业效率。

全员参与持续改善，说来简单，实际操作起来谈何容易！

有些企业，尽管企业提供给员工良好的劳动环境和福利，同时营造出员

---

① 詹姆斯 P. 沃麦克，丹尼尔 T. 琼斯，丹尼尔·鲁斯. 改变世界的机器：精益生产之道 [M]. 余锋，张冬，陶建刚，译. 北京：机械工业出版社，2015.

第八章 战略部署的关键要素：人才

工的归属文化，但是仍然很难激发出员工参与改善的热情，这是为什么呢？我们常常会发现以惩罚为导向的控制手段，不向下授权的管理思维，以听话与否评价下属的选拔标准等潜规则都在发挥作用。当然我们也发现一个重要的管理原因，即企业尚未构建出一个人人都能参与的改善平台，员工"报国无门"，这一点也是至关重要的。

何为改善平台？改善平台就是企业构建的一整套的员工实施改善的激励机制，它包括企业改善制度建设，让员工主动或被动地参与改善活动，也包括明确对改善参与者的物质或精神激励，还包括对所有参与改善的员工在对应的舞台上进行展示，进行"夸功"，不仅仅分享自己的改善成果和奇思妙想，还要听取各级领导者的建议及表扬。改善平台是企业的精神文明建设，是对正能量的培养，正如一句农村谚语"不长庄稼就长草"，培养了内部改善文化，企业的潜文化将会因此而改变！

构建改善平台要建立参与改善的机制，即每一个人都要有参与改善活动的方法。在企业内，常常设计的改善机制很多，包括合理化建议活动、QC 小组改善、改善课题、管理创新案例等。

为何会有如此多的改善活动呢？对于一线员工而言，由于没有足够的改善资源，因此我们要建立合理化建议的制度，让员工通过日常工作中的观察，发现岗位存在的不合理现象，及时申报，确保下情上达，及时修正细小的缺陷，这是"点"改善。

对于班组而言，针对质量、效率、成本的瓶颈问题，要在基层单位组织起"爆破组"，建立 QC 小组，持续对着问题发起冲锋，进行攻关改善，将班组的制程控制水平提高，将班组的关键目标提升，这是"线"改善。

对于职能部门和车间而言，相关人员要参与到目标分解的改进课题中来，由于该类课题是对公司总体目标的最直接的支撑，常常需要跨职能合作，并确定完成时限，因此，此类改善的知识技术含量较高，需要建立课题管理的相关机制，如前文所说进行系统推动，这是"面"改善。

对于工厂或公司而言，主要领导者要承担更高水准的改善任务，比如机制创新的任务、瓶颈技术的攻关任务等。工厂或公司层面的改善任务常常关系到经营效益问题，也常常与机制、人才、文化相关，需要聚焦整个组织的

精益战略部署
——构建精益管理的长效机制

能力予以突破，此类改善常常归于创新改善，也称为"体"改善。为了便于大家理解，上述内容总结整理如图 8-12 所示。

在点改善中，重点是以岗位为中心，改善的对象是作业和工装，包括作业动作、操作工具、制造方法，实施改善的方法包括快速切换、方便清扫、防呆防错、目视化和标准化，这些方法简单易行，能够快速为员工理解和应用，通过改善提案的活动提出来，如果有能力还可以实施改进。点改善的重心是员工的参与，不仅要鼓励员工提出问题，还要提出有创意的改进方案来，点改善注重"气氛"，追求数量，不苛求质量，通过员工的积极参与形成改善氛围，这一点至关重要。

分类	点改善	线改善	面改善	体改善
主体	员工实施	小组实施	车间/部门实施	工厂实施
改善方法	动作/工具/方法；切换/防呆改善；标准化/目视化	QC工具；作业优化；线体流程优化	流程优化；管理方法；技术手段	系列方法；管理/技术手段；目标为指引
改善范围	本岗位为中心 作业改善 工装改善	本班组为中心 工艺改善 设备改善	本车间/部门为中心 流程改善 硬件改善	工厂目标为中心 制程改善 系统改善
资源投入	以一线员工实施为主：班长权限内的支援	班组长主导实施：车间权限内的支援	部门主任主导实施：工厂权限内的支援	工厂负责人主导实施：可以有公司的支援
改善成果	完成岗位指标的提升	实现班组指标的提升	实现车间或部门指标的提升	实现工厂整体指标的提升
总结发表责任	基层操作员工或普通职员	班组长或小组骨干	车间主任或指定代理人	厂长或指定代理人

图 8-12 改善平台的构建

在线改善中，班组长或者技术骨干们要使用 QC 工具或者 IE 工具，以小组的形式进行定向改进，主要围绕线体或作业流程来实施，具体改进点常常是品控过程、工艺流程、设备运行流程等。线改善在 QC 活动中或者 TPM 活动中应用很多，常常以班组为单位，通过班组活动，实现班组每天都在研究问题和精进技艺，改善过程注重生产制造技术的研究，这种改善注重的是"活动"，有了活动就会有改进。

在面改善中，部门管理者要组建跨职能团队进行课题攻关，面向客户需求对业务流程进行优化，或者通过硬件提升实现技术改进。课题是实现目标的重要手段，因此在改进过程中更加注重方法，如价值流、价值工程、六西格玛等，同时，对于流程或硬件的优化，也要注重与专业技术手段的结合，如信息化、自动化技术等。在面改善中，重点是解决流程中的问题，改善过程注重综合手段的应用，包括管理技术、硬件提升、管控机制、激励分配等，这种改善的核心是"跨职能团队"的融合，注重课题质量而非课题数量。

在体改善中，公司或工厂领导者们通过对整体指标的研讨，发现不足，或是收集到员工、客户、股东的诉求，组织整个企业骨干实施改进。在体改善中，注重机制建设，突出对人性的尊重，设计出利益分配制度，激发活力，实现对整体过程的系统优化，在此过程中，最重要的是"创新思维"。

日本住友、丰田等企业每年组织"奥林匹克大赛"，全球工厂的员工带着优秀改善案例到日本本部进行发表、竞赛，带着获奖的喜悦返回工厂，激励了更多的员工参与到改善活动中去，这就是改善平台；而欧美企业的工厂要定期组织员工"金点子"评比，当众进行表彰，这也是改善平台。可见改善平台就是员工参与改善的途径和渠道，通过平台的激励措施，带动了基层员工的关切点，给员工提供参与机会，通过定期发表、分享、表彰，建立了正向的精神激励，构建了基层改善的氛围。

当每个群体找到了自己的改善发表平台，他们就能定期收听改善故事，近距离接触优秀改善人才。以改善论英雄，容易唤醒员工心中沉睡的"英雄基因"，进而产生亲身参与的动机，可见，改善平台也具有人才培养的功能。总而言之，有了改善平台，改善就有了持续的生命！

案例分析

某包装集团是一家在中国包装行业中颇具影响力的企业。近年来，集团以精益战略部署咨询项目为牵引，在企业内完成了全员改善平台的搭建并在

精益战略部署
——构建精益管理的长效机制

运行实施后取得了显著成果。

该集团全员改善平台主要由三部分构成：第一部分为"集团关键战役"，这是在精益战略部署过程中，由集团战略直接导出的关键任务。这类改善由集团主导，是战略性的、宏观的，并且往往是跨公司的；第二部分为"公司级课题"，这是在精益战略部署过程中，由子公司承接集团战略目标与关键任务的过程中导出的，这类改善由子公司主导，涉及公司内多个部门间的协同合作，旨在解决公司在运营过程中遇到的各种问题以达成战略目标；第三部分为"全员提案改善"，集团建立了包括全员提案收集、提案评审、改善实施、奖励表彰的全员提案改善平台。

在全员提案改善实施后的两年里，该集团每年通过改善提案数百个，其中80%以上得到了落地实施。这些提案不仅为企业带来了直接的经济收益，同时也在安全、质量、员工满意度等多方面产生了显著效益，这些隐性收益无疑是企业持续高质量发展的重要驱动力。

该集团之所以能成功落实全员提案改善，激发全体员工的参与热情和创新精神，并取得显著的经济收益与隐性收益，关键在于搭建了一个完善的全员提案改善运营平台。其中，有5条成功经验值得我们借鉴和学习。

1. 组织开展了深入一线的宣传教育活动，以使员工充分了解提案改善的重要性。

2. 设计了线上线下双通道，便于员工提交提案。员工既可以通过手机扫描张贴于各处看板上的二维码，也可以通过集团与各子公司设置的全员提案改善信箱提交改善提案。

3. 设计了科学的评价体系，从直接经济收益、隐形收益（质量、安全）、落地性、推广性、复杂性等多维度出发建立评价表。

4. 搭建了高效的组织架构。组建了由来自集团各部室、各子公司的38名核心管理人员、技术人员、业务骨干组成的评审委员会，并设置了初筛办公室。全员改善提案按月汇总后，经初筛通过的提交至评审委员会。在不少于10名评审委员到场的情况下，评审委员会即可组织评审。

5. 设计了一套完善的激励机制。对于初筛通过的，向提报人发放提案奖励，对于评审为A、B、C级的，向提报人发放各级相应的通过奖励；对落地实施阶段的提案，评审委员会按季度跟进实施效果并进行改善收益结算，集团按年度向落地实施改善措施的集团部室、子公司、部门、个人发放相应奖励；集团各部室、各子公司全员改善提案数量、质量与管理者绩效考核挂钩。

第六节 文化层面的战略领导力

战略落地为何成为许多中国企业的短板？主要是该项工作所包含的信息量太大、逻辑链较长，如果在执行中不得要领，就会造成战略落地和日常工作的严重脱节，最后流于形式。有些企业中组织的执行力较差，领导对于战略的分解落地工作也不重视，战略制定之后常常束之高阁，在日常工作中，该怎么干还怎么干，错失企业战略转型的好时机。也有些企业，在战略执行上不坚决，碰到困难就绕路走，结果战略的执行处处打折，战略效果无法体现。那么，怎样才能让战略在企业中真正发挥作用？怎样才能让企业在战略的驱动下行动起来？我们重新回到战略实施的关键点上来：领导作用。领导作用是指在推动战略的过程中，企业领导班子深度参与，运用组织的权力，提纲挈领地施加作用并取得成功，我们通常称为战略领导力。

在市面上有很多关于战略领导力的解读，都是从不同角度的理解，从实战的角度看，战略领导力只是回答一个问题，即企业领导者该怎么干才能最大限度地推动战略落地！

战略领导力是对企业一把手或者领导班子的要求。企业领导者是企业的舵手，需要指引方向和把握方向，所以企业领导者需要持续修炼，既要从思想上修炼，又要从技能上修炼；既扮演好高瞻远瞩的带头人，也扮演好市场和一线战斗的统帅。战略领导力理解起来比较模糊，为了能够表达清楚，我们从文化层面和技能层面上进行解构说明。

从文化层面上讲，企业领导者要锤炼长期主义情怀，学会理解并尊重人性，营造凝心聚力的工作氛围，修炼大公无私的品质，养成追求事务极致的价值观，如图8-13所示。

精益战略部署
——构建精益管理的长效机制

图 8-13 文化层面的战略领导力

1. 企业领导者要锤炼长期主义情怀

长期主义是企业领导者的高级境界，但能做到的凤毛麟角！长期主义是基于长期收益的价值观，是一种面向未来的理性思维，"风物长宜放眼量"，在短期利益和长期利益冲突时，他们会对长期利益更加看重，因此也更有耐心！对于指引未来的战略，这些领导者往往更加坚定地予以支持，更有耐心地予以推进，更加看重人员在过程中的成长，总之，所有对长期有益的进步都能让领导者欣慰、感动。

在战略执行过程中，一定会出现种种不适配问题，长期主义者会怎么办呢？他们以未来的价值来判断，然后忽略问题，坚持走下去，依靠不懈努力将既定的战略实现，典型的"因为相信，而能够看到"，不要小看这一点，大多数变革活动的夭折和大多数战略的流产都是因为此，那些成功带领企业实现战略转变的领导者都值得我们脱帽致敬！

感性的管理者常常不是长期主义，他们不自觉地成了短期主义者，甚至连他们自己都没有意识到。短期主义者常常会被当前的问题驱动，针对一城一池大伤脑筋，却忽视了战略布局。短期主义者奉行"看到才相信"，常常挂在嘴边的就是"结果"，关注短期见效，所有阻碍短期收益的都会被打破，更无论战略规划了。

总之，优秀的企业领导班子往往非常重视战略的制定及执行，目标坚定不移，从全局和未来的角度看待发展问题，不计较当期利益得失。这样的企业，不仅战略落地容易，而且容易形成管理能量的积累。

2. 企业领导者要学会理解并尊重人性

什么是人性呢？一名员工首先是社会人和经济人，按照马斯洛的需求层次理论，要面对生活的需要、家庭的需要乃至自身的需要，他会关注企业提供的物质条件、薪酬奖励、社会地位、内外部人际关系甚至认可尊重等，这些需求是员工工作的真实目的，是员工希望通过努力来换取的报酬，而满足这些需求都蕴含于工作过程之中。

企业为何需要理解人性？很简单，理解人性才能驱动人性、获得人心，不理解人性就会违背人性，无法获得人心！优秀的企业家能够准确把握人性，了解员工的需求，顺应人性设计出有效的激励政策，用优秀的激励指挥企业员工挑战自己、挑战极限，主动地参与到战略落地的活动中，使组织形成合力。

什么叫尊重人性？就是对于上述员工的诉求和欲望，我们能充分了解并认真对待，企业在驱动员工做任何工作时，都能设身处地考虑、了解其情绪，形成一种共情，予以协同。潍柴对优秀科技工作者实施的激励动辄奖金几百万元，甚至上千万元，这是理解人性，潍柴常常因为干部工作业绩突出而破格提拔，也会因为干部业绩不佳而毫不留情地给予降职，甚至免职，那些免职者认真做好岗位工作，也会被重新提拔任用，有些副总裁甚至三起三落，大家也习以为常，这就是理解人性。

我们理解人性就是了解员工的需求，尊重员工对美好生活的向往。尊重人性，需要企业领导者们眼睛向内，把人当"人"，不能把人当作工具，这样才能挖掘人力资源的无穷潜力，开发出企业战略落地所需的"大油田、大煤矿"，这一点值得我们认真研究思考。

3. 企业领导者要营造凝心聚力的工作氛围

高效的组织永远充满凝聚力，打胜仗的组织没有不团结的！

精益战略部署
——构建精益管理的长效机制

企业中，如果不团结，就不要指望能够干成什么事了！在中国企业中，最令人痛恨的低效行为就是无意义的"内耗"和无休止的"斗争"。企业是对外高度竞争的组织，对内必须形成统一的目标和原则。有些企业内部充斥着多目标、多价值观的冲突，不同山头、不同派系之间彼此对立、互不配合、相互掣肘，这样的企业内，连一致的观点都不能形成，怎么能全员贯彻战略？

优秀的企业中，无论是因为领导人权威，抑或是企业文化使然，企业内部摩擦系数很低，领导班子分工明确，团结互助，分歧通常放在会议桌上解决，在执行中彻底贯彻，这样的企业文化非常简单，就是干事创业。有了好的内部权力结构，干部就能建立雷厉风行的作风，对于战略的理解和执行就会非常坚决、快速。

4. 企业领导者要修炼大公无私的品质

战略规划和落地常常会触碰权力和利益的边界，进而引发内部人员的对抗。在这种情况下，要么企业拿出更多利益安抚解决，要么管理者利用权威压迫解决。但是，无论如何，企业领导人必须拿出慷慨和权威来。

怎样才能树立领导人权威呢？个人认为就四个字：大公无私。潍柴的销售额从五个亿增长到五千亿，公认的法宝是谭旭光董事长上任之初的约法三章。约法三章的核心就是领导班子大公无私、以身作则，进而带动整个企业风清气正。二十多年来在约法三章的影响下，潍柴的领导们个个清正廉洁，只拿自己该挣的钱，这些年中，没有领导子女走后门安插进企业，没有为了平衡关系因人设岗，企业领导者们用自己的无私构建了干干净净干事业的文化，也为自己树立了强大的权威，因此，潍柴的战略领导力和战略执行力都非常强。

大公无私是一种品德，也是一种纪律。作为带头人，领导者需要持续自我修养和自我约束，你的一举一动会深刻地影响下属，你的价值导向会深深地影响企业的发展机制。作为老师，我们常常到企业调研，有一次我们去某地企业调研，按照规定晚餐我们自理，但企业内接待干部一定要安排晚餐。到了晚宴，发现陪同的干部多达六七位，名义上是陪同我们两位老师，实则大家借机吃大餐，喝大酒。第二天，我们到企业发现，企业老板开着宾利，非常高调，而下属都开着很简陋的低端车，很显然，一个自私的领导一定会带出一个追逐个人利益的队伍。老板贪婪，下属就贪婪；老板安逸，下属就偷懒；老板无私，下属就无私；老板工作勤奋，大家就会认真努力，这一点领导人一定要有认知。

5. 企业领导者要养成追求事务极致的价值观

战略目标常常是富有挑战性的，它对全体人员提出了更高的要求，而中国的中庸文化让相当一部分员工对于自我挑战是抗拒的，他们不愿意调整自己，主动适应公司要求，他们期待在战略实施中"大事化小，小事化了"，逐渐淡化，慢慢夭折。因此，领导们必须不时地给大家注入前进的动力，这个动力来自号召、纪律和激励，来自领导者们追求极致的态度，就像英特尔前首席执行官安德鲁·葛洛夫所说"这个世界只有偏执狂才能成功"。

战略落地需要领导者有一颗永不满足的心；面对挑战性目标，需要激励下属面对挑战。潍柴动力在成为行业世界第一之后，企业提出了"不争第一就是在混"和"一天要当两天半用"两句口号，要求企业各级干部保持激情，保持敬畏，戒骄戒躁，持续奋斗。很多企业一旦取得了点儿成绩，干部们开始志得意满，变得懈怠，整个企业就缺少了奔跑的动机，逐渐涌现出贪图享乐的领导、混等退休的干部和牢骚满腹的员工。

综上，从文化层面描述了企业领导者要具备的特征，当然还不够全面，我们希望在战略规划和战略落地过程中，企业一把手要深度参与，既要担任舵手的角色，把握方向，防止跑偏，又要担任修士的角色，不断修炼自己，以身垂范，带领队伍再上台阶。

案例分析

1998年，刚刚上任的潍坊柴油机厂厂长的谭旭光在就职演讲中说道："企业要发展，领导是关键。在这里，我对自己约法三章：坚持原则，敢抓敢管，不做老好人，不当太平官；扑下身子，真抓实干，为企业干实事，为职工办好事；以身作则，清正廉洁，要求职工做到的我们首先做到，不允许职工做的我们坚决不做。"短短72个字，掷地有声，是谭旭光对企业做出的庄严承诺。

精益战略部署
——构建精益管理的长效机制

回顾潍柴十几年的发展历程,"约法三章"像一粒火种,从董事长开始传播,到领导班子,再到整个潍柴,逐步蔓延开来。它点燃了大家心中的激情,为潍柴打造了一支廉洁从业的干部队伍,构筑了一条坚强的反腐防线,营造了一种风清气正、干事创业的企业文化,实现了从小到大、从弱到强的辉煌跨越。

正如谭旭光自己所说,"潍柴从一个濒临破产的企业发展成为跨国集团,一切都已发生了巨大变化,但坚持'约法三章'的宗旨始终没有改变,真正成为企业安身立命之本和凝聚人心、引领跨越发展的重要法宝。约法三章从潍柴文化体系的内核出发,演化为使命文化、自我约束文化、激情文化、执行力文化,最终变为全体干部职工自觉践行的行为准则,成为推动企业发展的内动力"。

第七节 技能层面的战略领导力

企业领导者是推动精益战略部署的核心动力[1],除了能够营造利于战略实施的环境,还要持续提高自身领导技能,即掌握战略部署的推动技巧,这样才能有条不紊地推动精益战略工作,换句话说,领导者一定要掌握方法论,这样就不会做"门外汉",不搞"外行指导内行",指导下属开展工作才能游刃有余。

技能层面的战略领导力包括两个方面,一方面是如何利用战略做好企业经营的各项工作,即以"事"为中心;另一方面是如何在战略落地过程中加强对下属的培养,即以"人"为中心。这两方面的内容具体到方法论上包括三现主义、浪费与价值、价值设计与价值流、目的和目标、教练育人、套路与范式,如图8-14所示。

---

[1] 简·达尔. 精益领导力[M]. 李之琳,译. 北京:中国电力出版社,2022.

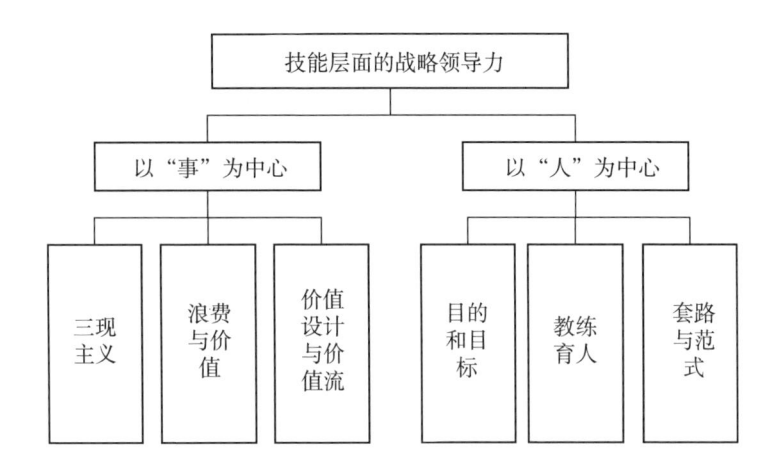

图 8-14 技能层面的战略领导力

1. 三现主义

所谓三现主义是指现地、现物、现实，即在发生状况的场地和物品，了解当时的实际情况，任正非说"让听见炮声的人来呼唤炮火"就是这个意思。三现主义不仅是求真的工作态度，也是一种工作技能。企业领导者一定要养成现场确认的习惯，练就现场的火眼金睛。现场在哪里？对于企业经营来说，市场就是产品的第一线，企业领导者也应该在客户的现场或者经销商的现场去了解实情；对于产品制造来说，制造车间就是第一线，企业领导者应该在车间了解产品制造的相关情况，本质上现地、现物就是要求领导者关注价值产生的地方，了解真实的情况。

在战略落地过程中，领导者不光关注结果目标，还要关注过程目标，了解目标达成情况不能仅在办公室中听取汇报，要到一线进行检查和调研，要听取客户的反馈，听取基层干部职工的声音，这样的领导者能够掌握第一手真实资料，能够了解实情，准确决策；反之，将很容易被糊弄，做出愚蠢的决策来。

2. 识别浪费与价值

实现战略目标的过程，本质就是不断消灭浪费，提升价值含量的过程。消灭的浪费包括生产过程的七大浪费、管理过程的七大浪费、研发过程的七大浪费、营销过程的七大浪费等，具体详见拙作《精益管理的理论方法、体

精益战略部署
——构建精益管理的长效机制

系及实践研究》。在不同的经营领域中，领导者们必须了解浪费的内涵，观察浪费是什么，通过不断实践和思考，培养对"浪费背后之浪费"的洞察力，这样才能指导下属对浪费进行改进，实现企业效率的提升。

在消除浪费的过程中，领导者也要关注价值在哪里，哪些活动是在满足客户的需要，哪些动作是实现产品的必要过程，如何通过最短路径实现目标，等等。有专业能力的领导者会清晰辨识出，如何通过消除浪费实现既定目标，如何通过工艺改进实现价值更大。领导者对于浪费和价值的识别，是需要长期训练的，日本企业中常常要求领导者或管理者站在固定的地点进行观察，从动态的生产活动或者客户使用产品的过程中找到价值和浪费，通过这种短期观察的方法，逐步训练观察者的敏感度。而中国企业的领导者常常对于浪费和价值不够敏感。

3. 了解价值设计与价值流

企业战略落地始终以产品（服务）满足客户的过程为主线，本质是价值的形成和传递。价值的形成由设计决定，价值的传递由流动方式决定，因此在精益管理过程中，有两个重要的全局性的方法论：价值设计和价值流。价值设计和价值流非常重要，在战略落地的过程中，目标分解、目标设定、课题改进等环节的背后，本质是削减浪费和提升价值。削减浪费前面多次提及，不再赘述，提升价值就是研究价值用何种方式实现更优，包括设计和流动两个内容，体现在品牌建设、营销渠道、产品设计、产品实现等方面。

品牌和营销是企业的经营要点。品牌建设是设计产品的价值以及企业的独特价值，品牌设计好了，就有了产品价格的溢价，这是典型的价值设计；营销渠道的建设本质是让产品或产品信息能够快速送达客户手中，将产品功能或品牌价值流动到客户端，这是典型的价值流。

产品设计和产品制造也是企业的经营要点。产品设计中要运用价值工程方法，在充分满足客户需求的基础上，实现高品质、低成本的设计。产品制造过程中要运用价值流工具，通过产供销链条上协同，实现更优的制造方式、更快的产品交付速度。领导者运用价值工程方法和价值流工具，能够指导下属对价值进行设计、识别和改进，不断提升产品价值，这是对企业最大的贡献。

4. 把握目的和目标

作为领导者要时刻监督下级的工作方向，防止跑偏。工作方向是什么呢？就是围绕企业目的和目标开展工作，这也是战略落地的主线！如果领导者不能梳理清楚目的和目标，在战略执行中企业很容易偏离既定路线，说着说着就跑题了，干着干着就走偏了。可以这么讲，企业在执行中偏离战略目标的可能性与讲话跑题的概率一样大！

企业战略在落地的过程中要秉承"方向固定"和"要事优先"。战略地图是企业的目的，有了目的，才有目标；通过战略分解，企业也确定了各级管理者的目的和目标；领导者要时时强化下属的目标感，不时回顾 KP，锚定各级管理者们实施的具体工作。同时，要在日常改善过程中，确保事事围绕主题开展，通过目的和目标牵引管理者和员工的行为，真正实现"要事优先"和"力出一孔"。领导者该怎么做呢？作为企业领头羊，领导者要时时讲、会会谈、日日强调、周周点检，做到这些才会给战略实施注入无限的动力。

5. 教练育人，绝不越界

在企业中，战略难以落地的一个重要原因是领导者过度参与下属工作，导致岗位权责不匹配，工作边界不清晰，各级干部不知所措。有一位民营企业的资深高管曾经谈起自己的感悟时说，民营企业老板一定会越界指挥，职业经理人需要在实践中，不断与老板博弈、试探，找到与老板共存的点，形成彼此默契的分工，这个工作完全是一种艺术，当然了也耗费了大量的精力！

越界指挥的弊端很多，它会造成各级管理者降级使用，即总经理干着副总经理甚至部长的活，部长干着主管的活，主管干着班长的活，班长干着工头的活，大家谁也没有干自己的本职工作，都感觉很委屈，认为下属的能力不足，导致他不得不亲自去做，结果每个人都没用好！当企业以完成工作任务为导向时，这种问题就不可避免。

怎么干好呢？我们要将企业当作育人的场所，领导者要以育人为第一要务，将战略分解落地的各项工作当作培养下属的机会，适时予以指导，以一个教练的身份关注下属的成长，下属没干好，重新再来，只要能力提升了，企业的目的就实现了。

企业领导人要有所为有所不为，要坚持两个基本点。第一个，秩序是一

精益战略部署
——构建精益管理的长效机制

个企业的最大价值！第二个，老板不能代替下属做一切。领导者一旦越界指挥就会带来更大的混乱，如同高速公路上出现的一起交通事故一样，秩序被打乱很容易，重新理顺秩序要花费大量的时间和成本，明智的领导者秉承绝不越界干预的思想，确保企业整体秩序井然。老板不能替代大家做事，就要忍受下属工作的不完美，然后不断提高员工的能力，如同丰田精益生产方式中的"造物即造人"，下属成长了，工作才能让人放心。

6. 熟悉套路与范式

战略落地的过程是由一系列有顺序的方法构成的，这些方法被统一称为套路或范式，理解并掌握这些套路，我们就能够高效推动，反之，就会出现事倍功半的现象。

那么这些套路包括哪些呢？之前的章节都做了详细的介绍，我们选取其中的关键点重新复习一下。首先是战略实施的组织。战略实施没有专门队伍进行跟踪、检查、评价就很难落地，这个组织代表公司，代表最高权威，并忠实地行使职权，组织成员既要有丰富的战略落地经验，又要有强大的针对目标的改善能力。其次是战略落地过程的目视化管理。战略的落地过程和证据一定不能放在电脑中或者几个人的头脑中，应该公开透明地张贴于现场，对目标进行动态跟踪，通过动态管理实现团队内部沟通。总经理要督促部门经理、各级主管和班组长建立自己的目视化管理板，让这些管理信息随处可见，时时获得关注。各级干部要定期对目标达成进行点检，发现问题及时解决，防止问题堆积。最后就是激励平台。为了保持改进的激情，领导者要营造激励为主的氛围，持续不断地推出新的有影响力的激励方案，让员工从激励中获取价值感和成就感，引导大家参与到战略落地中去，激励在哪里，大家就会跟随到哪里。与此同时，领导者要亲自参与课题评比等激励活动，通过这些仪式性的活动，牵引战略逐步实现。

为了具备战略领导力的技能，企业家们应养成"下潜"的习惯，驻守在企业中，研究内部问题，多在现场观察，多思考精益的做法。更重要的是，要加强对下属的培养，给予自由发挥的空间，投入必要的资源。当领导者从监督者变成了教练员，从指手画脚者变成了领头羊，企业也就从一个令年轻人排斥的专制机构变成了一所师生共同成长的学校。

第八章 战略部署的关键要素：人才

案例分析

华为发展历程中有一个重要的标志性事件，就是引入 IBM 公司的 IPD（Integrated Product Development）集成产品开发，在此过程中，任正非展示了强大的技能领导力。

IPD 变革初期，任正非用尽了各种方法告诉华为员工，IPD 变革是非常重要的，并且赋予了它极高的优先级。在组建变革指导委员会时，任正非将这些来自各部门的高管召集到一起，并且安排人员接替他们原来的工作。这也就等于告诉他们，若是 IPD 变革失败，他们也无法回到原来的岗位上去；换句话说，若是 IPD 变革失败，他们就要离开华为。这些压力迫使变革指导委员会中的每个成员都努力地去推动 IPD 变革的实施。从 1999 年 2 月到 2000 年 2 月，变革指导委员会花费了很多时间和精力向员工宣传公司当时遇到的危机，并且告诉他们 IPD 将是解决这些困难的唯一方案。

在 IPD 变革早期，公司面临着很多来自内部的压力，主要的声音是很多员工怀疑 IPD，认为该方法并不适用于华为。在此情况下，华为的高层刻意地忽视了这些来自企业内部的质疑声。任正非始终强调 IPD 变革的推行首先要经历一个"削足适履"的阶段，穿一双"美国鞋"一开始总是不合脚的。他十分坚定地要求员工执行 IPD 的规则，为此曾经说过，若是谁长期无法适应 IPD，那么就请离开华为。此外，华为的员工评价系统也有了一些调整，将 IPD 的执行情况也纳入了员工考核中，若是员工无法通过考核，将对员工的工作岗位进行调整。

华为 IPD 的准备期超过三年，从 1999 年到 2003 年，华为在不同的产品线上试验 IPD 系统，从试点单位收集了大量的数据，让员工在思想上接受了这一套工作方法。经过较长时间的准备，变革指导委员会中的成员都对 IPD 有了比较深刻的理解，此时华为才在全公司范围内成立集成产品研发管理团队，将 IPD 推广到了全公司，这个过程在华为整整持续了五年。

任正非运用高超的技能领导力成功地让 IPD 在华为扎根，也让华为进入

精益战略部署
　　——构建精益管理的长效机制

了国际化公司的行列，走向了下一个事业的巅峰。①

---

①　吴晓波，约翰·彼得·穆尔曼，黄灿，等. 华为管理变革［M］. 北京：中信出版集团股份有限公司，2017.

参考文献

［1］罗伯特·卡普兰，大卫·诺顿. 战略中心型组织：平衡记分卡的制胜方略［M］. 上海博意门咨询有限公司，译. 北京：北京联合出版公司，2017.

［2］哈罗德·孔茨，海因茨·韦里克. 管理学：国际化与领导力的视角［M］. 马春光，译. 北京：中国人民大学出版社，2014.

［3］陈春花. 管理的常识：让管理发挥绩效的 8 个基本概念［M］. 北京：机械工业出版社，2016.

［4］包政. 管理的本质［M］. 北京：机械工业出版社，2018.

［5］和金生. 企业战略管理［M］. 天津：天津大学出版社，1994.

［6］弗雷德蒙德·马利克. 战略：应对复杂新世界的导航仪［M］. 周欣，刘欢，等译. 北京：机械工业出版社，2013.

［7］罗伯特·卡普兰，大卫·诺顿. 战略地图［M］. 刘俊勇，孙薇，译. 广州：广东经济出版社，2023.

［8］罗伯特·卡普兰，大卫·诺顿. 平衡计分卡：化战略为行动［M］. 刘俊勇，孙薇，译. 广州：广东经济出版社，2013.

［9］夏惊鸣. 企业二次创业成功路线图：小船向大船、舰队的革命性转型［M］. 北京：中华工商联合出版社，2014.

［10］秦杨勇. 战略解码：华为等公司战略落地的利器［M］. 北京：中国人民大学出版社，2021.

［11］牛占文. 精益管理的理论方法、体系及实践研究［M］. 北京：科学出版社，2019.

［12］杨福东，荆树伟，牛占文. 精益水到渠成：城市供水企业精益之道

[M]．北京：中国商业出版社，2020．

[13] 彼得·德鲁克．卓有成效的管理者［M］．许是祥，译．北京：机械工业出版社，2019．

[14] 詹姆斯 P. 沃麦克，丹尼尔 T. 琼斯，丹尼尔·鲁斯．改变世界的机器：精益生产之道［M］．余锋，张冬，陶建刚，译．北京：机械工业出版社，2015．

[15] 简·达尔．精益领导力［M］．李之琳，译．北京：中国电力出版社，2022．

[16] 吴晓波，约翰·彼得·穆尔曼，黄灿，等．华为管理变革［M］．北京：中信出版集团股份有限公司，2017．

[17] 马丁·里维斯，纳特·汉拿斯，詹美贾亚·辛哈．战略的本质：复杂商业环境中的最优竞争战略［M］．王喆，韩阳，译．北京：中信出版集团股份有限公司，2016．